文化遗产保护与文化产业发展论丛

数字技术时代的非遗保护与经济文化发展

SHUZI JISHU SHIDAI DE FEIYI BAOHU YU JINGJI WENHUA FAZHAN

黄永林／著

湖北省公益学术著作出版专项资金
Hubei Special Funds for Academic and Public-interest Publications

华中师范大学
Discipline of Chinese Language & Literature
CCNU

中国语言文学
一流学科建设文库

華中師範大學出版社

新出图证(鄂)字10号

图书在版编目(CIP)数据

数字技术时代的非遗保护与经济文化发展/黄永林著. —武汉:华中师范大学出版社,2023.6(2025.6重印)

(文化遗产保护与文化产业发展论丛)

ISBN 978-7-5769-0093-4

Ⅰ.①数… Ⅱ.①黄… Ⅲ.①数字技术—应用—非物质文化遗产—保护—研究—中国 ②数字技术—应用—文化产业—产业发展—研究—中国 Ⅳ.①G122-39 ②G124-39

中国国家版本馆CIP数据核字(2023)第054066号

数字技术时代的非遗保护与经济文化发展

责任编辑:庞 丹　**责任校对**:肖绪旭　**封面设计**:胡 灿

编 辑 室:学术出版中心　**电话**:027-67863280/7792

出版发行:华中师范大学出版社有限责任公司

社址:湖北省武汉市洪山区珞喻路152号　**邮编**:430079

电话:027-67863426(发行部)　**传真**:027-67863291

网址:http://press.ccnu.edu.cn　**电子邮箱**:press@mail.ccnu.edu.cn

印刷:湖北新华印务有限公司　**督印**:刘 敏

字数:280千字

开本:710mm×1000mm 1/16　**印张**:19.5

版次:2023年6月第1版　**印次**:2025年6月第2次印刷

定价:98.00元

欢迎上网查询、购书

总　序

浩瀚苍穹，斗转星移；苍茫大地，沧海桑田，文化照亮人类文明的前行之路。人类迄今已走过长达数百万年的历程，文明的出现所占不过6000年，文明是人类文化发展到较高阶段的产物。人类在漫长的历史长河中，从茹毛饮血到田园农耕，从工业革命到信息社会，创造了多姿多彩的文化瑰宝，书写了波澜壮阔的文明华章。传统文化是人类文明孕育诞生与演化发展的历史见证，是一个国家和民族的历史血脉、集体记忆和精神标识。我国地域辽阔，物产丰富，民族众多，历史悠久，是拥有五千年不间断文明史的古国，创造了博大精深、异彩纷呈的中华文化，为人类文明进步作出了不可磨灭的贡献。中华文化是中华民族集体智慧的结晶，积淀着中华民族最深沉的精神追求，凝聚着中华民族最根本的精神基因，体现着中华民族旺盛的生命力和伟大的创造力，是中华民族生生不息、发展壮大的丰厚滋养。中华文化既是中华民族的宝贵财富，也是全人类文明的瑰宝。

革命推动社会前进，科技铸就现代文明，传统文化在现代化进程中面临挑战。18世纪工业革命的爆发，彻底改变了延续数千年的手工劳动的绝对支配地位，推动延续了数千年传统的自给自足的自然经济逐步解体，使得建立在农业经济基础上的小生产共同体向以机械化大规模生产为条件的工业企业转变，以农业为主的农村社会逐渐向工业化和城市化社会转轨。自20世纪40年代中期计算机问世以来，在全世界范围内兴起的现代信息革命对人类社会产生了空前的影响，信息产业应运而生，人类迈向信息社会，人类文明正在由工业文明向信息文明转型。当今，互联网、大数据、云计算、人工智能、虚拟现实、区块链等新技术的新进展，为人类创造了生活新空间，带来了信息交流的新方式，使信息的传递突破了时间和空间的限制，让人与人之间的距离骤然缩短，整个地球变成了一个“地球村”，实现了信息资源的共享，人类单位时间中认识世界、改造世界的能力和效率极大提高。然而，产生于自然经济和农业文明基础之上的传统文化的传承却正遭受着严峻考验，一些十分珍贵的物质文化遗产频遭破坏，许多极为宝贵的非物质文化遗产正濒临消亡的危机。

面对来自自然和社会破坏的威胁，加强文化遗产保护已成为国际共识。为加强世界文化遗产的保护，1972 年 11 月联合国教科文组织通过了《保护世界文化和自然遗产公约》，为文化遗产保护提供了制度化保障。该公约开宗明义地指出：

> 注意到文化遗产和自然遗产越来越受到破坏的威胁，一方面因年久腐变所致，同时变化中的社会和经济条件使情况恶化，造成更加难以对付的损害和破坏现象，考虑到任何文化或自然遗产的坏变或丢失都有使全世界遗产枯竭的有害影响，考虑到国家一级保护这类遗产的工作往往不很完善，原因在于这项工作需要大量投入，而列为保护对象的财产的所在国却不具备充足的经济、科学和技术力量。本组织《组织法》规定，本组织将通过保存和维护世界遗产和建议有关国家订立必要的国际公约来维护、增进和传播知识。而现有的关于文化和自然遗产的国际公约、建议和决议表明：保护不论属于哪国人民的这类罕见且无法替代的财产，对全世界人民都很重要。考虑到部分文化或自然遗产具有突出的重要性，因而须作为全人类世界遗产的一部分加以保护；考虑到威胁这类遗产的新危险的规模和严重性，整个国际社会有责任通过提供集体性援助来参与保

护具有突出的普遍价值的文化和自然遗产，这种援助尽管不能代替有关国家采取的行动，但将成为它的有效补充；考虑到为此有必要通过采用公约形式的新规定，以便为集体保护具有突出的普遍价值的文化和自然遗产建立一个根据现代科学方法制定的永久性的有效制度。①

2003年9月，联合国教科文组织又通过了《保护非物质文化遗产公约》，将作为人类文化遗产重要组成部分的非物质文化遗产纳入保护的范围。该公约指出：

本公约的宗旨如下：（一）保护非物质文化遗产；（二）尊重有关社区、群体和个人的非物质文化遗产；（三）在地方、国家和国际一级提高对非物质文化遗产及其相互欣赏的重要性的意识；（四）开展国际合作及提供国际援助。②

经过半个世纪的努力，保护人类文化遗产已成为国际社会广泛的共识，世界各国积极行动，有效地保护了人类宝贵的文化遗产，促进了世界文化多样性的发展。

保护中华优秀传统文化，中国在积极行动，成就辉煌，经验宝贵，引领世界。中国是一个文化遗产大国，保护好文化遗产，事关中华文明的传承和中华民族的振兴，在保护中华优秀文化遗产方面我国作出了不懈努力，也取得了许多独特的中国经验。为加强文化遗产的保护，1982年11月，我国公布实施《中华人民共和国文物保护法》，我国文化遗产保护纳入法制化轨道。1985年12月12日，我国正式加入《保护世界文

① 联合国教科文组织：《保护世界文化和自然遗产公约（1972）》，https：//www. ihchina. cn/zhengce_details/15725。

② 联合国教科文组织：《保护非物质文化遗产公约（2003）》，https：//www. ihchina. cn/zhengce_details/11668。

化和自然遗产公约》，成为缔约国之一，这标志着我国文化遗产保护事业正式加入世界文化遗产保护事业中，是我国文化遗产保护事业国际化的里程碑。2002 年 10 月新修订的《中华人民共和国文物保护法》确立了“保护为主、抢救第一、合理利用、加强管理”的工作方针，至今成为我国文化遗产保护事业的基本出发点和法律依据。2004 年，我国加入联合国教科文组织的《保护非物质文化遗产公约》，成为缔约国之一。2005 年 12 月，国务院发布了《关于加强文化遗产保护的通知》，这是我国第一个以文化遗产保护为对象的政策性文件，它明确指出：物质文化遗产保护要贯彻“保护为主、抢救第一、合理利用、加强管理”的方针；非物质文化遗产保护要贯彻“保护为主、抢救第一、合理利用、传承发展”的方针。2011 年 2 月，第十一届全国人大常委会第十九次会议表决通过了《中华人民共和国非物质文化遗产法》，该法于 2011 年 6 月 1 日起施行。中国文化遗产保护的内容从物质文化遗产拓展到非物质文化遗产，即从对物的保护上升到对人的保护，从对物件的保护过渡到对物件制作技艺的保护。《中华人民共和国非物质文化遗产法》以国家立法的形式对非遗进行保护、传承，明确了保护与弘扬非遗的社会责任，这为非遗保护、传承提供了有效的法制保障，对非遗保护、传承、发展起到了巨大的促进作用。

党的十八大以来，以习近平同志为核心的党中央认识到文化遗产的传承、保护、利用在建设社会主义文化强国中的重要作用，高度重视弘扬中华优秀传统文化，推动中华优秀传统文化创造性转化、创新性发展。2013 年 8 月 9 日，习近平在全国宣传思想工作会议上的讲话中指出：在建设社会主义文化强国中，“中华优秀传统文化是中华民族的突出优势，是我们最深厚的文化软实力”①。2013 年 12 月 30 日，习近平在主持中共中央政治局第十二次集体学习时特别指出，“在 5000 多年文明发展进程

① 习近平：《把宣传思想工作做得更好》，《习近平谈治国理政》（第一卷），北京：外文出版社 2018 年版，第 155 页。

中，中华民族创造了博大精深的灿烂文化”，“要系统梳理传统文化资源，让收藏在禁宫里的文物、陈列在广阔大地上的遗产、书写在古籍里的文字都活起来”①。2016 年，习近平总书记对文物工作做出重要指示，强调要“切实加大文物保护力度，推进文物合理适度利用，使文物保护成果更多惠及人民群众……努力走出一条符合国情的文物保护利用之路”②。2017 年 1 月，中共中央办公厅、国务院办公厅印发《关于实施中华优秀传统文化传承发展工程的意见》，强调要“不断增强中华优秀传统文化的生命力和影响力，创造中华文化新辉煌”③。2021 年8 月，中共中央办公厅，国务院办公厅印发《关于进一步加强非物质文化遗产保护工作的意见》④，强调非遗保护工作要“贯彻‘保护为主、抢救第一、合理利用、传承发展’的工作方针，深入实施非物质文化遗产传承发展工程，切实提升非物质文化遗产系统性保护水平，为全面建设社会主义现代化国家提供精神力量”。党的二十大报告再次提出，“繁荣发展文化事业和文化产业”，“加大文物和文化遗产保护力度”，“推进文化和旅游深度融合发展”，“坚守中华文化立场，提炼展示中华文明的精神标识和文化精髓，加快构建中国话语和中国叙事体系”⑤。2022 年12 月，习近平对非物质文化遗产保护工作作出重要指示：“要扎实做好非物质文化遗产的系统性保护，更好满足人民日益增长的精神文化需求，推进文化自信自强。要推动中华优秀传统文化创造性转化、创新性发展，不断增强中华民族凝聚力和中华文化影响力，深化文明交流互鉴，讲好中华优秀

---

① 习近平：《提高国家文化软实力》，《习近平谈治国理政》（第一卷），北京：外文出版社 2018 年版，第 161 页。

② 中共中央文献研究室：《习近平关于社会主义文化建设论述摘编》，北京：中央文献出版社 2017 年版，第 190 页。

③《中共中央办公厅　国务院办公厅印发〈关于实施中华优秀传统文化传承发展工程的意见〉》，2017 年 1 月 25 日，http：//www. gov. cn/gongbao/content/2017/content_5171322. htm。

④ 中共中央办公厅、国务院办公厅：《关于进一步加强非物质文化遗产保护工作的意见》，《中华人民共和国国务院公报》2021 年 8 月 30 日。

⑤ 习近平：《高举中国特色社会主义伟大旗帜　为全面建设社会主义现代化国家而团结奋斗——在中国共产党第二十次全国代表大会上的报告》，本书编写组编著：《党的二十大报告辅导读本》，北京：人民出版社 2022 年版，第 40—41 页。

传统文化故事，推动中华文化更好走向世界。”①

新中国成立以来，我国文化遗产保护事业从艰难起步、快速发展到高质量发展，从抢救性保护到保护与利用并重，保护理念深刻变革，体制机制不断创新，不断优化调整工作思路和主要任务，在攻坚克难中开拓进取，取得了辉煌成就。目前，中国已有56项世界文化和自然遗产列入《世界遗产名录》，其中世界文化遗产33项、世界文化景观遗产5项、世界文化与自然双重遗产4项、世界自然遗产14项；共有43个项目列入联合国教科文组织非物质文化遗产名录、名册，居世界第一。

当今时代，中国社会正在悄然发生着一场继承和发扬中华优秀传统文化的“二次革命”，中华优秀传统文化的保护利用已进入高质量发展新阶段。在传统与现代交融的文化发展新背景下，我们应如何对这些优秀传统文化的价值进行充分发掘和弘扬？如何让这些博大精深的文化遗产为新时代中国特色社会主义文化建设发挥更大作用？这是我们必须迫切回答的问题。我们要以习近平总书记提出的“文化两创”为引领，深化对中华优秀传统文化重要性的认识，加强对中华优秀传统文化的历史价值、社会价值、文化价值、艺术价值、科技价值、经济价值等进行深入挖掘，为推动中华优秀传统文化创造性转化和创新性发展提供理论支撑与实践方案，让中华优秀传统文化在当代生活中迸发出发展新动力。

研究中国传统文化，推动文化产业发展，华中师范大学师生身先士卒，成绩显著。华中师范大学十分重视作为中华优秀传统文化重要组成部分的中国民间文化的学术研究和人才培养，早在20世纪50年代，即紧跟北京师范大学钟敬文先生，在中文系开设民间文学课程，1985年开始招收民间文学硕士研究生。经国家学位委员会批准，学校于1987年建立民间文学硕士点，2003年建立民间文学博士点。1996年，我主编的

①《习近平对非物质文化遗产保护工作作出重要指示强调　扎实做好非物质文化遗产的系统性保护　推动中华文化更好走向世界》，2022年12月12日，http：//cpc. people. com. cn/shipin/n1/2022/1213/c243247-32586031. html。

《民间文学导论》获国家教委高校优秀教材一等奖。1997 年，“民间文学教学改革研究”获湖北省政府教学成果一等奖。2006 年，学校整合学科资源成立全国高校第一个非物质文化遗产研究中心，并于 2007 年获得“文化部非物质文化遗产保护工作先进集体”称号。2006 年，以黄永林教授为主任的华中师范大学国家文化产业研究中心被文化部命名为国家级文化产业研究中心。2011 年，经教育部批准，我校国家文化产业研究中心以中国语言文学、中国史、公共管理、管理科学与工程四个一级学科为支撑，成立了新兴交叉学科“文化资源与文化产业”，成为国内首个在该交叉学科招收硕士、博士研究生以及博士后研究人员的单位。2012 年，由黄永林教授主持的国家“211 工程”三期建设项目“中华民族文化保护、创意与数字化工程”荣获第四届文化部创新奖；由华中师范大学国家文化产业研究中心和湖北九通电子音像出版社合作拍摄制作的《荆楚国家级非物质文化遗产精粹》，2020 年获湖北省政府出版奖，2023 年获第八届中华优秀出版物提名奖。

勇于探索，不断创新，出版丛书，展示成果，推动中华优秀传统文化创新发展。这套由黄永林教授主编的“文化遗产保护与文化产业发展论丛”，是华中师范大学“中国语言文学一流学科建设”“中华文化传承创新项目”具有开拓性、代表性成果的展现，是我校师生在党和国家实施中华优秀传统文化传承发展工程，推动中华优秀传统文化创造性转化、创新性发展，扎实推进文化事业和文化产业繁荣发展，实施国家文化数字化战略，建设社会主义文化强国的背景下，开展的以文化遗产保护与文化产业发展为主题研究的重要成果展示。这一丛书的出版，体现了高校的学术功能、学者的时代担当和出版社的社会责任。

本丛书第一批推出的成果包括《中国传统文化的现代阐释》《中国文化产业的现代发展》《中国非物质文化遗产的保护利用》《数字技术时代的非遗保护与经济文化发展》《文化与文化产业发展研究报告——基于湖北的调研》，是作者近几年围绕中国文化遗产保护传承利用、文化产业高质量发展、数字技术与文化发展以及区域文化发展等重要领域进行研究的重要成果。丛书五卷一体，每卷自成体系，各有重点，独具特色。《中国传统文化的现代阐释》聚焦历史文物、民间文学、民俗文化、城市建筑文化和乡村地域文化等的产生发展、功能价值、传承保护和资源转化等进行现代阐释，力图通过一些个案，梳理中国传统文化的历史脉络，探索中华文化基因、文化特征和特殊价值，该研究为当今开展的中华优秀传统文化保护弘扬和利用发展提供了一定的理论支撑。《中国文化产业的现代发展》聚焦中国文化产业的发展历史、基本理论和资源利用、科技创新与产业发展等重大问题，探讨了我国现代文化产业发展的历史脉络、成绩与经验、问题与成因，分析了文化资源、文化创意、科技创新与文化产业发展的相互关系等，为推动我国文化产业高质量发展提供了一些理论思考和实践方案。《中国非物质文化遗产的保护利用》聚焦中国非物质文化遗产保护利用的重大理论与实践问题进行系统研究，利用文化经济学理论研究非物质文化遗产资源的经济价值，利用文化生态学理论分析非物质文化遗产保护利用的文化生态意义，利用文化传承理论分析非物质文化遗产传承人保护路径，并对非物质文化遗产学科建设和学派建构，以及加强非物质文化遗产教育提出了建设性意见，书中关于非物质文化遗产保护的中国经验的总结和非物质文化遗产“创造性转化和创新性发展”实现路径的深入探索，具有很强的理论价值和现实意义。《数字技术时代的非遗保护与经济文化发展》聚焦数字技术对非物质文化遗产传承和文化产业发展的巨大影响问题，重点论述了数字化与非遗保护传播、产业经济发展、新媒体建设等方面的问题，并关注数字技术、数字经济和数字文化等热点问题，进行了许多具有前沿性和前瞻性的理论思考和实践探讨，对提升我国非物质文化遗产保护传播水平和推动文化产业高质量发展具有建设性意义。《文化与文化产业发展研究报告——基于湖北的调研》选录了 2019 年至 2021 年间作者主持开展的湖北文化与文化产业调研项目的代表性成果。这些调研报告包括加强基层文化建设（“两个中心”建设），打造新媒体平台，基于现代科技提升文化产业竞争力，应对新冠肺炎疫情对文化产业的巨大冲击，大力发展区域文化产业等内容。这些报告通过实地调研、问卷访谈、纵向历史分析和横向区域比较研究，既总结成绩经验，又分析问题及原因，同时提出了具体的改革发展建议。有的调研报告内容已被湖北省委、省政府和武汉市委、市政府及有关部门采纳，有的还被省市主要领导肯定和被全国重要媒体报道转发，对湖北省和武汉市文化建设与文化产业发展起到了积极的推动作用。总体来看，这些研究成果以保护和弘扬中华优秀传统文化与推动创造性转化和创新性发展为宗旨，深入探讨文化遗产保护的理论与方法，大力挖掘文化遗产资源的内涵与价值，积极探索文化遗产资源利用应遵循的文化保护原则、现代产业理念和市场经济法则等，大胆提出加强文化与现代生活、现代经济、现代科技深度融合，通过创造性转化和创新性发展，实现文化保护与经济发展的相互促进。

本丛书首批五本集结的主要是作者主持的国家文化科技提升计划项目、国家社科基金重点项目、教育部人文社会科学重点研究基地重大项目等国家与省部级重大和重点项目的研究成果，其研究坚持理论与实践相结合的原则，既注重理论探讨，也重视实践研究，力求通过系统的理论研究为实践提供指导，通过深入的实践调查为理论建构奠定基础。其中绝大多数成果曾在国内外重要报刊上发表，有些还被《新华文摘》、《中国社会科学文摘》、人大复印报刊资料、人民智库等媒体全文转载，得到学界广泛关注和好评。出版该丛书对于加深对中华优秀传统文化保护传承与利用发展重要意义的理解，增强文化遗产作为战略性资源重要性的认识，对于持续推动文化遗产主动服务国家战略，融入现代生活，融合现代科技、文化创意、文化产业发展，切实发挥文化遗产在促进经济发展、社会治理、满足人民群众美好生活需要等方面的积极作用，推进社会主义文化强国建设具有一定的理论意义和积极的实践价值。

新时代、新征程、新起点，以新的成绩为推进中华民族伟大复兴作出新贡献。党的二十大报告提出，从现在起，中国共产党的中心任务就是团结带领全国各族人民全面建成社会主义现代化强国、实现第二个百年奋斗目标，以中国式现代化全面推进中华民族伟大复兴。中国式现代化深深植根于中华优秀传统文化，是对中华文明价值理念和智慧的继承创新，是以鲜明的中国特色创造的人类文明新形态。在新的历史时期，我们希望通过出版这类以“文化遗产和文化产业”为主题研究的丛书，来动员更多的人关心、支持和投入文化遗产保护利用事业，激发更多的文化工作者深入研究中华优秀传统文化的积极性，从中华优秀传统文化中寻找源头活水，把蕴含其中的价值充分挖掘出来并发扬光大，为坚持以中国式现代化全面推进中华民族伟大复兴提供强大的价值引导力、文化凝聚力、精神推动力。

探索无止境，创新没尽头。希望作者在未来的学术研究中沿着这条探索创新之路继续前行，以更多更高质量的优秀成果为中华优秀传统文化的保护利用和中国文化产业发展作出新贡献。

是为序。

刘守华

2023 年 3 月 18 日于中国科学技术大学

（刘守华教授是“中国文联终身成就民间文艺家”荣誉称号获得者，现任华中师范大学非物质文化遗产研究中心主任、博士生导师。）

加强文化与科技融合的价值引导（前言）*

在人类发展的历程中，科技发展的步伐始终在不断加速。科技作为人类认知自然和改造自然的工具和手段，其根本目的是为人类创造更多共同财富，推动社会前进。但是，随着科技的发展，尤其是进入工业社会后，人类现实生活中的各种利益矛盾和冲突，导致在科技被滥用的过程中，产生了科技发展目标与人文价值导向的冲突，以及与人类根本利益相悖的消极后果。因此，在倡导科技创新、推动文化与科技融合发展的新形势下，必须认真研究文化与科技的关系，分析科技发展与文化价值冲突的表现及其原因，加强文化与科技融合的价值引导以达到扬长避短、趋利避害的目的。

一、文化与科技共同推动人类文明前行

文化是人类创造的物质财富和精神财富的总和，反映了一定时期物质文明和精神文明的水平和特点；科学技术是第一生产力，是推动人类发展的根本动力。文化与科技应该是互相促进的发展领域，旨向是工具理性与价值理性的统一，共同促进人类文明向前发展。

首先，文化创新为科技发展提供新需求和方向引领。文化是民族的血脉，塑造着国民的精神气质与思维方式，承担引导社会文明进步的重要功能。历史告诉我们，任何一个技术创新活跃的时代，都无一例外地

---

* 本文原题《加强文化与科技融合的价值引导》，原载《光明日报》2020 年 6 月 4 日 16 版。

伴随着人文创新的导引。在“科技创新实践”“文化引领创新”和“文化与科技融合发展”的今天，文化不仅为科技创新提供新需求，激发其新的活力，而且为科技发展提供方向引领，先进的文化理念是确保科技发展正确方向的关键。其次，科技进步创新了文化的生产与传播手段。现代科学技术特别是高新技术，正以越来越快的速度向生产力诸要素全面渗透，同它们深度融合。对于文化发展来说，科技创新不仅影响了人们的思维方式和生活方式，而且为文化内容和形式创新提供了技术支持，提高了文化的表现力、传播力和影响力。再次，文化科技融合成为文化发展的重要引擎。文化科技融合是科技创新促进文化产生新样式、新产品、新服务，以及科技活动和成果不断丰富其人文内涵的互动过程。当今，文化与科技融合日益广泛深入，科技已渗透到文化产品创作、生产、传播、消费的各个层面和各个环节，不仅有效地推动了传统文化产业的转型升级和新型文化业态的产生，而且有利于提升公民的科学素养、创新精神和创新能力，有利于促进文化和科学的高质量发展。

二、警惕科技创新对文化发展的消极影响

随着科技对人类社会影响的深入，人们越来越关注科技带来的物质财富，工具理性的基础性作用被放大，人文精神和价值意义被忽视。

其一，科技对文化多元的消融。现代科技的发展使生活在不同地域的人们过上几乎相同的现代生活，生活方式和生存环境差异越来越小，导致不同区域的文化生活日趋同化；未来生物技术的发展将控制和改变人的遗传基因，有可能使不同民族的文化从民族血缘根源系统中“连根拔除”，民族文化将趋于同质化。科技对世界民族文化多样性的影响将是巨大的。其二，科技对文化价值的异化。随着科学技术的迅猛发展，科技在人类生活中的物化功能日益强大，人们更加注重科技产生的当下效益，而忽视了科技发展对人和社会异化的长远影响。比如，当人们沉迷于技术所创造的物的享受时，往往忽视了对自身价值、目的和意义的思考。技术有可能无形中使人丧失个性，沦为工具理性奴役和支配的对象。其三，科技对文化伦理的挑战。伦理规则是现实世界中维系人与人、

人与社会基本关系的行为准则，是组织和个人自律和自我调适的维度和标准。在现实利益的影响下，人们在利用科技成果的过程中有可能因突破伦理道德的约束造成对现实社会的危害。比如人工智能的发展有可能产生在某些方面超越人类智慧的“类人物种”，这将彻底突破伦理道德底线，给人类带来毁灭性的灾难。其四，科技对文化消费的挟持。当今，文化消费已经进入一个全新的时代，人们被“狂飙猛进”“过度滥用”的科学技术所挟持，沉溺于“消费主义”的享受泥潭，而迷失自我。比如，互联网在为人类创造极为自由、开放和惬意的交流空间的同时，也使一部分人特别是年轻人迷失其中，分不清现实世界和虚拟世界，错误地将虚拟世界的规则运用到现实生活中来，产生了许多严重的社会问题。

三、加强文化与科技融合的人文价值引导

文化与科技的深度融合，对于增强文化自信和科技创新、提高社会生产力和综合国力具有重要意义。但为了防范现代科技发展对人类社会的异化，必须加强文化与科技融合的人文价值引导。

其一，坚持人文担当。强大的、无孔不入的科技力量造成了人类的异化，给人文价值和伦理规则带来了严峻挑战。因此，人类必须做科技的主人，坚持人文担当，坚守人文价值，凭借更加强大的精神力量掌控和引领科技发展，只有这样，才能保持自身的主体性地位，防止科技的滥用带来的对人类精神世界的侵蚀，甚至是生存的危机。其二，坚持以人为本。科技发展的最终目的是造福于人，文化与科技融合必须充分体现以人为本的理念，深刻洞察和准确把握科技的人性因素，为科技发展注入人文关怀和价值理念。比如，科技产品的设计者和生产者要把人文价值和人性情感融入设计与生产之中，使之更加符合人类普世价值取向和共同情感需求。其三，增强人文素养。人是科技发展与运用的主体，其人文素养直接决定着未来科技对人类影响的走向。随着科技的发展，未来将是一个万物互联、跨界融合，行业与行业之间、学科与学科之间的壁垒被打破的大融合的格局。在这样的背景下，科技工作者必须加强人文素养，把握科技发展的正确走向，确保科技真正为满足人的物质和

精神需求服务。其四，建立监管体系。积极探索符合文化与科技融合发展规律的价值和效益监管体系，构建良好的、有利于科技创新的文化环境，形成健康的科技文化价值引导。政府应积极构建相应的法律法规体系和监管体系，为促进文化与科技融合健康发展提供法律制度保障。充分发挥科技和文化行业协会（学会）等专业组织的作用，制定科技工作伦理规则和道德行为守则，加强对科技企业的社会价值和效益的第三方评估，以确保社会效益和经济效益相统一。

综上所述，如果没有文化航标的指引，科学技术的发展将有可能把人类引向万劫不复的深渊。全世界的科学家和人文学者应联合起来，在大力发展科学技术的同时，大力弘扬人文精神，抵制科学技术的滥用可能产生的对社会伦理的侵蚀和人类生存的威胁。

目　　录

上编　非遗数字化保护与传播

中编　数字经济发展

下编　互联网络与新媒体

上编

非遗数字化保护与传播

SHANGBIAN
FEIYI SHUZIHUA BAOHU YU CHUANBO

第一章 数字技术在非物质文化遗产保护中的重要作用*

在世界文化多元化发展的今天，现代数字技术的发展为民族文化遗产的保护和利用提供了一种崭新的途径，通过数字存储、信息检索、虚拟现实、可视化展示以及数字媒体等技术保存、再现、传播和开发各国民族文化遗产已成为一种世界潮流，“数字化文化遗产”的发展程度已成为评价一个国家信息基础设施的重要标志之一。我国重视非物质文化遗产数字化建设，2005 年 3 月 26 日，国务院办公厅下发的《关于加强我国非物质文化遗产保护工作的意见》中明确指出：“要运用文字、录音、录像、数字化多媒体等各种方式，对非物质文化遗产进行真实、系统和全面的记录，建立档案和数据库。”2011 年 6 月 1 日开始实施的《中华人民共和国非物质文化遗产法》也强调：“文化主管部门应当全面了解非物质文化遗产有关情况，建立非物质文化遗产档案及相关数据库。”这是国家第一次在法律层面明确了开展非物质文化遗产数字化保护的必要性。在我国运用数字化等现代技术和手段对非物质文化保护已成为我国文化建设工程的重要内容。非物质文化遗产数字化就是采用数字采集、数字储存、数字处理、数字展示、数字传播等技术将非物质文

---

* 本章原题《数字化背景下非物质文化遗产的保护与利用》，原载《文化遗产》2015 年第 1 期，此处为节选。

化遗产转换、再现、复原成可共享、可再生的数字形态，并以新的视角加以解读，以新的方式加以保存，以新的需求加以利用①。现代数字化技术的发展，为非物质文化遗产的采集、保存、展示与传播提供了更为广阔的空间。

第一节　数字化采集和存储技术为非物质文化遗产完整保护提供了保障

我国现在的非物质文化遗产的保护还基本上停留在拍照、采访、记录、物品收藏等简单的工作层面上，这种文字、录音、摄影、录像等传统的非物质文化遗产技术保护手段，曾保存了大批珍贵的非物质文化遗产。但是书籍的生霉、录像带的老化、录像色彩的蜕变、录音带的失真等，都会使所记录的非物质文化遗产的信息不同程度地出现失真，加上拍摄角度的限制，影响了长期保存和利用。数字技术为非物质文化遗产的保护提供了许多全新的采集记录手段，包括图文扫描、立体扫描、全息拍摄、数字摄影、运动捕捉等。数字化存储技术也为非物质文化遗产的保护提供了许多新的手段，包括通过数据库、磁盘阵列、光盘塔、光纤和网络连接以及一系列相关规定、协议，实现对非物质文化遗产资源的有效保护。通过这些现代数字化采集和储存信息的技术，不仅可以把一些非物质文化遗产的档案资料，如手稿、音乐、照片、影像、艺术图片等，编辑转化为数字化格式，保存于数字磁带、光盘等物质介质中，而且还可以利用多媒体网络数据库来存储和管理，使他们完整有序、便于检索，这能够整体提升对非物质文化遗产保护的水平。

目前，运用数字化多媒体等现代化科技手段对珍贵、濒危并具有历史价值的非物质文化遗产进行真实、系统和全面的记录，建立档案和数据库已成为中国非物质文化遗产保护工程的主要实施内容之一。然而，非物质文化遗产包括传统文化的表现形式和其赖以生存的文化空间，单

① 王耀希：《民族文化遗产数字化》，北京：人民出版社 2009 年版，第 8 页。

一的数字化存储通常忽视了其赖以生存的文化空间特性，很难将非物质文化遗产作为一个完整的整体给予保存。以舞蹈动作的数字化为例，在传统的记录保存工作中，演员的舞蹈动作多通过文字、照片、视频进行记录。然而，上述手段难以对舞蹈表演，特别是演员的表演动作进行准确全面的记录。拍摄录像或 DV 只能从几个有限的角度以二维图像的方式进行录制，记录的数据虽然可以方便地存贮在录像带、电脑硬盘等媒体中，但数据的可重用性和可编辑性较差。在重现时，还需要舞蹈艺术家和演员的参与。获取的数据难以被进一步开发利用（如直接用于影视、动画制作等）。若希望对获取的数据进行修改，则需要演员全部重新表演，从而产生较大的工作量。现代数字信息获取与处理技术能更好地整理、收集、记录非物质文化遗产的信息，可以达到传统意义上的保护方式所不能达到的展示要求与保真效果，更为安全和长久地保存这些弥足珍贵的非物质文化遗产。

第二节　数字化复原和再现技术为非物质文化遗产有效传承提供了支撑

非物质文化遗产传承之难，归根结底源于生产方式、生活环境的变化，而维持原有的生产方式、生活方式，乃至生存环境，是与全人类的现代化奋斗目标相抵触的。这就是我们在非物质文化遗产保护问题上最根本的两难选择。现代计算机图形学、数字图像处理与虚拟现实等数字复原和再现技术以及设备日趋成熟，为非物质文化遗产的传承提供了更先进的手段与方法。对非物质文化遗产进行传承，可以将传统的非物质文化遗产资源进行数字化后，制作成可视化虚拟产品，供人们学习、交流，甚至进行创新。比如采取 2D、3D 数字动画技术，恢复、再现和解读非物质文化遗产现象、场景、事件或过程，通过图片、视频、三维动画等形式实现非物质文化遗产可视化，实现与原物或原事项完全一样的恢复和再现；应用真实感角色生成、场景搭建、动作绑定、人机交互、知识建模等技术，快速生成非物质文化遗产中的情景和行为，实现非物质文化遗产的虚拟再现、知识可视化及互动操作，以便使尽可能多的人通过观看而了解这些非物质文化遗产，包括濒临消失的非物质文化遗产的原貌。此外，还可通过互联网或数据光盘将数据上传到系统的高级端，从而促进非物质文化遗产的广泛交流和传播，让更多的人对我们的民族文化增加了解，增强人们的艺术兴趣，激发民族文化发展的活力。

比如在世界上久负盛名的南通板鹞风筝，它融雕、扎、书、画、绣等多种工艺于一体，其中哨口的雕刻工艺最为精湛。板鹞风筝上的哨口，随大小、形状、材料各异，并且哨面进风口的位置、角度、长短、宽窄的改变使得发出的音量、音质、音调千变万化，加之人们巧妙地将各种音调哨口立体组合，可产生各种奇妙的空中交响曲。哨口的大小、形状以及哨面进风口的位置、大小、角度、长短、宽窄等这些技术参数都可以通过计算机进行数字化归纳，设计出一套相应的软件程序，这样能让设计出的哨口的音质、音调等更为精准；再结合虚拟场景建模、计算机辅助设计等技术将哨口雕刻的过程进行数字化编程，通过三维动画对哨口的制作进行展示，这样人们就可以通过计算机欣赏到哨口制作的全过程。板鹞风筝的鹞布上的绘画也颇有讲究，画面精细，重人物，大多源自民间故事，代表着人们放飞的理想与愿望，数字化保护开发可以对其画面题材内容、风格样式等特征进行数字化的归纳，开发相应的软件及图形库，形成板鹞风筝特色的图形语言系统，并将其运用到现代设计中，将这种民间传统文化的观念基因传承下去。

第三节　数字化展示与传播技术为非物质文化遗产广泛共享提供了平台

随着数字化虚拟展示技术的发展，这种虚拟展示集虚拟现实、图文声像等多媒体表现手段于一体，将非物质文化遗产在计算机虚拟世界中进行展示，以平面显示、全景显示或立体空间成像的方式，将声、光、电产生的效果全方位、多视角地向大众进行直观展示。非物质文化遗产的数字化展示与传播主要包括以下方面：其一，利用三维场景建模、特效渲染、虚拟场景协调展示等动画技术，对非物质文化遗产特别是传统手工艺的生产方式、使用方式、消费方式、流通方式、传播传承方式等进行真实再现；其二，借助多媒体集成、数字摄影、知识建模等技术，建立包括文字、声音、图像、视频、知识在内的非物质文化遗产数字博物馆；其三，基于数字媒介统一平台而建立的数字博物馆，将多种媒介形式的非物质文化遗产信息整合在一起，借助电信、无线通信、互联网、有线电视以及各种数字电视网络进行传播，打破特定时间、场所的限制，使之成为现代技术条件下适合于大众传播的一种新的应用平台，让非物质文化遗产的展示、传播与利用更为便利和充分，使海量存储的非物质文化遗产资源得到最大限度的共享利用。

例如，数字博物馆就是一种适合于民族民间非物质文化遗产大众传播的数字化展示平台，它与普通博物馆不同，不仅展示静态藏品，而且将一些民间工艺制作过程的历史流变，工艺存在的文化状态，民间艺人档案，民间艺术传播方式、制作工艺、原材料以及民间生活方式等成千上万种文化艺术的全过程进行数字化转换后存入数据库网络。因此，在虚拟的数字博物馆里，各种民族民间非物质文化遗产的具体内容和艺术精髓以活态文化的方式展示出来。比如民间蓝印花布是我国传统的印染工艺品，它以手纺、手织、手染的民间工艺，纯真而又朴素、鲜明而又和谐的蓝白之美闻名于世。当我们进入数字博物馆后，只需轻轻点击鼠标，就可以看到蓝印花布制作的全过程：种植兰草—制作颜料—雕刻花版—染色—晾晒。数字博物馆的发展与普及，必将使大众更为方便地了解我们中华民族各种优秀的非物质文化遗产。

第四节　虚拟现实技术为非物质文化遗产开发利用提供了空间

在新的历史时期，我们要进一步提高对非物质文化遗产的认识，创新思维，拓展非物质文化遗产保护的思路。非物质文化遗产真正的价值在于其所蕴含的丰富的文化因子，这些文化因子可以通过生产、流通、销售等方式转化为体现独特的民族风格和地方特色的优秀文化产品，重新融入现实社会，走进人们的日常生活，这种对非物质文化遗产的生产性保护是最具文化延续性和创造力的保护①。虚拟现实技术为非物质文化遗产的开发利用提供了广阔的空间，通过数字技术可以将非物质文化遗产进行产业化经营，并转化为文化生产力，形成规模经济效益，可以调动民众保护和发展非物质文化遗产的积极性。

数字化虚拟非物质文化遗产是指运用先进的虚拟现实技术对非物质文化遗产进行数字重建。虚拟现实的人机交互技术是其应用发展过程中的关键技术，与虚拟现实技术相应的高性能硬件设备是其产业化的重要条件。随着科学技术的进步，数字化、信息化的发展，这些关键技术将被攻克，高端设备也将被制造出来，这将大大提高非物质文化遗产生产性保护的能力。非物质文化遗产资源数字化最大的益处是不仅可以保存和记录非物质文化遗产各方面的信息，而且可以在不改变非物质文化遗产原貌的情况下利用这些信息进行数字生产（数字复制、数字出版、数字再现）和数字传播，发挥非物质文化遗产独有的文化价值、经济价值。因此，利用数字化虚拟现实技术实现对非物质文化遗产的开发和利用，进行产业化生产与经营，有利于形成新的行业及衍生产品，延长产业链，使文化产业占 GDP 的比重得到提高，这对当今文化产业发展具有不可估量的经济价值和意义。比如通过数字技术加快非物质文化遗产的产业化步伐，促使各民族服饰文化、民间技艺文化、民间文学、民间舞蹈、民间音乐、消费习惯、交际礼节、节日庆典、娱乐游戏、艺术技能以及饮食文化等知识和技能的价值不断提升。

① 黄永林：《非物质文化遗产生产是最好的保护》，《光明日报》2011 年 10 月 7 日。

第二章　数字化传承视域下非物质文化遗产分类体系的重构*

民族文化渗透于社会生活的方方面面，对人们的世界观、价值观、人生观、审美观等的形成具有不可替代的作用①。而非物质文化遗产是民族文化的精华，因此，在现代科学技术飞速发展的情况下，利用数字化等手段保护和传承我国的非物质文化遗产（简称“非遗”）就显得尤为重要和迫切。建设我国国家级非遗数据库，并进行分类存储、保护、管理，为我国文化工作者提供较为完整的检索等服务，从而实现非遗的保护与传承方式的创新，是新时期非遗数字化工作的重要内容，而如何建立适合于国家级非遗数字化保护与传承的分类体系便成为当前非遗工作者的首要任务。

第一节　国内外非遗相关分类现状

1989 年，联合国教科文组织通过了《保护民间创作建议案》（以下简称《建议案》）。根据民间创作的不同表现形式，《建议案》将其分为

---

* 本章原题《数字化传承视域下我国非物质文化遗产分类体系的重构》（与王伟杰合作），原载《西南民族大学学报》2013 年第 8 期。

① 马旭、赵琦娣：《孔子学院：全球化视野中的中国文化传播》，《新闻界》2011 年第 2 期，第 31—32 页。

语言、文学、音乐、舞蹈、游戏、神话、礼仪、习惯、手工艺、建筑术及其他艺术等10种类型。1998年，为配合《建议案》的后续活动，联合国教科文组织又颁布《人类口头和非物质遗产代表作条例》（以下简称《条例》），将“民间创作”的称谓改为“口头和非物质遗产”，并在前期10种的基础上增加了“传播与信息的传统形式”，使其形式达到11种；同时将其分为两大类，一类是各种“民间传统文化表现形式”，第二类是文化空间，“即某种集中举行流行的与传统的文化活动的场所，或一段通常定期举行特定活动的时间”①。2003年，联合国教科文组织制定了《保护非物质文化遗产公约》（以下简称《公约》），将“口头和非物质遗产”的称谓又改为“非物质文化遗产”，并将其分为以下五种形式：口头传统和表述；表演艺术；社会实践、仪式、节庆活动；有关自然界和宇宙的知识和实践；传统的手工艺技能。然令人费解的是，在2001年联合国教科文组织公布的第一批人类口头和非遗代表作名录中，多米尼加共和国的圣灵同道文化空间、几内亚的索索·巴拉文化空间、摩洛哥的加玛广场文化空间等多项名录都属于“文化空间”类。不难看出，《公约》建立的非遗分类体系实质上是两层六类，“两层”即传统的文化表现形式和文化空间，前者包含五种形式，后者则是前五类的相对应的文化空间，为第六类。

世界上主要发达国家根据本国的实际状况，也对本国的非遗进行了相应的分类。早在《公约》之前，日本就已经制定了无形文化财产（intangible cultural heritage）的分类体系，例如《文化财保护法》将其分为演剧、音乐、工艺技术以及其他无形文化的产出品等种类②。韩国将非遗统称为“口头和非物质文化遗产”，并详细分为“音乐、歌曲、舞蹈、喜剧、文学、仪式、节庆、手工艺和口述史等”多种形式。在美国，非遗主要分为“民俗、语言、文学、音乐、舞蹈、游戏、神话、礼仪、习惯、手工艺品、建筑艺术及其他”十二个大类③。澳大利亚则分为语言、

---

① 王文章：《非物质文化遗产概论》，北京：教育科学出版社2008年版，第236—238页。

② 林和生：《日本对非物质文化遗产保护的启示》，《中国社会科学院院报》2009年11月16日。

③ 周耀林、王咏梅、戴旸：《论我国非物质文化遗产分类方法的重构》，《江汉大学学报（人文科学版）》2012年第2期，第30—36页。

口头传承、手工技艺和表演艺术四大类[①]。

我国的非遗分类较为复杂和多元化，主要有四类法、六类法、八类法、十类法、十三类法和十六类法。向云驹认为“非物质遗产除了特定的口头文化外，就是指人的行为文化或人体文化即传人文化”[②]，把非遗视作一种典型的“人体文化”，具体分为“口头文化、体形文化、综合文化、当下的造型文化”四种形态[③]。我国2011年颁布的《国家级非物质文化遗产代表作申报评定暂行办法》（以下简称《暂行办法》）将非遗分为“传统的文化表现形式”和“文化空间”两类，主要包括六种形式：口头传统；传统表演艺术；民俗活动、礼仪、节庆；有关自然界和宇宙的民间传统知识和实践；传统手工艺技能；与上述表现形式相关的文化空间。不难看出，《暂行办法》两类六种的分类方法与《公约》两层六类的分类方法如出一辙，但却更符合中国实际。《中华人民共和国非物质文化遗产法》（以下简称《非遗法》）2011年3月获得通过，该法第二条明确规定非遗包括六种形式：传统口头文学以及作为其载体的语言；传统美术、书法、音乐、舞蹈、戏剧、曲艺和杂技；传统技艺、医药和历法；传统礼仪、节庆等民俗；传统体育和游艺；其他非物质文化遗产。在《非物质文化遗产学》中，苑利等在借鉴联合国教科文组织非遗分类方法的基础上，将非遗分为八类：民间文学类、表演艺术类、传统工艺技术类、传统生产知识类、传统生活知识与技能类、传统仪式类、传统节日类、文化空间类；但同时又通过合并将其分为表演艺术、传统工艺技术、传统仪式与文化空间四大类[④]。我国2006年公布了《第一批国家级非物质文化遗产名录》[⑤]（以下简称《名录》）将非遗分为十大类：民间文学、民间音乐、民间舞蹈、传统戏剧、曲艺、杂技与竞

---

① Department of Sustainability, Environment, Water, Population and Communities, Australian Government: State of the Environment 2011 (SoE 2011). http://www.environment.gov.au/soe/2011/report/heritage/index.html.

② 向云驹：《人类口头和非物质遗产》，银川：宁夏人民教育出版社2004年版，第22页。

③ 向云驹：《人类口头和非物质遗产》，银川：宁夏人民教育出版社2004年版，序1。

④ 苑利、顾军：《非物质文化遗产学》，北京：高等教育出版社2009年版，第14—17页。

⑤ 中华人民共和国国务院：《国务院关于公布第一批国家级非物质文化遗产名录的通知》，2006年5月20日，国发〔2006〕18号。

技（第二批时更名为“传统体育、游艺与杂技”）、民间美术、传统手工技艺、传统医药、民俗等。王文章在《非物质文化遗产概论》一书中提出了十三类法：“语言（民族语言、方言），民间文学，传统音乐，传统舞蹈，传统戏剧，曲艺，杂技，传统武术、体育与竞技，传统美术、工艺美术，传统手工技艺及其他工艺技术，传统医学和药学，民俗，文化空间。”①《中国民族民间文化保护工程普查工作手册》（以下简称《手册》）对非遗的分类最为精细，包含“民族语言，民间文学，民间美术，民间音乐，民间舞蹈，戏曲，曲艺，民间杂技，民间手工技艺，生产商贸习俗，消费习俗，人生礼俗，岁时节令，民间信仰，民间知识，游艺、传统体育与竞技”等十六类。为使在普查中的非遗项目获得标准化和序列化的登记、存档、保管，《手册》又对十六类进行了细分，得出每类的二级分类，并在每类二级分类中均设一个“其他”类作为收容类②。

第二节　国内外非遗分类的基本评述

通过对非遗分类的横向比较可知，各国在非遗分类方面既有统一，又有差别。各国模仿联合国分类范式的痕迹较为明显，但也有自己的独到之处。具体来看（详见表2-1），联合国先后颁布的《建议案》《条例》将非遗划分为两类十二种，《公约》则将非遗分为两类六种，从而形成世界上较为明晰的两类非遗分类范式。日本、澳大利亚及我国的《非遗法》分类较为简单，属于非遗分类的第一范式（我们暂称为《公约》范式）；韩国、美国及我国《名录》的分类则较为详细，从而形成了非遗分类的第二范式（我们暂称为《条例》范式）。在《条例》范式中，缺乏对戏剧（日本称演剧，韩国有类似喜剧）、民间美术、节庆类民俗的统计分类；韩国将“口头传统和表达”分为文学和口述史两种，缺乏对民族语言的分类，而在表演艺术类里面没能将游戏、体育和游艺作为其合理成分，对习惯类的民俗及文化空间更是没有谈及；美国分类虽较为

① 王文章：《非物质文化遗产概论》，北京：教育科学出版社2008年版，第253页。

② 中国艺术研究院·中国非物质文化遗产保护中心：《中国民族民间文化保护工程普查工作手册》，北京：文化艺术出版社2007年版，第13—19页。

表 2-1　联合国及世界主要发达国家的非遗分类对比

<table>
<tr><th colspan="2">《条例》范式</th><th>韩国</th><th>美国</th><th>中国《名录》分类</th><th>中国《非遗法》分类</th><th>澳大利亚</th><th>日本</th><th colspan="2">《公约》范式</th></tr>
<tr><td rowspan="18">各种民间传统文化表现形式</td><td>语言</td><td></td><td>语言</td><td></td><td rowspan="3">传统口头文学以及作为其载体的语言</td><td>语言</td><td rowspan="3"></td><td rowspan="3">口头传统和表述</td><td rowspan="18">传统文化表现形式</td></tr>
<tr><td>文学</td><td>文学</td><td>文学</td><td rowspan="2">民间文学</td><td rowspan="2">口头传承</td></tr>
<tr><td>神话</td><td>口述史</td><td>神话</td></tr>
<tr><td></td><td>喜剧</td><td></td><td>传统戏剧</td><td rowspan="7">传统美术、书法、音乐、舞蹈、戏剧、曲艺和杂技</td><td rowspan="8">表演艺术</td><td>演剧</td><td rowspan="8">表演艺术</td></tr>
<tr><td>舞蹈</td><td>舞蹈</td><td>舞蹈</td><td>民间舞蹈</td><td rowspan="3">音乐</td></tr>
<tr><td rowspan="2">音乐</td><td>音乐</td><td rowspan="2">音乐</td><td>民间音乐</td></tr>
<tr><td>歌曲</td><td>曲艺</td></tr>
<tr><td></td><td rowspan="3"></td><td></td><td>民间美术</td><td rowspan="7"></td></tr>
<tr><td rowspan="2">游戏</td><td rowspan="2">游戏</td><td rowspan="2">传统体育、游艺与杂技</td></tr>
<tr><td>传统体育和游艺</td></tr>
<tr><td></td><td>节庆</td><td>民俗</td><td rowspan="3">民俗</td><td rowspan="3">传统礼仪、节庆等民俗</td><td rowspan="3"></td><td rowspan="3">社会实践、仪式、节庆活动</td></tr>
<tr><td>礼仪</td><td>仪式</td><td>礼仪</td></tr>
<tr><td>习惯</td><td></td><td>习惯</td></tr>
<tr><td rowspan="2">手工艺</td><td rowspan="3">手工艺</td><td rowspan="2">手工艺品</td><td>传统手工技艺</td><td rowspan="4">传统技艺、医药和历法</td><td rowspan="3">手工技艺</td><td rowspan="3">工艺技术</td><td rowspan="3">传统的手工艺技能</td></tr>
<tr><td>传统医药</td></tr>
<tr><td>建筑术及其他艺术</td><td>建筑艺术</td><td rowspan="4"></td></tr>
<tr><td rowspan="2">传播与信息的传统形式</td><td rowspan="3"></td><td rowspan="3">其他</td><td rowspan="3"></td><td rowspan="3">其他无形文化的产出品</td><td rowspan="2">有关自然界和宇宙的知识和实践</td></tr>
<tr><td rowspan="2">其他非物质文化遗产</td></tr>
<tr><td colspan="2">文化空间</td><td colspan="2">文化空间</td></tr>
</table>

注：表中空白表格表示该国没有对此类非遗进行分类。

齐全，但对戏剧类、体育和游艺类表演艺术没有涉及。《公约》范式分类较为笼统，却基本上涵盖了各国出现的已有的非遗类别；日本的分类法缺乏“口头传统和表述”“舞蹈、游戏、体育、游艺等表演艺术类”以及民俗类的划分，将其统称为“其他无形文化的产出品”；澳大利亚对民俗和文化空间没有涉及。

总的来讲，由于国外对非遗的分类大多从本国的具体实践出发，不符合我国非遗的实际状况，尤为不足的是国外基本没有对非遗进行多层次的分类研究，甚至二级分类体系都较少涉及，且大多停留在一级分类层面，因此国外在非遗分类体系方面的成果对我国的借鉴意义也只体现在一级分类上。我国《名录》分类缺乏语言、建筑艺术以及文化空间类别，《非遗法》分类则相对完善。

反观国内，我国《非遗法》模仿了《条例》范式，但《名录》则是遵照《公约》范式。分类主体由于分别来自不同行业、学科（大体上为政府文化部门工作人员和文化学者），从而从不同角度出发形成了不同的分类。从表 2-2 中可以看出，我国文化工作者和文化学者对非遗分类的差别大同小异，依然是《公约》范式和《条例》范式的延续。其中，六类法、八类法源起自《公约》范式；十类法、十三类法、十六类法脱胎于《条例》范式。这些分类对我国未来非遗的具体分类提供了可供借鉴的优秀成果，尤其是《手册》中的两层十六类非遗分类法，更是较为明晰地从我国实际出发，首次创新地利用多层次的分类方法，对我国非遗的二级分类进行了大胆的命名和创新。《名录》的十类法为我国非遗的申报和审批工作带来了极大的便利，更有利于各省市分门别类地对非遗进行有效保护和传承，也为各级政府从自身条件出发，建立适合自己的省级、市级、县级分类体系提供了权威借鉴模式，是我国非遗工作历史上的创举。

表 2-2　我国目前非遗主要分类方法对比

类别	六类法	八类法	十类法	十三类法	十六类法
文献依据	《非遗法》	《非物质文化遗产学》	《名录》	《非遗概论》	《手册》

续表

<table>
<tr><th>类别</th><th>六类法</th><th>八类法</th><th>十类法</th><th>十三类法</th><th>十六类法</th></tr>
<tr><td rowspan="2">1</td><td rowspan="2">传统口头文学以及作为其载体的语言</td><td></td><td></td><td>语言（民族语言、方言）</td><td>民族语言</td></tr>
<tr><td>民间文学类</td><td>民间文学</td><td>民间文学</td><td>民间文学</td></tr>
<tr><td rowspan="6">2</td><td rowspan="6">传统美术、书法、音乐、舞蹈、戏剧、曲艺和杂技</td><td rowspan="7">表演艺术类</td><td>民间音乐</td><td>传统音乐</td><td>民间音乐</td></tr>
<tr><td>民间美术</td><td>传统美术、工艺美术</td><td>民间美术</td></tr>
<tr><td>民间舞蹈</td><td>传统舞蹈</td><td>民间舞蹈</td></tr>
<tr><td>传统戏剧</td><td>传统戏剧</td><td>戏曲</td></tr>
<tr><td>曲艺</td><td>曲艺</td><td>曲艺</td></tr>
<tr><td rowspan="2">杂技与竞技（传统体育、游艺与杂技）</td><td>杂技</td><td>民间杂技</td></tr>
<tr><td>3</td><td>传统体育和游艺</td><td>传统武术、体育与竞技</td><td>游艺、传统体育与竞技</td></tr>
<tr><td rowspan="2">4</td><td rowspan="2">传统技艺、医药和历法</td><td rowspan="2">传统工艺技术类</td><td>传统手工技艺</td><td>传统手工技艺及其他工艺技术</td><td>民间手工技艺</td></tr>
<tr><td>传统医药</td><td>传统医学和药学</td><td rowspan="2">民间知识</td></tr>
<tr><td rowspan="6">5</td><td rowspan="6">传统礼仪、节庆等民俗</td><td>传统节日类</td><td rowspan="6">民俗</td><td rowspan="6">民俗</td></tr>
<tr><td rowspan="2">传统生产知识类</td><td>岁时节令</td></tr>
<tr><td>生产商贸习俗</td></tr>
<tr><td rowspan="2">传统生活知识与技能类</td><td>人生礼俗</td></tr>
<tr><td>消费习俗</td></tr>
<tr><td>传统仪式类</td><td>民间信仰</td></tr>
<tr><td>6</td><td>其他（包含文化空间）</td><td>文化空间类</td><td></td><td>文化空间</td><td></td></tr>
</table>

注：表中空白表格表示此种分类方法没有对此类非遗进行分类。

然而，数字技术为我们提供了一种非遗保护与传承的新手段和新契机，自然对我国非遗分类体系提出了新要求，因此重构符合国家非遗申报评审程序和数字化特征的分类体系势在必行。如果重构得当，将会使我国在非遗保护、申报、审批、利用方面形成良好的机制，甚至对一些濒危的非遗进行数字化与可视化保护与传播；而一旦重构失调，也容易造成分类错乱，给非遗保护和传承工作蒙上阴影。从我国建立非遗传承体系的长远出发，我国目前非遗分类体系还存在较多不足，这些不足主要体现在以下几个方面。

第一，目前的分类一般只进行到一级目录，没有进行细分，这对于非遗数据库建设、数字化保护传承与管理都是较为烦琐的问题。就民间文学和民俗类别而言，在非遗的申报、审批过程中经常出现系统庞杂、数量众多的问题，更不便于对非遗进行系统化的管理和维护，间接影响了非遗的保护与传承。较为权威的十类法自然具有较强的归纳性和总结性，然而从数字化保护的角度看来，目前的一级分类体系不免单薄，甚至出现归纳不完善的地方。这也是造成一些门类的非遗数量庞杂而又无可奈何的原因所在。《非遗法》的分类虽较为完备却略显笼统，不适用于数字化的非遗分类管理系统。尤其是随着国家级非遗项目的增加，这种矛盾会日益突出，申报和管理非遗将成为一大难题。再者，在仅有的二级分类中，《论非物质文化遗产的分类》① 文中的分类是借鉴《手册》的分类方法而来，即是《手册》分类的重新排列组合，而并没有实质性的科学分类突破。再看《手册》的二级分类，其分类初衷是为解决当时的普查工作而应急之用，因此在分类的科学性和整体性上欠缺深层的考虑。尤其是当《名录》的十类法出台之后，十六类法的一级分类搁置不用，其二级分类自然也形同虚设。

第二，目前的分类一般都是单线性分类，主要是以非遗的形式进行分类，如以资源的主题、级别以及地域进行分类，不能完整地表达非遗的完整性，各类分类的不同也主要表现在对形式的认同有所差别。例如

① 张敏：《论非物质文化遗产的分类》，浙江大学硕士学位论文，2010 年，第 31—37 页。

民俗类非遗，数量之多，显得较为凌乱；而一些非遗本身就具有目前分类的两重性，因此在非遗审批时候也遇到了如何统属的问题，如以剪纸为例，本身就具有剪的技艺和纸的图案呈现两种功能，因此具有手工技艺和民间美术两方面的归属问题，虽然目前剪纸属于美术类，但我们不能忽视其在民间技艺方面的独特性与特色。另外，单线性的分类使我国非遗资源愈加呈现出碎片化保护的现状，彼此之间缺乏联系，从而不能集中地、板块式地保护和管理我国的具体非遗项目。

第三，目前的各类分类体系都存在不甚完善的情况。文化空间作为一种非遗的有效载体和事象，经常被非遗保护单位疏漏和遗忘，实际上非遗是一个合成物，除了非遗本身，非遗存在并青春永驻的秘诀是有一个适合生存的土壤，这个土壤就是文化空间。如果对文化空间闭口不谈，非遗就很有可能变为无本之木，其生存状况自然无法保证。文化空间是非遗的载体和场所，以项目的形式对其进行保护和传承的确有待商榷，但不闻不问、束之高阁的做法更不可取；同样，作为重要的非遗形式，民族语言、方言和建筑艺术等也存在疏漏。

第四，从我国目前有限的二级分类来看，如生搬硬套地将分类应用于数字化保护与传承，大多较为不合时宜。首先是较为成熟全面的二级分类只出现在《手册》中，但由于我国申报和审批非遗已改为采用十类法，十六类法虽有可取之处，但实用性较差。我国其他学者的二级分类就更少，更多的是从各自专业的角度对非遗进行分类，将非遗的专有定义无限地扩大为一个扩展概念。如在《民间美术与文化创意产业》中，学者认为民间文化中与美术相关的所有元素和符号（如建筑中的图案、服饰的造型）都属于民间美术①，虽无可厚非却显然不适用于民间美术类非遗的分类，如果生搬硬套地将此种分类应用至非遗二级分类体系中，无疑是将其他类别的非遗项目的部分元素硬生生地割裂开来，既不利于单个非遗项目的整体性保护，更不利于从宏观上把握非遗的分类体系。

---

① 肖丰、陈晓娟、李会：《民间美术与文化创意产业》，武汉：华中师范大学出版社 2012 年版，第 6—7 页。

第三节 数字化视域下重构我国国家级非遗分类的基本原则

现代科技的发展为我国非遗的保护提供了新的保护和管理方式，数字化、可视化的技术更为我国非遗的传承和发展提供了多元化的手段，但非遗分类体系的重建却面临着极大的艰巨性与艰难性。其艰巨性是因为非遗的数字化保护和管理是一项在初期较为烦琐并要慎之又慎的归纳统计工作，如果我国国家级非遗分类存在些许瑕疵，那么省级、市级及县级非遗更有可能争相效仿、以讹传讹，造成不可估量的灾难性后果。其艰难性是因为以民族、地域、时代等为依据的通用分类标准显然不适合我国特有的非遗项目，这与非遗在进行申报时的项目命名有莫大关联。在非遗申报过程中，非遗的具体项目除了一些由来已久的“老字号”之外，更多的是以地域（包含省、市、县、乡镇乃至村为命名标准）、民族、人名为命名标准。由于非遗项目本身就深藏于民间，较多非遗项目就如同它的创造者和传承者一样，无名无姓、默默无闻，因此较多民间艺人只知道其表现形式和相关技艺，并不知道其原始名称或只知道其“土名”，而在申报过程中，由于申报主体大多是以地方文化部门为主，因此出现了较多的以地域为命名标准的非遗项目。因此，为建立我国非遗的优秀传承体系，我国国家级非遗分类应坚持科学性、本真性、实用性和全面性原则。

（一）科学性原则

非遗数字化的保护和传承无疑将我们带入了文化与科技融合的一个新领域，面对新领域内的一切技术难题和文化传统，我们必须坚持科学性的原则，对我国国家级非遗分类方法的重构，必须要以严谨求实、实事求是的态度，根据多种文化工作者和研究者在非遗实践中的观察和分析，力求重构能较为全面、合理地涵盖所有非遗项目并契合我国具体国情的传承分类体系。这是重构我国非遗分类的首要原则。

（二）本真性原则

非遗的本真性是我国非遗保护和传承的一个重要目标和原则。本真性的非遗保护不仅要追求非遗的原生态的生存状态，更要保护其生存的自然环境和文化空间，主要包括地理环境、文化环境、社会环境、适应群体等多方面内容。如何通过有效合理的分类来促进我国非遗原汁原味地长期得到有效保护和传承，是本真性原则的至高要求。

（三）实用性原则

重构非遗的分类要充分考虑到不同应用主体的需求，探索适合各类群体的分类体系。以往的单线性分类过于简单，而多线性分类虽较为合理，但却为分类带来了繁重的前期准备工作。目前非遗项目中存在的一些单个类综合非遗项目，如传统中医药文化（Ⅸ-11）、龙舞（Ⅲ-4）等，自身就包含了较多形式；更多的是单个类非遗，如多种形式的年画（第一批就有杨柳青木版年画、武强木版年画、桃花坞木版年画、漳州木版年画等 12 项），每种形式都是单独的非遗，这种非遗的分类带来了极大不便。目前我国已经无法权衡非遗评定和审批时的具体标准与原则，而探索出简单实用的非遗分类，满足不同文化工作者及爱好者的不同需求，是非遗研究者和工作者义不容辞的责任。

（四）全面性原则

我国非遗的已有分类都出现了涵盖不全的问题，而重构较为完善的非遗分类是一个艰难的过程。作为民族文化精髓的非遗，本身就具有形式多样化特征，这也是出现八类法、十类法、十三类法和十六类法的根本原因。然而，为追求非遗分类的进一步完善，我们必须将非遗更多的形式涵盖其中，如十类法中就存在文化空间和民族语言等形式缺失的问题，正如有学者所言，十类法“在实践中有很多是超越分类体系的，并不能按照这个分类来进行运作”[①]。具体来讲，全面性包含两个层面：一是作为非遗的主要表现形式，要尽可能地涵盖全部的非遗，同时要预测

---

① 陈智勤：《论作为文化资源的非物质文化遗产的利用与管理——兼及日本的经验与探索》，《江南大学学报（人文社会科学版）》2012 年第 1 期，第 119—125 页。

到即将成为非遗和未来可能出现的非遗形式的归属问题；二是具体到每一类别的非遗，必须要顾及非遗的多个层面，这不仅要求非遗分类中二级分类要权威全面，还要求三级分类要合理完善。

第四节　多层次分类的基本设想与可行路径

数字化视域下的非遗保护与传承对我国来说是个新命题，鉴于单线性分类的诸多弊端，可进行多层次的非遗分类的大胆尝试，从而为板块式、集成式保护和申报非遗提供有效捷径。总体来讲，一级分类应该基本采用《名录》体系，但同时可以增加一项至两项一级分类来解决目前民族语言、方言及文化空间等非遗项目无从归属的问题；第二、三级分类则作为补充手段，二级分类为权威，三级分类为补充。针对二级分类后数量仍旧较为丰富的非遗类别，可继续进行三级分类。例如，传统医药由于项目较少，且项目本身就具有较大的综合性，只进行二级分类是较为合适的，但民间文学的二级分类传说类仍旧包含较多名录，可以进行三级分类。同时，在今后的非遗审批中，鼓励非政府单位以“老字号”称谓申报非遗，鼓励申报单位将申报非遗界定至二级至三级目录，并指出非遗的典型特色，如果与已申报项目的特色相同，可列入扩展名录，如果风格迥异，可再单独设置非遗名录。具体来看，在进行多层次的非遗分类时，应采取以下措施：

首先，在一级分类上，应采取“特色优先、尽量靠近”的方法，录入最新评定的非遗，但同时允许一项非遗同时归属两种类别的现象存在。对于一些较为烦琐的非遗，应将其最主要的特色作为依据进行分类。例如剪纸（Ⅶ-16）存在技艺层面的剪和图案色彩层面的画，但其最终受众群体关注的是剪纸呈现给受众的视觉冲击，因此划分至民间美术类；龙舞（Ⅲ-4）包含音乐、舞蹈、美术元素、扎制技艺、唱词等多个层面，但其主体表现形式是舞蹈，就放至民间舞蹈类。再者，鉴于联合国允许同时具备两项特征的非遗存在，我国也可以对较为特殊的非遗给予同属两类非遗的特殊优待。在世界级非遗中，就出现了单项非遗属于多项非遗类别的情况，如联合国教科文组织公布的人类口头和非物质文化遗产代表作名录中，第一批的“扎巴拉人的口头遗产与文化活动”就同属于“口头传统”和“传统知识技艺”两类；第二批的“中非阿卡·俾格米人口头传统”就同属于“传统音乐”与“口头传统”。

其次，在进行二、三级分类时，应根据一级分类的具体形式特征，采取权威专业的分类方法，使对应的二级分类只适合于相对应的一级分类，而不适合于其他九项中的任何一类分类。这就要求在分类时规避以民族、地域、时间等为标准的分类，而应该考虑本类别内部的专属分类。这样更具权威性与科学性，也有利于本类非遗项目的数字化语义的表述和保存，更能较为直观地表达一级分类的基本影响（具体见表 2-3）。

表 2-3 重构非遗分类体系中民间文学类积极倡导的与错误的分类法对比

<table>
<tr><th colspan="2">积极倡导的分类法</th><th colspan="7">错误的应该规避的分类法</th></tr>
<tr><td>1.1 神话</td><td>1.2 民间传说</td><td colspan="4">1.1 汉族民间文学</td><td colspan="3">1.2 少数民族民间文学</td></tr>
<tr><td>1.3 民间故事</td><td>1.4 民间歌谣</td><td>1.1 华北民间文学</td><td>1.2 东北民间文学</td><td>1.3 华东民间文学</td><td>1.4 华中民间文学</td><td>1.5 西北民间文学</td><td>1.6 西南民间文学</td><td>1.7 华南民间文学</td></tr>
<tr><td>1.5 史诗</td><td>1.6 民间语言</td><td colspan="4">1.1 古代民间文学</td><td colspan="3">1.2 近代民间文学</td></tr>
</table>

再次，出现一些较为特殊的二级分类时，应当坚持全面性原则，以“其他”类代之。例如传统医药类非遗中可设二级目录少数民族医药，由于第一批国家级非遗审批了藏医药（Ⅸ-9），第二批国家级非遗名录又审批了蒙医药（Ⅸ-12）、畲族医药（Ⅸ-13）、瑶族医药（Ⅸ-14）、苗医药（Ⅸ-15）、侗医药（Ⅸ-16）、回族医药（Ⅸ-17），第三批又审批了壮医药（Ⅸ-18）、彝医药（Ⅸ-19）、傣医药（Ⅸ-20）、维吾尔医药（Ⅸ-21）。相信终有一天我国 55 个少数民族有属于本民族的传统医药类非遗，而在没有被正式审定为非遗之前，可以以“其他”类代替或统称。“其他”

类可以将每一个一级分类中将来有可能出现的名录涵盖其中，使得整体的分类体系成为一个极具概括性和前瞻性的系统，同时兼顾名录的衍生性。如曲艺类可以分为说书、唱曲、谐谑和其他类。具体如下：

5 曲艺

5.1 说书

5.2 唱曲

5.3 谐谑

5.4 其他

最后，注重对文化空间类非遗和单个非遗的文化空间的信息进行收集和著录。我国非遗保护“只重个人不重集体”及“缺乏文化空间类”的做法有将“众多非遗的集群”和单个非遗的多项元素碎片化分割的危险，这显然不利于非遗的综合保护与传承。在今后的非遗数字化分类及传承中，应积极采取以下措施。其一，在一级分类中，针对一些特殊团体、群体、集体拥有的能反映文化多样性并在新时期内不断创新的非遗表现形式及其文化场所，应该增设文化空间类以统称之。其二，在对非文化空间类非遗项目进行信息著录时，应加强对该项目文化空间的基本描述，如传承人的基本信息、接班人培养状况、项目文化生态、社会环境、影响人群等问题，以实时观测此项非遗的生存状况，并能根据其文化空间状况提出应对措施，对症下药。这与文化空间类的非遗既有区别，又有联系。单个项目的文化空间的信息著录有利于单个非遗的整体性、本真性保护与传承，文化空间类非遗的增设则有利于多项非遗及特殊的群体性的非遗项目的板块式、集成式保护和传承。

第三章　数字技术在非物质文化遗产保护中的运用范围*

第一节　建设非物质文化遗产数字资源库

一、建立非物质文化遗产数字资源库的意义

20 世纪 70 年代末，我国开始开展“中国民族民间文艺集成志书”的编纂出版工作（学界称之为“十大集成”工程），历时 30 年，至本世纪初全面出版。每部丛书按行政区划分以省立卷，共计 298 卷，约 4.5 亿字。收集相关资料逾 50 亿字（包括曲谱、图片）。为了摸清我国非物质文化遗产资源，2005 年至 2009 年我国开展了全国第一次非物质文化遗产普查，这次普查建立了以文字、图片、录音、录像等多种手段记录下来的非物质文化遗产资源档案，收集了一大批具有历史、文化和科学价值的珍贵实物和资料。据统计，这次普查走访民间艺人 86 万人次，收集珍贵实物和资料 26 万多件，普查的文字记录量达 8.9 亿字，录音记录 7.2 万小时，录像记录 13 万小时，拍摄图片 408 万张，普查的全国非物

* 本章原题《数字化背景下非物质文化遗产的保护与利用》，原载《文化遗产》2015 年第 1 期，本书中有修改。

质文化遗产资源总量达56万项。为了保护非物质文化遗产，国务院先后批准公布了四批共1370项国家级非物质文化遗产名录项目，四批共1986名国家级非物质文化遗产项目代表性传承人名单。如果这些珍贵资料和档案得不到及时科学的保存，不仅将使过去的大规模非物质文化遗产普查失去意义，而且也将使今后的保护工作失去重要依据和基础①。

非物质文化遗产依托于人本身而存在，以声音、形象和技艺为表现手段，是“活”的动态文化，这一特殊性质对非物质文化遗产的保护方法提出了特殊的要求。在漫长的历史发展过程中，人类非物质文化遗产最先是用口传心记进行保护与传承，其后发展为用文字和纸张来记载与传播；当今照相、录音和摄像已经成为记载和保护非物质文化遗产的重要手段。现代数字技术的发展为非物质文化遗产保护提供了许多全新的采集记录手段，包括图文扫描、立体扫描、全息拍摄、数字摄影、运动捕捉等；数字化存储技术，包括通过数据库、磁盘阵列、光盘塔、光纤、网络存储以及云盘存储等，以及根据一系列相关规定、协议进行数据库建构，能够实现对各种非物质文化遗产信息进行全息采录、安全存储、分类管理和便捷访问等功能。然而，我国现在的非物质文化遗产保护大多还停留在拍照、采访、记录、物品收藏等简单的工作层面上，利用数字化技术对非物质文化遗产资源进行真实、系统和全面的记录，建立资料性数据库，达到整合与共享资源，安全和长久地保存、便捷地检索和访问这些弥足珍贵的非物质文化遗产的目的，这是全面深入推进非物质文化遗产保护工作的必然要求。

二、国家应建立统一的非物质文化遗产数字资源库系统和平台

中华民族的非物质文化遗产博大精深，千姿百态，但由于社会政治、经济、文化和科技的发展所导致的文化生态的变化，许多珍贵的非物质文化遗产正濒临消亡的危险，保护这些珍贵的文化遗产迫在眉睫。数据库建设是非物质文化遗产数字化最基础的工作，也是实现对非物质文化遗产抢救性保护的有效手段。从目前我国已建成的非物质文化遗产数据

---

① 陈彬斌：《非遗保护将进入数字化时代》，《中国文化报》2011年12月6日。

库来看，存在两个主要问题：一方面，无论是数字化内容还是手段都很有限，信息内容不够丰富，主要以名录库的建设为主，其中又主要以静态的文本库为主；手段比较单一，采取简单的资源堆积的办法，对活态非物质文化遗产资源收录十分有限，图片库和音视频数据较少。另一方面，由于全国缺少统一科学规范的数据资源库建设体系和规划，各地目前所建立的非物质文化遗产资源数据库各行其是，形成一个个信息资源孤岛，信息碎片化，资源不能共享，且重复建设现象严重。

面对我国丰富多彩、品种繁多的非物质文化遗产资源，我们要在非物质文化遗产数据库建设中做好顶层设计，确保真正发挥其功能作用。从宏观角度，国家应统一规划全国非物质文化遗产数据库建设，在统一资源管理理念下，在国家层面建立起较为系统、完备的非物质文化遗产数字化数据库系统和综合管理平台。从微观角度，各地应在全面调查发掘的基础上，按国家统一规定的“数字化”“多媒体格式”的要求对资源进行加工、整理、系统化分类编码后存入统一设计的数据库。国家非物质文化遗产数据库应该是由一个数据库系统构成，其中有：非物质文化遗产普查资源数据库、非物质文化遗产项目资源数据库、非物质文化遗产专题资源数据库、科研资源数据库、工作数据库和公众数据库等。非物质文化遗产普查资源数据库主要管理和存储非物质文化遗产普查资源；非物质文化遗产项目资源数据库是用于管理和存储我国列入联合国教科文组织的“人类非物质文化遗产代表作名录”和国家级非物质文化遗产名录项目及代表性传承人名单的数据库；非物质文化遗产专题资源数据库主要保存代表性专题项目的数字资源；科研资源数据库是用支撑并服务非物质文化遗产科学研究的数据库，主要管理和保存非物质文化遗产科研过程及成果资源；工作数据库是用于支撑非物质文化遗产管理工作的信息库；公众数据库主要用于非物质文化遗产的宣传展示，服务于公众。这个数据库系统与平台可以分成基层版和高级版，基层版安装在各地市级非物质文化遗产保护中心，各地非物质文化遗产保护中心按照具体的分类和要求，把普查的基础资料输入到本地数据库里，并通过互联网或数据光盘将数据上传到系统的高级端。国家非物质文化遗产保护中心通过高级版将这些基础资料进行整合之后，通过互联网实现我国非物质文化遗产资源的网络传播和信息共享。

三、地方应重点建立非物质文化遗产特色数据库

几千年文明发展使得我国非物质文化遗产不仅表现形式多样，而且特色鲜明。面对众多需要保护的非物质文化遗产，在短期内不可能全面进行数字化保护的现实情况下，各地方应该分轻重缓急，突出重点加以保护。首先应重点建立地方特色非物质文化遗产数字资源库，促进不同地域、不同时代、不同民族特色文化的保护与传承。笔者认为当务之急是要建立非物质文化遗产基因信息库。一是科学论证和提炼可以永远传承和坚守的文化遗产基因信息的核心元素，并对其进行科学、客观的评估与分类，如文化遗产的地域属性、时代特征、精神内涵、价值体系、话语体系等文化基因，以保证民族文化基因的正确传承。二是利用模式识别、人工智能等数字技术对文化遗产图形符号、色彩、纹理等基因式信息的特征进行识别与抽取并进行矢量化表示，建立文化遗产基因信息优质矢量数据集。三是依据图形特征或语义特征创建一种准确、快速的图形图像检索方法，来达到准确检索、高效调用文化遗产基因信息的目的①。非物质文化遗产特色资料数据库是整体数据库中的子系统，它是在遵循非物质文化遗产总体分类逻辑和导航规则的前提下，通过对涉及非物质文化遗产字段、语义和内容检索的数字化体系建构，不仅数据库之间能实现相互打通，而且在技术标准上留有接口，可以与其他非物质文化遗产资料库相互链接查询。

四、我国非物质文化遗产数字资源库建设进展

2010年文化部提出将“非物质文化遗产数字化保护工程”纳入“十二五”规划。此工程是一项非物质文化遗产与信息技术相结合的文化信息化创新工程，按“十二五”规划分阶段实施。近些年来，我国在非物质文化遗产数据库建设方面进行了一些探索，现已建成的有非物质文化

---

① 王晓芬：《文化遗产数字化保护的优势与路径》，《光明日报》2013年12月26日。

遗产普查资源数据库、非物质文化遗产项目资源数据库、非物质文化遗产专题资源数据库和非物质文化遗产数字化保护管理系统。截至 2013 年 10 月底，国家非物质文化遗产数据库存储非物质文化遗产资源信息总量达 16.6TB①。另外，文化部民族民间文艺发展中心以“民族民间文艺集成”为基础，依托“中国民族民间文艺集成志书”工程积累下的海量民间文艺资料建设而成的“中国记忆——民族民间文艺基础资源数据库”包括传统民歌、传统器乐曲、戏曲、曲艺、民间舞蹈、民间故事（包括神话、传说）、谚语、歌谣、传统节日、史诗及叙事长诗等方面的数字化资源，以文字、音像、图片和数字化建模等媒介形式进行保存，总量已接近 200 万笔。仅以民间文学为例，截至 2012 年底，“基础资源数据库”中就有以数字化方式保存的民间故事（包括神话、传说）44 万则、谚语 36 万条、歌谣 10 万余首②。这些数据库和信息平台基本能实现对电子文档、图片、音像、影像文件等多种类型数据的整合检索，可以在检索结果中通过时间、区域等多种条件缩小检索范围。

第二节　构建非物质文化遗产资源数字分类和检索体系

一、制定非遗资源数字技术分类标准和规范的意义

非物质文化资源数据库建设表面上看是利用数据库手段对非物质文化遗产资料进行数字化聚集与管理，但实际上是在探索非物质文化遗产内在文化逻辑的基础上，对非物质文化遗产的元数据进行分类，并制定相关元数据分类标准。我国非物质文化遗产资源类型丰富，《中华人民

① 宋俊华等：《2013 年度我国非物质文化遗产保护发展报告》，宋俊华主编：《中国非物质文化遗产保护发展报告（2014）》，北京：社会科学文献出版社 2014 年版，第 14 页；丁岩：《吹响非遗数字化保护工作的时代号角》，《中国文化报》2013 年 12 月 11 日。

② 李松：《从“十大集成”到国家民间文化基础资源数据库建设》，《中国文化报》2014 年3 月 10 日。

共和国非物质文化遗产法》中将其分为六类，而在建立国家、省、市、县四级非物质文化遗产项目目录时，我国又将非遗分为民间文学，传统音乐，传统舞蹈，传统戏剧，曲艺，传统体育、游艺与杂技，传统美术，传统技艺，传统医药，民俗等十种类别，数字信息源包括文本、图片、音频、视频文件等类型，这种粗放的分类是远远不能满足数据库建设要求的。非物质文化遗产资源数字化分类标准和检索体系的建构，首先要在统一的资源管理理念下进行，在对非物质文化遗产属性和分类科学描述的基础上，遵循数字资源库建设技术规范，确定科学的非物质文化遗产数字分类和检索体系。其目的是为资源开发者提供一致的标准，统一开发者的行为，达到资源基本属性结构的一致性，以实现资源的广泛共享，为使用者对资源的搜索、评估、获取和使用提供最大效率的支持。

二、制定统一规范的非遗数字化保护标准

非物质文化遗产数字化保护标准规范处于其数据库建设的顶层支撑地位，从技术标准、管理标准、专业标准各个层次覆盖非物质文化遗产的所有门类，贯穿非物质文化遗产保护工作的各个环节。目前，我国非物质文化遗产数字化保护缺乏国家层面的统筹规划和统一标准规范，存在各地技术目标不一致、技术标准不统一、技术管理不规范以及实施差异大的问题。尽快建立国家级非物质文化遗产数字化保护体系和制定非物质文化遗产数字化保护标准规范，使我国各级非物质文化遗产数字化保护工作有统一标准可循，有利于非物质文化遗产保护和管理工作的开展。非物质文化遗产数字化保护体系和标准建设，要立足于现代信息技术的发展趋势，要充分借鉴国际元数据标准和数字图书馆建设的最新标准和规范等研究成果，围绕非物质文化遗产资源的创建、描述、组织、检索、服务和长期保存的需求，根据非物质文化遗产各类信息的资源属性，深入研究符合我国非物质文化遗产特点的资源建设相关技术标准，包括数字化资源采集、资源描述（元数据）、资源管理、资源存储等技术标准；制定关于我国非物质文化遗产资源管理的统一、科学和规范的技术管理规程。非物质文化遗产数字化资源采集包括著录与采

集两部分。相对应地，要建立信息数据指标著录规范，图像数据指标体系及技术规范，音视频数据指标体系及技术规范以及录音、影视拍摄等技术规范。一个完整的非物质文化遗产数字资源描述元数据标准，应该包括完整描述非物质文化遗产数字资源具体对象所需的元素项的集合，以及各元素及修饰词项的语义定义、著录规则和计算机应用时的语法规定等①。非物质文化遗产数字资源管理即通过管理程序对数字资源的质量与数量进行评估，对数字资源内容进行挖掘，对数字资源进行整合，以期进行事务管理和决策分析等。非物质文化遗产数字资源存储包括原生数字资源、加工后的数字资源以及元数据等。非物质文化遗产数字资源的存储标准包括存储的标准化、各类资源的存储格式、数据量相关标准。

三、建构科学的非遗数字资源检索技术体系

随着各种资源库的不断建立、扩充及用户检索需求的不断变化，资源检索技术也在不断发展。非物质文化遗产数据库应进一步完善检索体系，充分体现数据之间的网状关联，增强数据库的检索功能。当前常用的资源检索技术可分为：基于文本的资源检索、基于语义的资源检索和基于内容的资源检索。基于文本的资源检索存在人工标注耗时耗力，标注信息的准确性影响检索结果，以及不同类型资源数量的规模、资源内容理解的差异等诸多问题，使得它不再成为检索技术的主流方式。基于本体的语义检索主要是对文本的词汇加以整理和分析，按照原概念的表述和文化逻辑的内在特征加以呈现，然后根据研究目标，经过学术分析，对它们的关键词进行选择、分类和进一步阐释，并按照类别归纳成条目，形成检索体系。由于其具有良好的概念层次结构以及强大的逻辑推理支持，因而被广泛运用而具有良好的前景。基于内容的资源检索区别于传统的基于关键字或词的检索手段，它融合了多媒体内容理解、模式识别等技术，还从认知科学、人工智能、数据库管理系统、人机交互、信息

① 转引自杨红：《非物质文化遗产数字化研究》，北京：社会科学文献出版社 2014 年版，第 136、112 页。

检索等领域引入了新的媒体数据表示方法和数据模型，以数据库字段和元数据目录为基础，按照人文标准，对此进行抽取、分类和再表述，以友好的人机界面，集合成一个可靠、有效的检索系统；并应用资源管理与分发技术对非物质文化遗产资源进行统一有效地整合，以促进非物质文化遗产资源采集、资源统一表示、资源权利信息描述、资源目录服务、注册服务、资源检索和发布等功能的实现。

四、我国非遗数字化保护标准规范制定情况

我国非物质文化遗产数字化保护中心按照非物质文化遗产数字化保护工程建设的总体规划要求，把制定非物质文化遗产数字化保护标准规范作为首要任务，由文化部启动、中国艺术研究院承担的“中国非物质文化遗产数字化保护工程”一期工程，在非物质文化遗产专家和数字化专家的帮助和共同努力下，完成了非物质文化遗产资源数据库的项目库和专题库建设等主要成果。其中，项目库收录了 1219 项国家级名录项目和 1488 名代表性传承人的相关信息，专题库收录了传统戏剧、传统美术和传统技艺的相关信息。同时，该工程为非物质文化遗产的数字化保护建立了一系列规范标准，2012 年底已经制定了非物质文化遗产数字化保护工程标准和工作规范草案共 7 项：非物质文化遗产数字化保护的基础标准 3 个，分别为《术语和图符》《数字资源信息分类与编码》和《数字资源核心元数据》；民间文学类、传统戏剧类、传统美术类、传统技艺类中的民居营造技艺业务标准 4 个，分别为《普查信息数字化采集》《采集方案编写规范》《数字资源采集实施规范》和《数字资源著录规则》①。这些为全国各地非物质文化遗产数字化保护提供了统一参照标准。

① 宋俊华等：《2013 年度我国非物质文化遗产保护发展报告》，宋俊华主编：《中国非物质文化遗产保护发展报告（2014）》，北京：社会科学文献出版社 2014 年版，第 14 页；丁岩：《吹响非遗数字化保护工作的时代号角》，《中国文化报》2013 年 12 月 11 日。

第三节　利用虚拟现实和可视化展示技术再现非物质文化遗产

一、虚拟现实和可视化展示技术的运用在非遗保护方面的意义

随着现代计算机云计算技术、计算机图形技术、多媒体技术、传感器技术、人机交互技术、网络技术、立体显示技术等多种技术的发展，非物质文化遗产的保护与传承也开始运用数字化信息获取技术、多媒体虚拟场景建模技术、虚拟场景协调展示技术，在分析研究非物质文化遗产活态传承规律的基础上，通过对非物质文化遗产传承过程中的声音、表情、动作进行捕捉和记录，形成多维数据信息，再运用数字图形图像、渲染、动画等技术手段并通过文本的三维扫描、建构、修复与仿真，再现文化遗产的本来面貌。这些虚拟现实和可视化展示技术在非物质文化遗产保护中的运用，以最直观的方式表达和感知信息，以可触摸（触屏）的界面操纵信息处理的技术，为非物质文化遗产的传承提供生动、直观、高效的信息服务，有效地推动了非物质文化遗产的保护、传播。相对于国外的民族文化数字技术和项目建设来说，国内的数字化手段还比较单一（大部分为文字、图片和视频），虽然近年来在强化数字化技术手段和水平方面（特别是 3D 动画和沉浸式虚拟现实技术方面）取得了较多的研究成果，但在相关技术上还存在诸多的差距，如 3D 制作平台、立体扫描技术、虚拟现实引擎等。因此，在我国借助于现代科技手段，对非物质文化遗产进行保护与开发，虽已成为科学界和文化界的共识，但要真正达到这一目标，还任重道远。

二、虚拟现实技术在非遗保护中的运用

虚拟现实技术（virtual reality technology，简称 VR）是近年来出现的高新技术，也称灵境技术或人工环境。虚拟现实是利用电脑模拟产生一个三维空间的虚拟世界，提供使用者关于视觉、听觉、触觉等感官的模

拟，让使用者如同身临其境一般，可以及时、没有限制地观察三度空间内的事物。虚拟现实技术由美国 VPL 公司创建人拉尼尔（Jaron Lanier）在 20 世纪 80 年代初提出。虚拟现实技术采用三维计算机图形学技术、多种功能传感器的交互式接口技术和高清晰度显示技术，建立一种虚拟环境可视化界面，能够精确表示物体的状态模型和环境的可视化及渲染。目前，虚拟现实技术已向增强虚拟现实和交互虚拟现实方向飞速发展，虚拟现实系统的沉浸感和互动性不但能够给观众带来强烈、逼真的感官冲击，获得身临其境的体验，还可以使公众参与交互，引发观众浓厚的兴趣。

现代虚拟现实技术为非物质文化遗产的传承提供了更先进的手段与方法，比如采取 2D、3D 数字动画技术，恢复、再现和解读非物质文化遗产现象、场景、事件或过程，通过图片、视频、三维动画等形式实现非物质文化遗产可视化，实现与原物或原事项完全一样的恢复和再现；应用真实感角色生成、场景搭建、动作绑定、人机交互、知识建模等技术，快速生成非物质文化遗产中的情景和行为，实现非物质文化遗产的虚拟再现、知识可视化及互动操作，以便尽可能多的人通过观看而了解这些非物质文化遗产，包括濒临消失的非物质文化遗产的原貌①。如利用虚拟现实技术对传统手工艺的生产方式、使用方式、消费方式、流通方式、传播传承方式等文化存在方式进行再现，既可以保护和传承传统手工艺，还可以促进传统手工艺文化产业的发展。通过虚拟现实技术可以逼真地模拟过去、现在和未来的文化场景，把枯燥的文字和数据变为鲜活的图形，形成一个触手可及的真实三维环境，并制作成可视化虚拟产品，供人们学习、交流、研究与创新之用，这能有效解决文化资源保护与利用的矛盾，扩大文化资源受众面。

三、可视化展示技术在非遗保护中的运用

知识可视化（knowledge visualization）是在科学计算可视化、数据可

① 黄永林、谈国新：《中国非物质文化遗产数字化保护与开发研究》，《华中师范大学学报（人文社会科学版）》2012 年第 2 期，第 49—55 页。

视化、信息可视化基础上发展起来的新兴研究领域。可视化是将数据、信息、知识等转换为图形表现形式以支持工作的方法，这些工作包括数据分析、信息搜索、信息解释、趋向预测、模型检测、节律发现等。可视化通过某些方法或算法将原始数据转化为有意义的、可说明的、可显示的形式，并通过视觉信息传递给用户。从这一点看，可视化是将虚拟形象具体化的过程，或者是使信息、知识增值的重组过程，也可以看成用户与数据间特殊的交流过程①。知识可视化指可以用来构建、传达和表示复杂知识的图形图像手段，是将知识库中的知识进行可视化处理，重点在于使知识库中的知识以更加丰富直观的方式展现出来，使人们更容易理解、利用和传播新知识②。知识可视化的目标在于传输知识，并帮助他人正确地重构、记忆和应用知识。知识可视化的研究主要分为两个方面。一方面是对知识的可视化表现方法进行研究，它包括知识可视化的基础理论，如双重编码理论；知识的可视化表现图的类型及各自的适用范围和效果，如概念图（concept map）、思维导图（mind map）、认知地图（cognitive map）、语义网络可视图（semantic networks graph）、思维地图（thinking map）等。另一方面是从可视化实现的角度，找出知识可视化的形式化模型和相应算法，并开发实现该理论的软件等，如开发有基于思维导图的 Mind Map Manager 和 Free Mind Map 等应用软件③。

四、虚拟现实和可视化展示技术在我国非遗保护中的运用

目前我国在应用虚拟现实和可视化展示技术保护和传播非物质文化遗产方面也开展了一些项目研究和示范运用。如浙江大学计算机辅助设计（CAD）与图形学（CG）国家重点实验室的“民间表演艺术的数字化抢救保护与开发的关键技术研究”、浙江大学计算机学院现代工业设

---

① ［美］Jin Zhang：《信息检索可视化》，夏立新、陆伟、沈吟东等译，北京：科学出版社 2009 年版，第 2—3 页。

② 赵国庆：《知识可视化 2004 定义的分析与修正》，《电化教育研究》2009 年第 3 期，第 15—18 页。

③ 赵国庆、黄荣怀、陆志坚：《知识可视化的理论与方法》，《开放教育研究》2005 年第 1 期，第 23—27 页。

计研究所的“楚文化编钟乐舞数字化技术研究”、北京航空航天大学正在从事的“虚拟五禽戏交互系统”以及华中师范大学的“虚拟巴东”等项目的研究工作，为通过信息技术对濒危文化遗产进行保护、传承与再创造提供了有益的方法与经验①。

华中师范大学的“虚拟巴东”项目。湖北省巴东县是巴文化的重要发祥地，巴楚和巴蜀文化交流融合的重点地区，也是少数民族重要的聚集区，少数民族人口占一半以上，民族文化丰富多彩，民俗风情古朴，极具个性和魅力。“虚拟巴东”项目由华中师范大学主持完成，该项目旨在对北宋时期的旧县坪遗址及当时生活及文化情景进行数字化虚拟复原。巴东旧县坪遗址是三峡库区考古发掘的重要城址，是整个三峡库区已发掘城址中保存最为完整、规模较大、现存遗迹最丰富的一处，也是全国唯一一例全面揭示宋代县城遗址的考古发掘，被评为“2002 年度全国十大考古发现”之一。从现存遗址可以看出北宋时期的旧县坪各类遗存保存相对完整，城内建筑规划与建设井然有序，街道与巷道布局很讲究平稳对称。虚拟巴东项目是在对上述各类考古遗存进行深入研究，对巴东文物文化资料或图文文献等民族文化知识进一步挖掘、提炼及创意设计的基础上，综合运用三维激光扫描、高分辨率 CCD 成像、GPS 定位、GIS、三维建模和虚拟技术，使用特效、渲染、音效及后期处理技术，不仅从多角度展示巴东旧县坪遗址真实和复原后的面貌，而且还原了巴东县当时的生活场景，如数字化再现巴东民间“跳丧舞”等文化活动，全面展示了巴东民族文化的内涵，使普通观众可以非常直观地观察巴东旧县坪状貌及当时的文化场景，并且可以与复原遗址中的对象进行交互，真正领略宋代时期旧县坪的“真实”面貌和古代社会的真实生活，体验身临其境的感觉。这一项目为文化遗产的可视化、非物质文化遗产的数字化及其传播提供了一个新的解决方案。

---

① 李欣：《数字化保护：非物质文化遗产保护的新路向》，北京：科学出版社 2011 年版，第 24 页。

第四节 利用新媒体技术传播非物质文化遗产

一、传播技术发展对非物质文化遗产传播的影响

传播技术与文化传播之间的建构是一个双向的关系，两者互为因果，并行前进。著名的加拿大传播学家马歇尔·麦克卢汉在《传播工具新论》中提出了一个著名的命题："传播媒介就是信息。"他认为，传播工具就是传播内容，所有的传播媒介都可以看作是人体的延伸，由此而引起的每一种延伸都改变着人们的环境，改变着人们的生活方式和思维感觉，改变着人与人、人与世界的关系[①]。文化的表达和传播必须依赖一定的工具和载体，而技术的进步提供了更多传播文化及其观念的手段和方式。新媒体是指以二进制数的形式记录、处理、传播、获取过程的信息载体，这些载体包括数字化的文字、图形、图像、声音、视频影像和动画等感觉媒体，和表示这些感觉媒体的表示媒体（编码）等，通称为逻辑媒体，以及存储、传输、显示逻辑媒体的实物媒体。从传播学角度来考察新媒体，不能把它当作一个纯粹的技术概念，而应该把新媒体看作是一种新型的传播方式。新媒体传播是以数字技术、多媒体技术和网络传输为标志的新型传播形态，代表着信息社会的媒体传播的新形式[②]。从人类生存的空间环境来看，以往处在相对封闭环境里的非物质文化遗产的传播主要靠口头和行为方式进行，传播速度和空间都相当小。随着现代交通和通信工具的发展，人类生存与交往的空间明显增大，这种生活环境的改变直接影响着非物质文化遗产的传播。尤其是现代新媒体传播技术的发展，更是为非物质文化遗产的传播创造了新的条件。

二、新媒体传播技术的特点与功能

尼葛洛庞帝在《数字化生存》中提到，在信息时代，大众传媒的覆

① 李彬：《传播学引论》，北京：新华出版社 1993 年版，第 161—162 页。
② 王耀希：《民族文化遗产数字化》，北京：人民出版社 2009 年版，第 22 页。

盖面经历了从大到小的变化。一方面，传播媒体拥有越来越多的观众和读者，其传播的辐射面变得更为宽广；另一方面，针对特定读者群的传播又变得越来越小，越来越专①。20世纪后期在世界科学技术产生巨大进步的背景下，在社会信息领域出现了建立在数字技术基础上的能使传播信息大大扩展、传播速度大大加快、传播方式大大丰富的与传统媒体迥然相异的新媒体。新媒体是利用数字技术、网络技术、移动技术，通过互联网、无线通信网、有线网络等渠道以及电脑、手机、数字电视机等终端，向用户提供信息和娱乐的传播形态，如数字杂志、数字报纸、数字广播、手机短信、移动电视、网络、桌面视窗、数字电视、数字电影、触摸媒体等。新媒体是能对大众同时提供个性化内容的媒体，是传播者和接受者融会成对等的交流者，而无数的交流者相互间可以同时进行个性化交流的媒体，它具有交互性与即时性、海量性与共享性、多媒体与超文本、个性化与社群化的特点。新媒体的出现改变了传统媒体属于纯粹的大众传播媒介这一属性，新媒体不仅仅能进行大众传播，还能在大众传播的基础上进行精确化传播。新媒体系统能够处理文、图、声、像等多种信息，符合人类交换信息的媒体多样化特性。在新媒体传播中，传播者和受众之间能进行实时的通信，这种实时的互动性首先使反馈变得轻而易举，同时信源和信宿的角色可以随时改变。这种数字化传播中点对点和点对面传播模式的共存，一方面可以使大众传播的覆盖面越来越大，另一方面可以使其越来越小，直至个人化传播。

三、新媒体技术在非物质文化遗产传播中的运用及案例

充分利用图像、音频、视频、地理信息系统、3D动画等方面的先进技术，对相关的文化遗产（特别是非物质文化遗产）进行精确而细致的数字化，充分利用数字媒介的特点和优势，通过构建交互立体的传播渠道，利用数字电视、网站、移动互联网等等，不仅可以将非物质文化遗产的传播从平面传播向交互立体传播转化，也可以将非物质文化遗产传

① ［美］尼葛洛庞帝：《数字化生存》，胡泳、范海燕等译，海口：海南出版社1997年版，第191—197、258—259页。

播的内容从表面化、模式化、边缘化向纵深拓展，将非物质文化遗产全方位呈现，深化了非物质文化遗产的传播内涵，使得人类珍贵的文化遗产在更大范围内被学习、研究和传承。如基于网络的传播，可以扩大非物质文化遗产的影响和广泛传播，使非物质文化遗产由区域文化转化为更大范围的文化，强化了文化的交流，对积极推动国家非物质文化遗产的保护和传播具有重要意义。

案例 1：从南宋时代起，中国就有在元宵节“观灯猜谜”的传统习俗。在 2014 年元宵节前夕，中央电视台推出的大型电视益智竞技节目《中国谜语大会》，通过新颖而有趣味的节目设计，将猜谜这一渐渐被遗忘的民俗重新带入人们生活中，并且吸引大众参加，在无形中传播并普及了这一传统文化。《中国谜语大会》在节目直播的同时为场外的电视观众提供了三种同步参与猜谜的方式：下载手机客户端“央视悦动”参与活动；发送手机短信参与活动；扫描电视屏幕上的二维码，直接参与有奖同步猜谜活动。在新媒体手段助力下，传统民俗猜谜重获大众青睐。据统计，节目播出期间，“央视悦动”客户端在苹果全球应用商店免费下载排行总榜中居第 14 位，在娱乐类免费下载榜中排名第一，刷新了央视系列手机客户端在苹果应用商店的排名纪录，实现了双屏互动和全民参与。据中国网络电视台发布的数据显示，仅 2014 年 2 月 11 日节目直播期间，就有 57 万人通过二维码和“央视悦动”客户端参与在线猜谜①。

案例 2：张艺谋在策划奥运会开幕式时用科技手段凸显“中国元素”，再现东方神韵。当 2008 年 8 月 8 日奥运会开幕式文艺表演撩开面纱，不仅海外惊艳，国人也有久违之喜：鸟巢中央场地，平坦如一张巨大书案，一卷古画轴款款打开。古琴曲《高山流水》旋律悠悠流淌，15 位玄衣舞者跃上画卷，变幻着肢体语言，泼洒浓墨，腾挪笔锋。诸子智慧、四大发明、文房四宝、汉字唐诗、昆曲京剧、礼乐编钟、提线木偶、太极武术……粗略计算，不下 20 多项中华独有的非物质文化遗产在开幕式上一幕幕呈现出来。这次开幕式用最现代化的手段，向全世界忠实展

① 齐湘辉：《新媒体助力传统民俗　中国 57 万人在线猜谜》，2014 年 2 月 17 日，https：//www. 163. com/news/article/9L9VV4QR00014JB5. html。

示、成功推介了中华民族古老的非物质文化遗产①。

第五节　数字技术在非遗文化产业发展中的运用

一、文化与科技融合极大地促进了文化产业的发展

于平认为，“文化科技一体化”是当代发达国家发展文化的一个显著特征。科技对文化发展的影响主要呈现在八个方面：一是改变了文化体验方式，二是扩大了文化的消费需求，三是丰富了文化的生产要素，四是提升了文化的构成品质，五是激活了文化的原始创新，六是催生了文化的新兴业态，七是增强了文化的传播能力，八是改善了文化的储存效果②。现代文化产业是知识密集、信息密集、技术密集的新兴产业，创意是促使其发展的原动力，科技是支撑其发展的推动力。文化与科技的融合创新是引领和加快文化产业发展的重要力量。所谓文化与科技融合，本质上是高新科技向文化领域的选择性切入，如广泛借助新技术、新媒体搭建新的传播平台，采用先进信息手段拓展文化服务领域和渠道，提升文化服务水平，拓展文化服务的空间，增强文化服务的效果，促进文化产业发展。

二、数字技术促进非物质文化遗产相关产业发展

非物质文化遗产不仅需要抢救，需要传承，也需要通过技术创新和文化创意将非物质文化遗产转化为创意产业，创造产业价值。文化遗产数字化还可以将传统文化资源转化为经济资源，产生巨大的经济效益，这是一种生产性方式保护。笔者曾指出：“非物质文化遗产的保护，不应只停留在抢救的层面，抢救只是应急之策，必须运用‘保护—发展’新的模式，形成非物质文化遗产保护与开发的良性循环。……将可以市

① 周清印：《和而不同：“人间国宝”三大杀手之全球化——打一场中华民族文化基因保卫战》，2009年5月31日，http：//www. chinanews. com/cul/news/2009/05-31/171328. shtml。

② 于平：《科技助力文化强国建设》，《光明日报》2012年2月28日。

场化的非物质文化遗产推向市场前台，走非物质文化遗产产业化之路，使之形成文化品牌，成为一种新兴文化产业，这是最具文化延续性和创造力的保护。”① 在现代科学技术的开发下，许多以往被排斥在经济领域之外的文化形态，都可以进入经济学家和投资人的视野，成为产业资源。传统的非物质文化遗产要想跻身于当代文化产业，需要当代科技的改造。一种传统的非物质文化遗产项目只有既是文化产品同时又是科技产品时，才是产业意义上的文化产品。如非物质文化遗产中的手工剪纸、绘画、刺绣、雕刻等文化技艺只有处于当代文化产业群时才真正成为文化产业的组成部分。在此之前，它们单独或结伴存在了几百年，有的甚至上千年，但从来没有形成真正的文化产业。只有当电脑设计、数码喷绘、机器雕刻等科技手段运用于这些项目中，使它们被大规模生产，这些传统文化才形成了产业。非物质文化遗产数字化最大的益处是可以保存和记录文物的信息，并利用这些信息在不动用文化遗产本体的情况下进行虚拟环境的展示、传播和生产，还可以通过网络技术实现进一步的资源整合，使其最大限度地共享共用，发挥其独有的文化、经济价值。在数字化背景下，积极发展文化创意产业，比如数字动漫产业，将非物质文化遗产元素巧妙地应用于其中，这样不仅可以使非物质文化遗产重返青春，而且可以开发具有浓郁中国风格的游戏产品及影视动漫作品，利用电影、电视、手机、网络等播放平台，打造具有中国特色的动漫产业。因此，现代文化产业离不开现代科技，否则就没有文化产业，或者就不叫文化产业。

三、用数字技术发展非物质文化产业的案例

人体动画作为计算机动画中最富挑战性的领域，其运动的指定非常繁复，计算量很大。计算机中的人体运动控制技术主要有关键帧技术、运动学及动力学、动作捕获等技术，基于运动捕获的运动控制技术是其中最有效的、最有前途的技术。近年来，国外文化产业发展迅猛，以美国为代表的文化产业发达国家以自身发达的文化科技和雄厚的金融实力

① 黄永林：《非物质文化遗产保护语境下的新农村文化建设》，《文化遗产》2010 年第 2 期，第 5 页。

为基础，在世界范围内抢夺文化资源，对其进行创意性的加工和改造，然后形成创意性产品，反过来登陆发展中国家，从而攫取巨额利润。2008年6月20日，由美国“梦工厂”电影公司制作出品的取自中国传统文化的电影《功夫熊猫》在国内上映，这部影片中各种角色动作，尤其是武术及打斗的动作，都运用了运动捕捉技术。运动捕捉技术、数字化3D展示技术与夸张、诙谐的美式幽默，以及中国传统文化的完美融合再次震撼了国人，这部电影在中国上映后取得了骄人的业绩，成为中国内地第一部票房过亿的动画片。同样的情形早已经发生，美国迪斯尼公司成功地将中国古代民间故事《花木兰》改编成商业动画片，在全球赚取了超过20亿美元的票房收入①。

大型桂林山水实景演出《印象·刘三姐》把“甲天下”的广西桂林阳朔的山水、著名的“刘三姐”民间传说和民族民歌文化进行融合，通过现代科技手段进行表现，让自然风光与人文精神交相辉映。它以渔家生活为素材，以漓江山水实景为舞台和背景，把民族服饰、歌、乐、舞、人、兽、畜、桥、浮岛等各种人文要素有机地组合起来，主要以当地青年为演员，将刘三姐的经典山歌、民族风情、漓江渔火等元素创新组合，并使用高科技手段提升演出内涵和艺术表达力，特别采用了当时最先进、最大规模的环境艺术灯光系统，独特的烟雾效果系统以及极具震撼力的音响系统，并对这些系统进行隐蔽式设计，使其与环境融为一体，诠释了人与自然和谐相处、天人合一的艺术境界，场面宏大，气势恢宏，效果独特，集唯一性、艺术性、震撼性、民族性、视觉性于一体，开创了以天地自然物体作为艺术元素的中国山水实景演出的全新形式，探索出一条通过文化、自然和科技有机融合来发展文化产业的新路子。

在全球化和信息化时代，借助于现代科技和信息技术，保护、传承、利用好各国的非物质文化遗产，是我们对全人类文化多元化存在，以及与后代人共享人类文化遗产所负有的义不容辞的责任，机遇与挑战并存，任重而道远，我们还需要加倍努力。

---

①《从〈功夫熊猫〉看传统文化资源保护》，2014年10月16日，http：//www.cipnews.com.cn/showArticle.asp？Articleid=9879。

第四章　数字技术在非物质文化遗产保护中的深度开发*

数字技术在非物质文化遗产的保护和传承领域功不可没，但是它的效用却仍然没有完全被开发出来。随着信息化技术的发展，数字技术在非物质文化遗产保护、传承与开发方面的作用将更大。鉴于非物质文化遗产具有活态性（传承、演变情况）、传统性（特定的文化渊源与所处地方、环境有内在联系）、整体性（包括生态、文化）等特殊性质，简单的数字化存储通常忽视了其赖以生存的文化空间特性。因此，我们应该对非物质文化遗产资源的潜在价值进行重新审视、重新评价、重新挖掘，从知识表达及可视化的深度开发再认识，通过知识工程及语法粒度角度建立非物质文化遗产资源的多层次类型分类体系；建立非物质文化遗产的数据采集技术标准；构建国家非物质文化遗产保护与传承技术体系的方式和路径。在对情景建模和行为交互技术、知识可视化技术、动作绑定技术、Web 技术等进行综合分析研究的基础上，建立一套适合不同类型非物质文化遗产的数据记录、保存、保护、传承工作的综合应用技术方案，构建非物质文化遗产多媒体交互体系平台，从而推动我国文化产业及相关上下游产业的发展，提升我国文化产业的科技含量，促进

---

* 本章原题《中国非物质文化遗产数字化保护与开发研究》（与谈国新合作），《华中师范大学学报（人文社会科学版）》2012 年第 2 期。《新华文摘》2012 年第 11 期全文转载。

原创性文化产品的设计开发和应用，这对于促进我国非物质文化遗产的保护、传承与产业开发均具有重要的意义。

第一节　建立非物质文化遗产资源数字化分类体系

我国非物质文化遗产品种丰富、形式多样，既有多姿多彩的民俗文化，如风土人情、传统礼仪、宗教及节庆活动等，又有口头流传的各种民间文学，如传说、史诗、民间故事、寓言、民谣、谚语等；既有淳朴生动的各类表演艺术，如音乐、舞蹈、民间戏剧、曲艺杂技等，又有技艺精湛的工艺美术，如面人、糖人、剪纸、编织、刺绣、彩绘、蜡染等。由于各类非物质文化遗产的表现形式不同，创造方式有别，对其进行数字化既要遵循普适性的保护原则与方法，又要采取适合各自特点的方法和措施。基于非物质文化遗产的活态性、传统性和整体性，在对其知识的系统性、复杂性和内隐性等特征进行详细分析研究的基础上，从民俗学、社会学、人类学、美学、历史学、心理学等多重角度探索非物质文化遗产知识的构成要素，提取知识的特征并对其进行归纳总结；从when、how、what、where、why五个方面分别表示非物质文化遗产的时间演变、表现方法、形式、相应地域及其内涵，并对分类后的知识从语法粒度角度建立其间的关系，建立非物质文化遗产资源的多层次类型分类体系。即利用数字技术对非物质文化遗产资源进行学术分类、信息化存储，以便科学地建立非物质文化遗产资料性的符号库和素材数据库。

第二节　创建非物质文化遗产资源数据采集技术标准

针对目前全国各地非物质文化遗产资源数据库建设中存在的技术目标不一致、技术标准不统一、技术管理不规范的情况，立足于现代信息技术的发展趋势，与国家数字化图书馆、数字化博物馆和国家文化信息资源共享工程建设相配套协调，围绕非物质文化遗产资源的创建、描述、组织、检索、服务和长期保存的需求，深入研究符合我国非物质文化遗产特点的资源建设相关技术标准，包括资源数字化采集、资源描述（元数据）、资源组织、资源管理、资源长期保存等技术标准；制定关于我国非物质文化遗产资源管理的统一、科学和规范的技术管理规程。此外，应用资源管理与分发技术对非物质文化遗产资源进行统一有效的整合，以促进非物质文化遗产资源采集、资源统一表示、资源权利信息描述、资源目录服务、注册服务、资源检索和发布等功能的实现。

第三节　探讨非物质文化遗产知识可视化表达

非物质文化遗产可视化技术与物质文化遗产可视化技术有着本质的区别：物质文化遗产的可视化可以通过图片、视频、三维动画等形式实现；非物质文化遗产除了使用传统数字技术进行可视化外，更多的是属于知识可视化的范畴。非物质文化遗产的知识可视化还是一个崭新的领域，这方面的研究还不多，离应用还有距离，但知识可视化是解决非物质文化遗产保护与传承的有效手段。非物质文化遗产知识可视化表达主要包括知识源层、知识描述层、可视化表达层和知识应用层。非物质文化遗产包括了不同的知识源，如史料记载文档、民俗活动、民间技艺、戏曲、舞蹈等，这些知识源在语义上具有异构性。知识描述层描述文化空间知识的特征及其构成分类，如地域类、时间类、表现方式类、表现形式类、原因含义类文化空间知识。可视化表达层阐述根据知识的特征及其构成分类，选择恰当的模型进行表达，以便于不同用户进行知识的学习、共享与创新。知识应用层可以让用户根据自身的文化背景、知识构成等情况选择最适合自己的知识可视化表达方式来学习、构建文化空间知识等。用户对非物质文化遗产中的相关文化空间知识进行学习与交流，自身的用户类型信息就会随之得到更新，并且文化空间知识经过学习与交流将会得到发展与创新，从而更新文化空间知识源。

第四节 构建非物质文化遗产新技术综合运用体系

非物质文化遗产是经过长期实践检验后传承下来的，可以代表一个地方的文化，它包括与群众生活密切相关的各种传统文化表现形式和文化空间。其文化空间具有活态性、传统性、整体性等特殊性质，仅通过文本、图像、视频或动画等表示的说、唱、舞蹈等形式难以将其错综复杂的关系完整地表达出来。因此，单一的数字化存储通常忽视了其赖以生存的文化空间特性，需要研究将多种新技术手段综合运用到非物质文化遗产的保护和传承中，构建国家非物质文化遗产保护与传承技术体系。技术体系主要由非物质文化遗产的数字化技术、情景建模及行为控制技术、资源管理与服务技术、可视化技术融合构成，如图 4-1 所示。

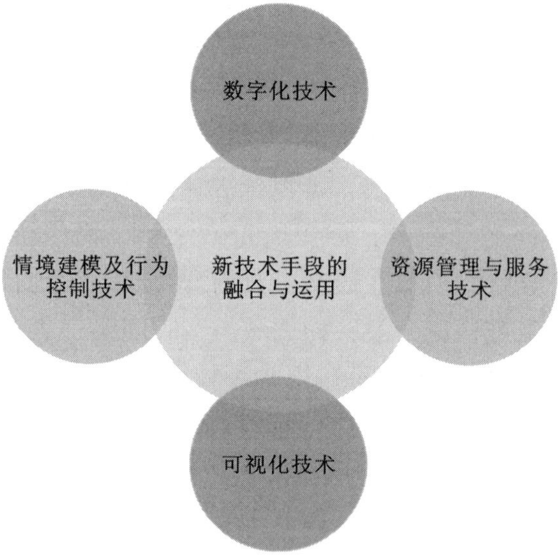

图 4-1 新技术手段的融合与运用

（1）非物质文化遗产数字化技术：建立一套针对不同类别非物质文化遗产数字化的数据采集方法，包括综合运用动作捕捉技术获取运动对象三维数据，研究从这些测量数据中计算和推演动作数据的方法，建立运动物体三维动作；利用三维扫描技术，探索新的适合文物对象特点的，简单、可靠的三维建模方法，以及几何与纹理一体化数据模型技术，建立三维物体对象的模型库与纹理库等。

（2）资源管理与服务技术：综合应用分布式数据库技术、海量数据存储技术、非物质文化遗产本体技术、语义检索技术等实现非物质文化遗产资源统一表示、知识存储、资源权利信息描述、资源目录服务、注册服务、资源检索和发布等功能。

（3）情景建模及行为控制技术：综合利用真实感角色生成技术、动作绑定技术、多 Agent 的群体控制技术、场景生成技术等快速生成非物质文化遗产中的三维场景、角色以及动作；应用 Agent 模型表示虚拟环境中所有的角色，重点解决非物质文化遗产内容制作中的三维表达及互动技术实现等难题。

（4）非物质文化遗产可视化技术：综合利用三维动画技术、虚拟现实技术、语义 Web 技术、知识可视化技术等构建基于本体的非物质文化遗产知识可视化模型系统，实现基于知识点语义的查询、自然语言的知识点分解和语义理解、不同本体之间的知识共享和补充知识库等功能。如通过知识可视化技术，基于本体的概念参考模型 CIDOC CRM 对具体非物质文化遗产项目的文化空间知识表示进行研究。

第五节 搭建非物质文化遗产多媒体交互体系平台

面向非物质文化遗产数字化产品开发中的瓶颈问题，针对文化活动中三维场景和角色动画交互式制作中存在的技术难点，利用非物质文化遗产资源库模型数据，引入高精度地形构建及文化元素交互式搭建等方法，为三维场景的快速生成提供新的思路和途径。同时，利用真实感人脸角色模型创建技术为非物质文化遗产传承人角色动画的制作提供真实感人物模型，利用资源库中的动作数据，高效生成角色动作动画。最后利用知识建模、情景建模与行为交互等可视化技术对非物质文化遗产资源进行可视化制作，通过多媒体交互体系平台实现非物质文化遗产可视化产品的传播。其平台框架如图 4-2 所示。

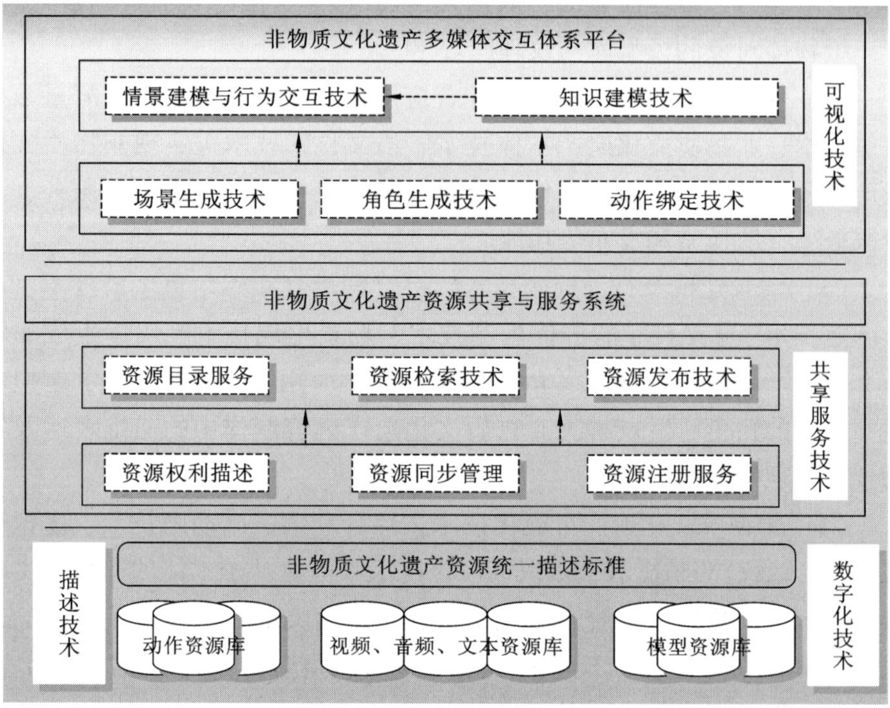

图 4-2　平台框架

第六节　构建国家非物质文化遗产保护与传承技术体系

非物质文化遗产是各族人民世代相承、与群众生活密切相关的各种传统文化表现形式和文化空间，与物质文化遗产相比，它具有一定的特殊性，例如，不易保存，保存的方式也不同。由于其独有的特殊性质，加上国家还没有一个有关非物质文化遗产保护与传承方面的技术规范，非物质文化遗产保护与传承工作一直难以开展，因此，研究构建国家非物质文化遗产保护与传承技术体系就显得尤为重要。

国家非物质文化遗产保护与传承技术体系应该包括从数字化技术（文本、音视频、图片、动作、模型数字化的技术流程规范）、资源入库技术（资源的分类体系、元数据标准、存储的技术规范、版权保护技术）、资源管理技术（资源发布技术、检索技术、资源注册及目录服务技术等）、情景构建技术（角色、场景、动作生成技术等，以及多 Agent 的群体控制技术）、非物质文化遗产可视化技术（三维动画技术、虚拟现实技术、语义 Web 技术、知识可视化技术）到最后的传播和服务技术等方面。通过对非物质文化遗产的技术体系进行构建，使我国优秀的民族文化资源得到“整体性保护”，即连同它生存的文化土壤一起保护起来。该技术体系框架如图 4-3 所示。

图 4-3　技术体系框架

数字技术是当今最为前沿的信息科学技术，特别是虚拟现实技术的出现，使 21 世纪成为“虚拟时代”。将最前沿的科学技术应用到对非物质文化遗产的保护与开发中来，这为非物质文化遗产保护提供了更加深层的高科技技术支持，使非物质文化遗产的保护与开发的途径得到了进一步拓展与衍生。但数字技术在非物质文化遗产保护与应用中仍有以下三个方面的问题需认真思考。

数字技术虽然对非物质文化遗产的保护与复原、虚拟与重建具有重大的意义，但过度依赖数字技术也容易造成文化的数据化和遗产化，在一定程度上也会损害文化多样性和文化生态的平衡。因此，对数字技术在非物质文化遗产中的应用要有一定的“人文把握”，使技术富有方向性和一定的文化立场。非物质文化遗产并不是静止不变的，而是动态、发展、变化的。因此，数字技术的运用必须从重视“静态遗产”的保护，向同时重视“动态遗产”和“活态遗产”保护的方向发展。数字技术的运用还必须从重视“物质要素”的文化遗产保护，向同时重视由“物质要素”与“非物质要素”结合而形成的文化遗产保护的方向发展，因为物质与非物质文化遗产所反映的文化元素是统一的，是相互融合、互为表里、不可分割的。另外，尤其要注意保护非物质文化遗产的生态性，让很多非物质文化遗产具有原生意义，让它们在属于自己的适域中生存和发展。总之，对于非物质文化遗产来说，运用数字技术仅仅是一种新型手段，而保护文化的多样性、鲜活性和生态平衡才是最根本的目的。

非物质文化遗产数字化是在虚拟空间呈现文化，与传统的文化表现在形态上有本质的区别，它不是一个物理存在的实体，而是一个跨地区、跨国家的信息空间和信息系统，它们汇集了人文社会科学、自然科学、技术科学学科，带有明显的跨多学科性质。比如对非物质文化遗产特征的抽取、加工规则的拟定则需要人类学、民族学、社会学、影视学、传播学以及人文艺术等领域专家的共同参与才能完成。非物质文化遗产数字化研究对象、涉及领域、技术特点是一个大跨度交叉和高度综合的集成体。数字技术已开始应用于非物质文化遗产保护与利用，我们只有以开放的学科视野，打破学科界限，融合各学科知识，开展跨学科研究和创新，发展出综合的、交叉的、比较新的领域，逐步建立非物质文化遗产数字化的新学科；加强跨行业战略研究，探索一套适合非物质文化遗产数字化保护与利用规律的管理体制及运行机制。

非物质文化遗产的数字化保护与利用工作是一项系统性、持续性和技术性很强的工作，然而由于文化领域缺乏 IT 业方面的有经验的数字化技术专家，优势技术的应用和深层次文化内涵的结合成为非物质文化遗产数字化过程中存在的突出薄弱环节，因此，人才队伍培养成为非物质文化遗产的数字化发展的关键。非物质文化遗产数字化人才除了具备传统科学研究所要求的较高专业科学素质外，还要有跨学科研究的严格训练。我们必须加强各大高校、科研机构对非物质文化遗产数字化保护技术的研究和专业人才队伍的培养，融合民族、人文、艺术、信息、工程等学科资源，将培养复合型高层次人才作为一项重要工作内容，纳入文化产业经济发展与人才队伍建设规划。探索建立多渠道培养、多元化评价、多层次使用、多方式激励、多方位服务的复合型人才培养机制，逐步建立一支懂文化、通管理、精技术的复合型文化人才队伍。

文化产业和信息产业是现代社会的两个“互为表里的超级产业”，信息技术从根本上改变了文化产品的生产、传播和消费方式，利用信息技术可以提高文化产品的原创力，开发新的文化产品，增强文化产业的竞争力和生命力。然而从产业发展的逻辑上说，信息技术只是手段，内容服务才是目的和核心。因此，我们应将重点放在内容的建设上，数字文化内容越丰富，信息的共享度就越高，人们从中捕捉的商机就越多。我国的信息技术产业正在蓬勃发展，借助数字技术手段，非物质文化资源合理开发与利用的前景变得更加广阔，从而形成文化与传媒、信息交融的特色产业。非物质文化遗产数字化作为高科技与高文化价值结合的产业交汇点，在对非物质文化遗产加以有效保护的同时，使之上升为具有知识产权和资源资本属性的文化产品，即更好地促进文化资源优势转变为经济优势，创造出巨大的经济与社会效益，推动经济社会更好、更快地向前发展。

第五章　智能媒体技术在非物质文化遗产传播中的运用*

传播是文化的内在属性，一切文化都是在传播过程中生成和发展。文化传播学者提出，历时性传播即文化的传承，共时性传播即文化的扩布[①]。非物质文化遗产通过身口相传的传播方式得以传承延续。当今，在现代社会转型和现代传播技术发展的巨大冲击下，非物质文化遗产在当代的生存与传承遭遇了前所未有的危机，非物质文化遗产口传心授的传播方式正面临着现代传播媒体技术的严峻挑战。《中华人民共和国非物质文化遗产法》指出："国家对非物质文化遗产采取认定、记录、建档等措施予以保存，对体现中华民族优秀传统文化，具有历史、文学、艺术、科学价值的非物质文化遗产采取传承、传播等措施予以保护。"[②]随着科学技术的发展，我们正进入一个智能化时代，智能媒体的出现不断开启新的文化传播方式和途径，一方面迅速刷新人们对传统认知的结构，重建认同感，另一方面也正在构建一种崭新的文化展示和传播形态。利用智能媒体传承和传播非物质文化遗产，对于保护非物质文化遗产、打造中国文化软实力、提升中国国家形象具有重大意义。

---

* 本章原题《智能媒体技术在非物质文化遗产传播中的运用》（与余欢合作），原载《华中师范大学学报（人文社会科学版）》2019 年第 6 期。

① 庄晓东：《文化传播：历史、理论与现实》，北京：人民出版社 2003 年版。

② 《中华人民共和国非物质文化遗产法》，北京：中国法制出版社 2011 年版，第 22 页。

第一节 智能媒体时代的传播特征

2018 年 10 月 31 日，习近平在十九届中共中央政治局第九次集体学习时强调："人工智能是引领这一轮科技革命和产业变革的战略性技术，具有溢出带动性很强的'头雁'效应。"[①] 2019 年 3 月 5 日，国务院总理李克强在第十三届全国人民代表大会第二次会议上做政府工作报告时指出，2019 年要打造工业互联网平台，拓展智能+，为制造业转型赋能。这是"智能+"首次出现在政府工作报告中，它代表着一个国家的数字化、信息化发展进入了数字文明的新阶段，走向了一个更深更广的新维度。人工智能是指利用数字计算机或者数字计算机控制的机器模拟、延伸和扩展人的智能，感知环境、获取知识并使用知识获得最佳结果的理论、方法、技术及应用系统[②]。智能媒体在人机交互过程中，通过不断自我学习和优化，可更智能地感知、分析并满足用户的需求，为用户提供更好的信息服务和使用体验，是媒体智能化的一种表现形式[③]。按照麦克卢汉"媒介即信息"的观点，任何一种媒体都是一种文化内容。彭兰教授指出，未来媒体呈现智能化有三大显著特征：万物皆媒、人机合一、自我进化。第一，万物皆媒：过去的媒体是以人为主导的媒体，而未来，机器及各种智能物体都有媒体化可能；第二，人机合一：人与智能化机器相互融合、相互协作；第三，自我进化：人机合一的媒介具有自我进化的能力，机器洞察人心的能力、人对机器的驾驭能力互相推进[④]。智能传播中人机融合就是建立起智能的人的情、境、意、识与机的态、势、感、知协同机制。媒体智能化快速发展迎来了智能媒体时代，

---

① 习近平：《推动我国新一代人工智能健康发展》，2018 年 12 月 5 日，http：//www. xinhuanet. com//2018-10/31/c_ 1123643321. htm。

② 机器之心 Pro：《中国〈人工智能标准化白皮书 2018〉发布完整版》，2018 年 1 月 19 日，https://baijiahao. baidu. com/s? id=1589996219403096393。

③ 段鹏：《智能媒体语境下的未来影像研究》，《人民论坛 · 学术前沿》2019 年第 1 期，第 40—49 页。

④ 彭兰：《智媒体时代传统媒体的转型之路》，《传媒》2019 年第 2 期，第 6—7 页。

这一时代的信息传播具有以下特征。

一、传播媒介：基于移动互联网技术实现媒体终端智能化

智能手机已经成为信息传播的新媒介。传媒智能化既是自身发展的结果，也是媒介更迭的一场革命。中国社会科学院新闻与传播研究所发布的《中国新媒体发展报告（2018）》指出："新技术已经从概念阶段走向实践阶段，并逐渐迈向智媒化阶段，媒介界限变得模糊。"移动互联网时代，人们获取信息的媒介主要转移到智能手机上，以智能手机为代表的移动媒体的发展已走向智能媒体①。中国互联网络信息中心（CCNIC）发布的第43次《中国互联网络发展状况统计报告》显示，截至2018年12月，我国网民规模为8.29亿，互联网普及率达59.6%；手机网民规模达8.17亿，网民通过手机接入互联网的比例高达98.6%②。智能手机已经占据了用户获取信息的主要渠道，"终端随人走，信息围人转"已经成为信息传播的新态势。而智能手机早已构成了一个规模最大的移动传播网络体系。有报告显示，到2025年，中国有望成为全球最大的5G市场，届时中国的用户将达到4.3亿。今后，所有信息都可以变成数据，用一个智能手机就可以获得。

智能技术重新定义了传播模式和媒介。截至2018年6月，我国人工智能企业数量已达到1011家，仅北京就拥有395家，成为全球人工智能企业最多的城市。人工智能已在医疗健康、金融、教育、安防等多个垂直领域得到应用，形成"人工智能+"的行业应用终端、系统及配套软件，为用户提供个性化、精准化、智能化服务③。结合了生物与语音识别、图像识别、深度学习、自然语言生产与处理等技术的智能机器人已

① 郑成宏、黄亚楠：《中国新媒体发展报告（2018）：新技术提速媒体融合》，2019年1月6日，http：//media. people. com. cn/n1/2018/0703/c40606-30111254. html。

② 中国互联网络信息中心（CCNIC）：《第43次〈中国互联网络发展状况统计报告〉》，2019年2月28日，http：//www. cac. gov. cn/2019-02/28/c_ 1124175686. htm。

③ 中国互联网络信息中心（CCNIC）：《第43次〈中国互联网络发展状况统计报告〉》，2019年2月28日，http：//www. cac. gov. cn/2019-02/28/c_ 1124175686. htm。

经广泛运用在文化领域，如机器人已在新闻编发和播报、诗歌创作、剧曲编创和配乐，以及公共文化服务场所导览和管理等方面得到了运用。另外，基于物联网的传感器信息采集和语音数据收集在信息、生产、分发和传播的各个环节创造了许多新的交互场景和传播模式，也重新定义了传播中的媒介。

二、传播主体：基于物联网技术实现人机合一多主体化

人与各种智能设备一起成为传播主体。在大众传播形态和移动互联催生的新传播形态中，人始终是信息的掌控者，是传播的唯一主体。在信息化发展的自媒体时代，信息传播突破了主体尺度，一个智能手机就能构成一个传播平台，从“我说你听”的一对多传播，变成了多对多传播，信息传播的互动性大大增强，公众参与度大大提升。随着 5G 技术和物联网的应用，传播将不再仅仅是人与人之间的信息传递和交往关系的搭建，而将成为人与智能设备之间的直接信息交换。人在传播中唯一主体的地位被打破，被连入物联网的各种智能设备和人一起成为传播主体。在机器及万物都可能成为信息传播主体的背景下，信息生产方式由传统的以人为主导的专业生产和用户参与生产相结合，转变为以机器生产、传感器感知为主。比如世界上第一个有公民身份的机器人索菲亚，她的大脑采用人工智能和谷歌语音识别技术，能理解人的语言、识别人类面部，甚至还可模拟 62 种面部表情。这样，人们不仅生活在一个众媒系统中，信息的生产与传播处在人与物（智能设备）的交流状态中，而且人本身也成为媒介终端。

信息受体的年轻化和智能化追求。随着智能媒体的发展，过去传统媒体下被动接受信息的受众，逐渐转变为主动参与、生产和分享信息的主体，尤其是年轻人对智能媒体的依存度越来越高。截至 2018 年 12 月，我国网民中 10~39 岁群体占整体网民的 67.8%，其中 20~29 岁年龄段的网民占比最高，达 26.8%。截至 2018 年 11 月，15~19 岁年龄段网民人均手机 APP 数量最多，达到 59 个；其次为 20~29 岁网民，人均手机

APP 数量为 45 个[①]。《中国新媒体趋势报告 2018：内容生长新原力》指出，20 岁及以下的年轻用户中使用社交类 APP 获取资讯的占 82.2%，在新闻信息获取上年龄段越低，用户对社交类应用获取资讯的依赖度更高[②]。媒体智能化进程与 90 后（尤其是 95 后以后）的年轻用户群体成长轨迹相吻合，呈现出以下三种特点：首先，他们自出生开始接触互联网"浸入式"的生活方式，对 VR 和 AR（增强现实技术）带来的虚拟世界有着强烈的期待。其次，对智能装备有着浓厚的兴趣。智能手环、智能手表、智能眼镜等可穿戴设备是标配。最后，有着与智能媒体互动体验的经验。对生产内容、表达情绪的参与感已不再满足他们日常所需，他们期待获得及时有效的反馈和激励，获得更高级的存在感和成就感。以用户体验为中心是媒体智能化的传播追求，智能媒体就是要通过人工智能技术手段，最大限度地满足用户精神上高层次的需求，创造一种全新的文化消费体验。

三、传播平台：基于多种技术综合集成实现平台多功能化

以多项技术集成构建多功能媒体平台。4G 时代，传统媒体借由新传播技术实现了和新媒体之间的融合，信息的生产和传播被纳入一个全媒体平台中。媒介融合也就意味着传播介质的融合，以及由此带来的机构、人员、资本等多方面的融合与重组。5G 时代，物联网的逐渐商用化和普及化意味着专事信息传播的媒介被万物皆媒所代替。智能媒体技术平台将是一个基于大数据的人机协同、万物皆媒，融合大数据、云计算、人工智能、物联网等多项技术综合集成的多功能全媒体平台，其功能空前丰富，远远突破传统媒体较为单一的信息传播功能。这种多项技术综合集成的多功能全媒体平台对信息的生产与传播产生了重大影响。

以用户为中心建构智能媒体技术平台。其一，依托互联网技术，重

① 中国互联网络信息中心（CCNIC）：《第 43 次〈中国互联网络发展状况统计报告〉》，2019 年 2 月 28 日，http：//www. cac. gov. cn/2019-02/28/c_ 1124175686. htm。

② 企鹅智库：《2018 新媒体趋势报告》，2019 年 1 月 6 日，http：//www. 199it. com/archives/804544. html.

组信息生产与消费，集成了内容、信息、社交、服务等各种功能，成为“信息一条街”；其二，以用户为中心，运用机器算法不断优化信息个性化智能分发，形成社交和用户行为分析、语言处理和图像识别、机器学习的推荐引擎、实时海量数据处理、精准定位人群传播等核心竞争力平台。例如，GiveMeSport 用机器人进行信息收集；Google 研发为报道自动匹配图表、图片或视频的工具；NewsCart 公司用 AI 追踪有价值的新闻信息，群发给团队成员①。这些技术综合运用于媒体平台将极大地提高信息传播的有效性和针对性。

2017 年 12 月 26 日，新华社发布与阿里巴巴共同研发的中国第一个媒体人工智能平台“媒体大脑”，正是运用人工智能技术由机器智能生产新闻的成功代表②，全面使用智能采集、智能语音、人脸识别、版权监测、MGC（机器生产内容）等技术功能，打造系列融合的产品矩阵。2018 年两会期间“媒体大脑”首次在全国重大报道中使用，以 15 秒钟生成发布了全球首条关于两会内容的 MGC（机器生产内容）视频新闻，瞬间引爆媒体圈③。MGC 的出现与合理的人机协作大幅提升了内容生产的效率和效果。

四、内容生产：基于全息媒体技术实现内容生产的全息化

全息化的媒体融合将带来更好的用户体验。“全息”一词的词根为希腊语的“holos”，意义为“全部的信息”。1948 年英国科学家丹尼斯·伽柏提出全息成像理论，全息技术由此备受关注。在大数据时代，在物联网、人工智能、云技术等新技术的推动下，传播的呈现形式愈加多元，各种各样的传感器使得人类采集到的各种信息越来越“全息化”，

---

① 马宁：《人工智能、大数据与对外传播的创新发展》，《对外传播》2018 年第 10 期，第 7—10 页。

② 马宁：《人工智能、大数据与对外传播的创新发展》，《对外传播》2018 年第 10 期，第 7—10 页。

③《网络传播》杂志：《独家专访：新华社“媒体大脑”背后的算法机制》，2018 年 5 月 30 日，http：//news. china. com. cn/2018-05/30/content_ 51534787. htm。

如文字、图片、音频、视频等。全息技术支撑下全息媒体融合视频与文本、游戏与学习、触摸手控、H5 富文本等，力求从技术上使内容呈现形式愈加多元、更为立体①，使用户体验更加丰富。比如，新的全息手机就是采用计算全息显示技术的一种创新型手持终端，配合空中交互功能，可以从不同角度感受到浮在屏幕上的全息效果，是视觉和触觉上全新的体验。

智能化的人机对话将建立更大的表现空间。通过人工智能辅以人机协作、大数据辅以机器学习，在内容的表现形式上创造了许多前所未有的情感共振、共鸣，建立了一个更大的表现空间，其个性化的内容表达形式是“智能+”为文化产业转型升级的全新赋能。比如虚拟偶像的出现，2019 年两会期间的 AI 虚拟女主播“新小萌”、日本的初音未来和中国的洛天依等，开辟了二次元文化与科技融合的天地。实现智能化的人机对话或者辅以不同语言、不同文化的定制化交互，不仅能够有效提升传播效果与效率，而且可以在关系维度上深化并巩固与有效果、有价值传播对象的长期连接②。

五、传播体验：基于 VA 和 AR 等技术实现用户互动体验沉浸化

虚拟现实（VR）、增强现实（AR）技术提高了用户的参与度与关注度。虚拟现实（VR）、增强现实（AR）是以计算机为核心的新型视听技术，它们结合相关科学技术，在一定范围内生成与真实环境在视觉、听觉、触感等方面高度近似的数字化环境，用户借助必要的装备与数字化环境中的对象进行交互，相互影响，从而获得近似真实环境的沉浸感受和体验③。沉浸就是让人专注在当前的目标情境下感到愉悦和满足，而忘记真实世界的情境。在沉浸的过程中，人们会忽略时间和空间的限制，自由行走于兴趣的王国，从而产生出富有创造性价值的智力成果。基于

---

① 沈正赋：《“四全媒体”框架下新闻生产与传播机制重构》，《现代传媒（中国传媒大学学报）》，2019 年第 3 期，第 8—14 页。

② 马宁：《人工智能、大数据与对外传播的创新发展》，《对外传播》2018 年第 10 期，第 7—10 页。

③ 机器之心 Pro：《中国〈人工智能标准化白皮书 2018〉发布完整版》，2018 年 1 月 19 日，https://baijiahao. baidu. com/s? id=1589996219403096393。

技术驱动下传媒产品形式的多样性来实现传媒内容的可视化和互动性，从而调动用户的视觉、听觉、嗅觉、触觉等全感官系统进行沉浸式的内容生产和体验，使用户的体验更加真实，如临其境，通过提升用户的体验，提高了用户的参与度。

虚拟现实系统的智能化拓展了信息传播和其他社会服务的维度。移动互联时代实现了场景的重组，5G 和物联网、人工智能等技术的应用，将使现实环境和虚拟环境不断叠加。《中国人工智能标准化白皮书 2018》指出：虚拟现实、增强现实从技术特征角度，按照不同处理阶段，可以分为获取与建模技术、分析与利用技术、交换与分发技术、展示与交互技术以及技术标准与评价体系五个方面。虚拟现实、增强现实将呈现虚拟现实系统智能化、虚实环境对象无缝融合、自然交互全方位与舒适化的发展趋势①。视觉系统作为激发人类融入沉浸式体验的第一要素，未来还会在 VR 视频的用户与机器界面的交互中充当重要角色。当我们佩戴 VR 设备置身于通过计算机技术产生的一个虚拟自然环境时，通过视觉体验可以触达我们的其他感官，并与肢体产生互动，最终沉浸在一种真实的快感中。虚拟现实（VR）、增强现实（AR）技术对两种环境之间以及不同虚拟环境之间关系的再造，拓展了信息传播和其他社会服务的维度。

六、信息推送：基于算法与深度学习技术实现信息推送的精准化

计算机算法的不断进步推动着传媒走向智能化进程，智能媒体与传统媒体的最大区别在于信息内容是由算法和机器产生。智能媒体基于深层次的用户洞察能力和场景的大数据分析，理解用户在特定环境下的需求，从而为不同用户推送和定制生产个性化信息，实现个性化信息服务。所谓个性化信息服务，即依托于人工智能具有的信息收集、整合与分析能力，根据用户的个性化需求对信息内容进行目的性抓取与分析，最终形成满足用户需求的内容和形式信息并实现精准推送②。

---

① 机器之心 Pro：《中国〈人工智能标准化白皮书 2018〉发布完整版》，2018 年 1 月 19 日，https://baijiahao. baidu. com/s? id=1589996219403096393。

② 喻国明、景琦：《传播游戏理论：智能化媒体时代的主导性实践范式》，《社会科学战线》2018 年第 1 期，第 141—148 页。

智能算法系统能够及时准确地跟踪用户的数据，对大数据从内容的维度以标签化的方式对用户进行兴趣匹配，同时从关系的维度对用户的个人信息、浏览行为、互动行为及其他延伸信息进行汇总，从而结合内容与关系两个维度对海量传播对象进行用户画像并生成兴趣标签，基于标签将传播对象根据内容和渠道的需求进行智能化或定制化的人群匹配①。智能算法系统的运用，可以实现针对某一个人的个性化、定制化推送，并能及时根据用户的反馈和喜好自动修改投递的内容和方式，达到精准传播的效果。例如今日头条就把智能媒体的这一优势发挥得淋漓尽致。今日头条是一个基于人工智能技术的数据系统，通过人工智能技术和大数据进行每一位用户需求的深度挖掘，根据计算机算法的结果为不同用户推送个性化、定制化的资讯，从而使用户获得更有价值的信息。

算法推荐在未来将会成为主要的信息分发方式，它改变了传统信息传播的规则，由传统的以传播内容为中心，转变为以用户的需求和喜好为出发点，通过定制化进行精准匹配和信息推送，实现有效的点对点传播，在保证内容生产迅速的基础上也确保了内容推送的准确性。

七、信息存储：基于区块链和自优化技术实现大数据价值最大化

存储在人工智能时代的重要性主要是通过数据的重要性来体现的，数据是人工智能发展的原材料之一，数据指数级的增长趋势带动了存储需求指数级的增长。只有当数据处理平台的选择被用户所运用，大数据的多重价值才能得到实现。人工智能其实就是通过各种数据信息的储存和程序设计而运行的，机器学习算法在数据访问模式中找到隐藏的联系，并根据需要分配资源，从而实现数据的价值。

无论是云计算、大数据还是人工智能产业的演进，数据的积累和应用已经成为必然趋势。鉴于当今数据量持续性大幅度增长和数据库体系结构的复杂性，不再可能手动分配哪些数据存储在哪种介质上。在当前云、大数据与人工智能等技术不断发展的趋势下，数据管理的复杂度和

---

① 马宁：《人工智能、大数据与对外传播的创新发展》，《对外传播》2018 年第 10 期，第 7—10 页。

数据应用的效率不断提升，存储智能化的需求也与日俱增，企业 CIO 所需要的不再是一个单一的存储方案，而是要在推动企业创新业务发展的同时，保障现有 IT 投资不受损失，帮助企业实现基于 AI 的存储自优化、应用感知、面向全闪的性能增强、数据存储与数据治理的深度融合、基于区块链技术的可信存储等。云数据平台和人工智能（AI）的结合解决了大数据存储和价值开发运用问题。如今，浪潮存储已经形成了包括统一存储、软件定义存储、固态存储和数据保护存储的全系列产品布局，特别是新一代 G2 平台将中高端存储带入智能存储的新时代。G2 平台基于一套涉及感知、架构、管理的智能体系，实现硬件、软件、算法以及多服务模型的高效协同。G2 平台集成了超过 1000 个软硬件传感器，具备 100 多个持续优化的核心算法，提供了智能管理、资源调度等十几个服务模型。从技术上来说，G2 平台采用 Active-Active 双活架构，提供 Scale-Out 横向扩展支持，内部交换采用 PCIe 3.0 技术，并支持 FC、iSCSI、FCoE 等接口，支持统一的 SAN 和 NAS 存储服务。此外，异构存储融合以及高中低端平台融合，可以实现容灾、双活、数据迁移、数据整合等多项服务。G2 平台基于统一架构和 In 系列智能软件设计，在满足企业级关键数据存储、处理需求的同时，更强调数据生命周期的智能化，在面向业务场景的应用感知、容量调节、性能加速、可靠加固、异构整合和数据迁移等方面提供智能服务，实现数据的“智能感知、智能架构、智能管理”，加速企业数字化转型。

第二节　智能媒体在非物质文化遗产传播中的运用

2001 年 11 月，联合国第 31 届成员国大会宣布了非物质文化遗产的两种表现形式：“一是有循规的文化表现形式（音乐和戏剧表演形式、宗教仪式等）；另一种是文化空间（可集中举行的文化活动场所）。主要类别含口头遗产（语言类如濒危民族语言、方言等和口头文学类如谜语、史诗、传说、故事等）、民间艺术（如音乐、舞蹈、美术、曲艺等）、工艺技艺（烹调、建筑、服饰、工匠技艺等）和风俗习惯（节庆、礼仪等)。”① 非物质文化遗产承载的是一个国家和民族的文化沉淀和精髓，背后精湛的技艺、独到的思维方式、民族的智慧都是非物质文化遗产的核心密码，是一个民族和国家走向文化自信的核心文化资源。传播学奠基人之一哈罗德·拉斯韦尔认为，传播的基本社会功能主要包括三个方面，“社会遗产传承功能”（the transmission of the social heritage from one generation to the next）就是其中之一②。在2018年联合国教科文组织发布的《实施〈保护非物质文化遗产公约〉操作指南》（Operational Directives for the Implementation of the Convention for the Safeguarding of the Intangible Cultural Heritage）中，就对“传播和媒体”明确给出了详细的解读，指南第110~115条中提到“媒体和传播”对非物质文化遗产有提高大众重要性认识、培育社会凝聚力、展现和表达多样性认识、弘扬地方语言和文化知识、信息共享和互动交流等作用③。科技的进步带来了媒体智能化发展，这不仅可以实现对非物质文化遗产有效的保护，而且也能更加有效地推动非物质文化遗产的传播。

一、用智慧媒体扩大非物质文化遗产传播主体

大众是非物质文化遗产的创造者和传播者，只有让大众对本民族文化有了认同感，才能将非物质文化遗产项目传承下去，并将其文化精神弘扬出去。当代中国杰出的非物质文化遗产传承人是中华各民族文化“行走的资料库”，是中华文化精华和精湛技艺薪火相传的载体。然而，当前非物质文化遗产保护和传播的状况不容乐观，主要表现在：其一，大部分非物质文化遗产项目传承人生存境况不佳，老龄化现象严重；其二，传承人才青黄不接，不少非物质文化遗产项目濒临消亡。究其原因主要有两方面：一是过去非物质文化遗产传承人通过声音、行为和技艺进行传统的口传心授的人际传播，在传播效果深度和广度上具有局限，

---

① 乌丙安：《非物质文化遗产保护理论与方法》，北京：文化艺术出版社2016年版，第327页。

② [美] 哈罗德·拉斯韦尔：《社会传播的结构与功能》，何道宽译，北京：中国传媒大学出版社2013年版，第123页。

③ 联合国教科文组织：《实施〈保护非物质文化遗产公约〉操作指南7. GA-ZH（2018）版》，2018年12月6日，https://ich.unesco.org/en/directives。

严重妨碍了非物质文化遗产的传播；二是从师学习时间之长、专业技艺磨炼之苦，且经济收益甚微，使年轻人难以产生认同感。有学者指出，非物质文化遗产来自民间，让其重回民间生活不仅要靠政府引导，更多的是需要引起大众情感共鸣，使他们积极参与到传承和传播中来。在现代科技高速发展的今天，我们应紧跟时代潮流，积极运用智能化传播技术传播非物质文化遗产。

其一，积极运用移动智能终端扩大传播主体。以非物质文化遗产为代表的中华优秀传统文化，具有广泛的群众基础，拥有强大的文化感染力。作为现代信息传播媒介的智能手机，具有“智能”与“互动”等智能媒体的基本要素，其信息传播也就具有了智能化的属性。在以智能手机为代表的移动终端设备十分普及的今天，每一个人都可以通过移动智能终端成为非物质文化遗产的生产者和消费者，成为传承和传播的主体①。通过传播手段创新，让非物质文化遗产走近大众，吸引大众，感染大众。特别是在智能手机深受广大青年人喜爱的背景下，只要在青年人中加强非物质文化遗产意义与作用的宣传，就完全有可能使更多的年轻人加入非物质文化遗产传播中，从而扩大传承和传播主体。

其二，积极运用互联网和物联网强化传播主体认同。一方面，互联网传播具有匿名性特点，给传播者和受众提供了一种自我保护机制，在这层“金钟罩”的保护下，他们能放下戒备，自发地、真实地、直接地表达自己对非物质文化遗产传承的看法，这无形中增强了社会对非物质文化遗产的关注度和认同感，从而拓展了非物质文化遗产传播的范围②。另一方面，在机器及万物都可能成为信息传播主体的物联网背景下，麦克卢汉的观念“媒介即人的延伸”在智慧媒体时代正在实现。在媒介的延伸和人的互动两个方面，非物质文化遗产的传播将从原先小众的个体范围内的人际传播逐渐转变为以数字化、信息化和智能化为主要特征的人机协同传播。

---

① 庄美连：《控制 · 影响：社交媒体对文化传承的作用》，《东南传播》2016 年第 3 期，第 35—38 页。

② 孙宜君、王建磊：《论新媒体对文化传播力的影响与提升》，《当代传播》2012 年第 1 期，第 46—48 页。

二、用智慧媒体扩大非物质文化遗产传播方式

近些年来，国家采取多种措施积极开展非物质文化遗产保护，国务院先后公布了 4 批 1372 个国家级非物质文化遗产代表性项目，认定了 5 批共 3068 名国家级非物质文化遗产代表性传承人，保护工作取得了较为突出的成绩。但在新形势下，应当与时俱进，适应现代传媒技术发展和现代人文化消费需要，充分利用媒体智能化技术和平台等新媒体的强大传播功能，提高非物质文化遗产的传播力、创造力和吸引力。

首先，鲜明的地域性是非物质文化遗产的显著特征。传统的口传心授的传承方式，不仅成本高，而且接受的效果也不明显。互联网的产生使非物质文化遗产传播能突破地域限制，在全国甚至全世界舞台上展示。借助互联网传播平台的优势，通过整合线下资源，实现线上与线下相结合，突破时空制约，实现社交化的即时推送和分享，将非物质文化遗产展现在众人面前。借用直播的形式创建新的文化场景，在众声喧哗的时代，找到一个更具互动性与趣味性、辐射范围更广的场域。2017 年9 月发表的《当非遗遇上直播——新媒体为非遗传播赋能》一文这样写道："3 个月以来，光明网、斗鱼直播团队先后去往湖北、安徽、浙江等 14 个省区市，深入非遗文化发源地，走访国家级、省级非遗技艺传承人，推出移动直播 30 多场，直播总覆盖观看人数近 3000 万。同时，以移动直播为切入口，光明日报、光明网进行了以'致·非遗　敬·匠心'为主题的大型融媒体系列报道，有效传播覆盖用户量达 1.73 亿人次。"[①] 由于充分发挥了智能媒体的智慧型、互动式、扩散式传播的作用，进一步扩大了非物质文化遗产传播的有效性和影响力。

其次，运用全息传播技术实现智能化传播。全息传播的本质就是智能媒体技术的运用，智能媒体通过全息拍摄、数字摄影、动作捕捉、立体扫描、虚拟现实技术、增强技术等高保真地还原全息原貌，不仅能对传承人的个人技艺和经验进行真实有效的保存，而且也能实现对整个创作过程与环境的保真，将受众带入一个原汁原味的全息环境。运用信息

---

① 李琤：《当非遗遇上直播——新媒体为非遗传播赋能》，《中国文化报》2017 年 9 月 9 日。

全息化技术传播非物质文化遗产是今后发展方向，综合运用文本、图形、图像、音频、视频、动画等多种类型信息，调动人的多种感觉器官，使人全方位地领略非物质文化遗产的美感，将个性化、场景化、定制化、互动化的传播发挥到极致，跨越时间和空间，形成强大的信息流，将极大地丰富传统非物质文化遗产信息传播的内涵。

三、用智慧媒体增强非物质文化遗产展示效果

近些年，尽管我国各级政府都比较重视对非物质文化遗产的保护与传播，建设了“非物质文化遗产网”“非遗数字地图”和非遗数字博物馆、展馆等，但总体来说，对外传播力度明显不够，公众认识程度普遍不高、参与度较低，难以达到本土文化自信①。非物质文化遗产的传播不仅要关注传播内容，挖掘有价值的非物质文化遗产进行传播，而且还要重视现代传播手段和表现形式的运用，增强传播效果。早在 2012 年黄永林和谈国新曾从三个方面论述了数字技术在非物质文化遗产展示与传播中的运用：（1）利用三维立体建模等技术对非物质文化遗产（尤其是传统手工技艺）进行真实再现；（2）借助多媒体技术进行信息记录、存储、阅览、检索、共享，建设数字博物馆；（3）整合智能媒介渠道，打通全平台、全媒体进行广泛传播，最大限度实现资源共享②。时至今日，非物质文化遗产保护与传承仍主要集中在数据库建设，图片、影像记录和数据采集，以及动作捕捉 3D 建模方面，新型智能媒体对非物质文化遗产保护与传播的重要性并没有引起足够的重视。

媒体智能化技术发展促使受众体验和获得信息的方式发生了根本性改变，从过去的文字阅读体验，到现在追求“沉浸式”的感官体验，受众对信息的感知性需求增加，对信息消费体验环节提出了更高的要求。虚拟现实（VR）和增强现实（AR）技术的运用，多媒体、全媒体、智媒体、超媒体的交互，现实与虚拟场景的叠加，为用户带来了全新的感

① 徐君康、陈佩君：《新媒体时代非遗传承传播问题探析》，《新闻战线》2018 年第 15 期，第 116—118 页。

② 黄永林、谈国新：《中国非物质文化遗产数字化保护与开发研究》，《华中师范大学学报（人文社会科学版）》2012 年第 2 期，第 49—55 页。

知和认知体验，它能引发受众展开丰富的想象，激活知识经验和情感体验。将这些智能媒体技术运用于非物质文化遗产保护与传播中，将有效提高互动的质量和效率，这不仅为公众带来对非物质文化遗产全新的交流体验，也会增进公众对非物质文化遗产的认知。比如虚拟展厅和数字博物馆的出现实现了以活态文化的方式展示各民族非物质文化遗产。2015年的故宫“端门数字博物馆”通过线上线下联通、可触摸式文物、互动小游戏等方式提供多视觉的文化体验，拉近了用户与文化遗产的距离，供求之间，用户不断产生新的需求，也相应地不断得到了满足，再产生新的需求，至此形成了一个良性的文化体验循环。2003年被文化部命名为“中国民间艺术（剪纸）之乡”的桐庐县，以民俗剪纸闻名，艺人们精湛的剪法，构图精美，粗细结合，体现了当地的民俗人文、艺术审美价值。在《桐庐剪纸》的新闻视频中，体验者戴上VR眼镜、手持手柄可以进入桐庐剪纸现场，一位80多岁的老奶奶在手把手教孙女剪纸。VR技术“临场感”的体验让受众者能够“亲身参与”剪纸的整个过程。VR、AR技术的运用转变了用户参与的视角，从以前的“旁观者”视角转换成“上帝视角”，增强了受众与传承人“共振共鸣”的体验。

四、用智慧媒体提升非物质文化遗产传播能力

智能媒体技术带来的多样化的传播渠道和展现形式极大地丰富了非物质文化遗产艺术内容和传播形式，构建了一个全新的传播系统，顺应了当代公众日益增长的文化需求。对内传播，弘扬了中华民族传统文化，增强了民族认同感；对外传播，促进沟通交流，增加了海外侨胞对祖国的荣誉感、自豪感[①]。

其一，通过互联网与媒体搭建宽广的传播平台。运用跨界融合思维，通过互联网与媒体搭建的强大的互联网融媒体平台，深刻地改变着非物质文化遗产传承和传播方式，带来更多传承人群，实现跨越时空的、更

① 张武桥、黄永林：《移动互联网时代的非物质文化遗产对外传播》，《广西民族研究》2015年第5期，第145—151页。

广泛更持久的传播。智媒体时代的用户平台将是人的社交平台，同时也是与人相关的物体平台，新平台的应用使机器智能与人的智能相融合并共同作用，打破了传承与传播之间的界限，实现人机相融共生的“一体两面”，更加有效地激发了非物质文化遗产传播新活力。

其二，通过算法精准推送传播非物质文化遗产信息。运用算法推荐，基于用户的个人爱好、浏览习惯、兴趣社群，对一些具有较高价值的非物质文化遗产信息内容进行分析定位后，再挑选最适合的全媒体表现手段，从受众的需求与兴趣出发制定表现手段，才能符合“人性化趋势”，并发挥最好的推广作用。比如在非物质文化遗产的保护和传播上，人工智能技术能够通过对文化遗产的内涵、背景、环境和内容进行深度挖掘和传递，提高文化遗产的普及度和传播效率，达到寓教于乐的效果。这种供求互动的模式，不仅满足了用户弥补信息短板的需求，也激发了用户获取信息的兴趣。

其三，基于智能手机传播非物质文化遗产。智能手机的广泛应用，促使基于移动终端的社交网络媒介如雨后春笋般发展起来，承担着文化资源和内容传播的功能。截至2018年11月22日，在App Store上线的非物质文化遗产相关App软件已有十余个。比如“非遗在中国”“非遗四川”“苏州非遗”和“陕西省线上非遗馆”等，都让用户足不出户就能了解到当地风俗文化、历史遗迹、手工艺技艺和历史故事。而微信上关于非物质文化遗产的公众订阅号不胜枚举，内容涉及地方资讯发布、研究成果发布、研究机构综合发布等。借助新媒体为非物质文化遗产的传播与传承赋能，利用新媒体即时、互动、精准的传播方式，不仅可以让古老的文化“活”起来，还可以帮助一些相对小众的文化形态发现“粉丝”，找到用户，让冷门的文化“火”起来①。

五、用智慧媒体增强非物质文化遗产现实体验

智慧媒体时代，数字技术正在以几何式增长的发展速度，强烈影响并改变着人类文化的存在形式。不同于传统的静态模式，数字博物馆将

① 李琤：《当非遗遇上直播——新媒体为非遗传播赋能》，《中国文化报》2017年9月9日。

民间工艺、展品信息、传播方式以数字化方式进行管理，再以活态的方式进行呈现。而AR和VR技术的应用具有强烈的现场感，在虚拟的空间中再现非物质文化遗产真实的历史地理信息和文化意象空间，带给用户最直接的感知和体验①。如中国非物质文化遗产数字博物馆、湖南非物质文化遗产网络展示交易馆、数字敦煌等项目，最典型的案例当属由英国剑桥大学考古与人类学博物馆及剑桥大学“康河计划”联合主持的“全球昆曲数字博物馆”项目，这也是全球首个中英双语的昆曲数字博物馆。百戏之祖昆曲起源于苏州昆山腔，随着与各地方言和民间音乐相结合，衍变出了众多流派，构成了丰富多彩的灿烂文化。该项目十分重视昆曲文化的“活态”展示与传承，汇集了中国江苏“中国昆曲博物馆”和英国剑桥大学所保存的昆曲藏品，呈现了大量珍贵影像与文献资料，还运用了虚拟现实技术，使用户通过VR眼镜实现在剧场、戏台、园林等多重实景360度观赏昆曲的效果。为了让年青一代关注非物质文化遗产，欣赏昆曲之美，项目也邀请了服装、珠宝、绘本和图书装帧领域的艺术家进行跨界合作，推动了海内外人文交流，吸引了广泛关注②。充分利用智能媒体平台的技术优势，运用音频、视频、动漫等多媒体手段，让非物质文化遗产内容展示得更为鲜活。如短视频的灵活性和便捷性带给非物质文化遗产传播一种新的思路。在娱乐至死的年代，短视频剧集《了不起的匠人》打动了一批年轻群体。短平快、小而美的节奏将内容压缩在十几分钟左右，精准地抓住了大众渴望了解世界文化遗产知识的诉求。跨国家、跨民族、跨行业是《了不起的匠人》的一大特色，该剧主角既有来自日本的漆器匠人坂本雅彦，也有中国藏族小伙旦增平措，他们都有一个特点，倾注一生只做一件事，也就是工匠精神。每个濒临失传的手艺背后都有厚重的文化积淀，也流露着后继无人的无奈。“匠人”在节目中不同于以往的刻板形象，主要是一批30岁左右的年轻匠人。他们直面自己的内心，不骄不躁，沉下心来，一遍一遍打磨技艺，

① 常凌翀：《新媒体语境下西藏非物质文化遗产的数字化保护与传承探究》，《西南民族大学学报（人文社科版）》2010年第11期，第39—42页。

② 人民网：《“全球昆曲数字博物馆”开幕仪式于剑桥大学举办》，2017年8月26日，http：//world. people. com. cn/n1/2017/0826/c1002-29496035-2. html。

带给年轻受众巨大的反差体验。短视频抓住快节奏的信息消费环境下受众的注意力，在有限时间内，不仅展示了世界丰富灿烂的非物质文化遗产和集各族文明于一身的技艺，而且也承担了寻找非物质文化遗产传承人的使命。年轻的受众是智慧媒体的主流用户群体，抢占注意力等于拓展了更广、更年轻的传播群体。

六、用智慧媒体增强非物质文化遗产存储能力

数据资源是智能媒体的基础，丰富的大数据也只有通过科学的存储和智能应用才能实现其价值。传统的信息存储方法早已无法满足信息爆炸时代的需求，人工智能、大数据算法避免了人工、物质资源的消耗，对资源进行整合，实现最大化利用，在文化遗产保护领域信息存储走向了智能化发展，信息存储智能化也带来了新的信息收集管理、展示和研究方式。

首先，在信息存储方面，浩瀚如烟的珍稀非物质文化遗产档案资料查阅起来十分困难，有了数据库的支持，可以高效地管理和区分文档，极大地节约了时间成本。

其次，在信息推送方面，基于人工智能技术的存储必须是把信息分享出去，才能实现智能化带来的精准服务。通过信息的存储和处理可以精准地分析用户行为、调取和查阅所需信息，并科学预测未来发展趋势。

再次，在展示方面，博物馆文物丰富的文化资源常常以静态、孤立的形态展示，由于地理空间、人为因素等限制往往达不到文化传播的预期效果。以人工智能技术为载体的数字博物馆，改变了博物馆的导览和体验方式，结合当下热门的 VR、AR 技术，在宣传和布展方面提高了用户互动和参与性，也激发了用户的兴趣。走进数字博物馆，人们可以体验到历史人物、文物曾经鲜活的一面，感受到整个文化空间所带来的文化内涵。

第三节　正确处理非物质文化遗产传播中的几种关系

综上所述，随着数字文明的不断发展和演变，智能化技术发展速度呈几何式增长，随之而来的是人们的文化消费观念的逐步升级。人工智能作为人类感官的延伸和增强，在听觉、视觉、嗅觉、触觉等感知构建方面满足了人们个性化的精神文化需求，给非物质文化遗产的传播带来了以下影响：一是在非物质文化遗产文化内容的展示和传播上形成了多元化的方式，提供了更大的表现空间；二是智能与非物质文化遗产的融合带来了更多的商业价值和商业领域的合作，最终形成了新的商业模式；三是智能媒体在垂直化、场景化、个性化的运用中，刺激了更深更广的文化消费体验，改善了消费领域的结构，带给人们更多的惊喜。当前智能化传播正在进行，而智能化消费将是必然趋势。因此将智慧媒体运用在非物质文化遗产传播中需要把握好传播过程中的公共性与个性、现实性与虚拟性、精神价值与娱乐价值，以及个人隐私和知识产权等关系和问题。

一、公众服务与个性化服务的关系

尽管现阶段，智能技术引起了学术界和社会的热烈追捧，但我们仍要以辩证的眼光看待公众服务与个性化服务之间的关系。在公众服务上，智能技术的运用带来了更便捷的非物质文化遗产的传播分享方式，通过普及非物质文化遗产知识，让更多人了解非物质文化遗产、传承非物质文化遗产文化精神。但是，在群体用户维度上，社交媒体基于算法，不断向具有相似兴趣爱好的用户推荐相似内容，使得用户基于趋同心理，就会在行动上向“大多数”人靠近，从而造成“很多人都有这种价值取向”的印象，甚至重塑价值观，令越来越多的人丢失正确的价值观。在个性化服务上，人工智能通过智能分发平台基于受众的个人画像和阅读欣赏行为，推测出受众的偏好，将受众认同和想了解的信息以不同的形式推送给个人，这能极大地满足个性化、定制化需求。但是，机器按照个人兴趣进行信息分发，久而久之人们按照自己的喜好定制信息，出现“个人日报”式的信息，当用户长期只接触一类信息时，会在不自觉中忽略、屏蔽掉自己不感兴趣的内容，失去了对整个事物宏观全面了解和认知的机会，就会进一步强化自己的主观观点，导致视野的偏狭和思想的封闭、僵化甚至极化，陷入过往经验的狭隘境地，使得本来持有的观点、偏见不断得到强化，甚至达到难以改变的程度，造成受众的信息接触面越来越窄，沉浸在智能分发平台为他们编织的“信息茧房”中[①]。

为了减轻“信息茧房”的影响，信息的推送既要提高算法对个人信息需求的精准度，满足个性化的需求，更要了解个性化需求和用户社交圈层之间的平衡关系，做到用户与搜索结果的匹配，避免“信息窄化”、越推送越偏离的现象。

二、现实与虚拟现实的关系

就人类文明发展史来看，从最早使用图像符号来记忆，到后来的象形文字，再到电视、电影等大众传媒的蓬勃发展，再到基于人工智能、VR、AR 技术孵化出的虚拟现实，我们不知不觉进入一个“影像时代”。借助 VR、AR 等技术，在现实世界的基础上构建了一个与现实世界并存的虚拟世界，这种逼真的拟态环境，带来全新的感官体验和身临其境的刺激，带给人们极大的舒适和愉悦感。然而当智慧媒体借助现代科技把虚拟世界带到我们眼前的时候，我们所见并非所得，得到的只是由第三方构建的世界，其实也割断了我们与真实世界的联系，这种对虚拟现实的自我沉浸、狂热迷恋最终会使我们掉入虚拟现实的深渊，混淆现实与虚拟现实的边界。王国荣教授最早提到最负面的影响可能就是人类思维

① 靖鸣、娄翠：《人工智能技术在新闻传播中伦理失范的思考》，《出版广角》2018 年第 1 期，第 9—13 页。

力的退化①。

《新媒体联盟地平线报告（2015 博物馆版）》中提到一个引发人思考的悖论，报告写道："当参观者在美国国家艺术馆使用 WIFI 上网分享参观经历时，人们开始对拍照在线分享是在吸引公众参与还是降低艺术品欣赏体验进行了一场讨论。"② 这正是斯蒂格勒（Bernard Stiegler）所深入批判的"记忆外化的全球化过程"。智媒化传播带来的后果之一，便是"文化产品作为商品在全球化范围内进行着无边际的流动"。互联网的主要受众群体是年青一代（特指 1995 年以后出生的一代），快速消费信息的阅读习惯是他们的主要特征，相较于线下在场的亲身体验，他们更倾向于线上虚拟欣赏。比尔·盖茨的《未来之路》中提到了关于科比斯数据库的构想，对人类社会的人文历史、科学技术、文化和纯艺术进行存储，他相信电子复制能激活人们对原作品的渴望，促使人们走进博物馆。但是他"忽略了沉浸在虚拟世界的人，从真实世界中撤离，会失去亲临现场的冲动"③。IPSOS（益普索市场研究机构）多次指出"在线生活"带来一定负面影响，冲击了观众现场的深度体验④。沉浸在虚拟世界的人，其实在构建的世界中被削弱了创造力和想象力，束缚了自身的个性化表达需求。

在信息泛滥、信息超载的时代下，在 VR 技术带来一种虚拟现实信息接收的压力之下，人必须进行自我控制，从虚拟现实构建的场景中跳脱出来，平衡感官所传来的信息压力，提高人们自主深度思考的能力。

三、娱乐价值与精神价值的关系

智慧媒体时代，非物质文化遗产数字化展示与传播中借助多媒体集

---

① 王国荣：《信息化与文化产业》，上海：上海文化出版社 2004 年版。

② 国家期刊库摘译：《新媒体联盟地平线报告（2015 博物馆版）》，2018 年 11 月 20 日，http：//www. cssn. cn/sjxz/gzdt/zxdt/201508/t20150824_ 2132883. shtml。

③ 单世联：《文化大转型：批判与解释》，北京：中国社会科学出版社 2017 年版，第 31—36 页。

④ 国家期刊库摘译：《新媒体联盟地平线报告（2015 博物馆版）》，2018 年 11 月 20 日，http：//www. cssn. cn/sjxz/gzdt/zxdt/201508/t20150824_ 2132883. shtml。

成、数字摄影、三维场景建模、特效渲染等技术进行真实再现，带来接近于原物和易于大众传播、储存、分享的优势，其背后最终目的还是优化升级文化消费体验。

在文化创新上，勇于尝试的故宫，在前院长单霁翔的带领下，突出重围，创造出一款又一款爆款文创，让600年的故宫更加具有科技感和时尚感，越来越受到年轻人的欢迎，既达到了传播精神文化的目的，也创造了丰厚的经济收益。

在文化表达上，从前人们专注于用微博分享今日见闻，而现在全民都是视频博主，只需一部智能手机就能实现专业的剪辑和拍摄。“抖音”“快手”“美拍”等短视频平台的兴起，反映出了人们对精神价值与泛娱乐的需求并存，技术的变革也悄然改变了人们的生活方式和文化消费方式。

在文化消费上，人工智能早已来到我们身边，从出行、餐饮、扫码购物、阅读新闻、播放音视频到走入公共服务场所如博物馆、科技馆、图书馆等，我们都能享受到智能化信息时代带来的便捷服务。可以说，人工智能为我们带来了便捷也创造了新的经济投资机遇。把握好经济与文化平衡，才能更好地处理好精神文化与泛娱乐的关系。

值得注意的是，一味地追求感官刺激和多样化的展示形式，会让大众忽略自身对精神文化的需求。我们也要警惕，在非物质文化遗产传播上，避免泛娱乐化、文化单极化挤压、夹缝生存的窘境①。流于表层的传播只是形式上的创新，非物质文化遗产传承的精神内涵是文化传播的核心，是非物质文化遗产传播的主要目的。我们不要只关注新奇的文化展示样式，而忽略了传播的目的和主体。

随着人工智能技术在非物质文化遗产传播领域的运用，建立在对海量数据的搜集和分析基础之上的非物质文化遗产信息智能搜集和推送，将面临个人隐私和知识产权保护问题。

其一，个人隐私问题。在人工智能与互联网深度结合的今天，用户

① 赖守亮：《数字化手段在非物质文化遗产保护中应用的多维度思辨》，《设计艺术研究》2014年第1期，第35—39页。

所有的行为数据，其中包括一般性的用户数据（如性别、年龄、地域分布、情感倾向、注意力偏好、行为喜好、渠道偏好、消费能力、生活轨迹、关系圈、终端匹配等），产品数据（如产品形态、产品资费、渠道、品牌、类型和终端要求等），网络能力数据（如网络功能、利用率、效率等）等都已经被悄悄搜集①。智能热点搜集、深挖用户信息，精准推送，在实现信息价值的同时，也可能使公民数据陷入被非法收集、过度分析的危险。

其二，知识产权问题。根据非物质文化遗产自身的特殊性，其权利主体大体可划分为三类：第一，公众性权利主体。有一些非物质文化遗产项目是广大的公民集体创造和传承的，无法准确认定具体的人和组织为权利主体，因此，该类非物质文化遗产任何人都可以进行使用。第二，团体性权利主体。有一些非物质文化遗产项目具有很强的地域性，是某一民族、部落或地区的人民在长期的生活和劳动过程中创造的，族群地域集体是这类项目的产权主体。由政府或第三方行使产权的功能，承担保护的责任，产权的收益属于族群和集体。第三，个人型权利主体。某些非物质文化遗产项目为个人所创造和传承，不对外流传，产权归属于个人。

在智能媒体时代，对非物质文化遗产知识产权的保护，不是一种单纯的保护，而是一种组合的保护。首先，要建立真正符合媒体特征与趋势的法律法规和管理制度，为个人隐私和知识产权保护提供更强有力的保障。其次，要加强社会监督，对人工智能技术所导致的非物质文化遗产传播过程中的失范进行制约 。再次，要鼓励非物质文化遗产创造性转化和创新性发展，通过创新的手段达到产生新知识产权的目的，促进非物质文化遗产发展。最后，实施技术性保护，以大数据中心为依托，通过数据平台进行数据整合等实现对非物质文化遗产的综合性保护，促进智能媒体良性发展。

---

① 喻国明、景琦：《传播游戏理论：智能化媒体时代的主导性实践范式》，《社会科学战线》2018 年第 1 期，第 141—148 页。

第四节　移动互联时代的非物质文化遗产对外传播*

人类已经大步迈向以“三微一端”（即微信、微博、〈微〉视频、客户端）为代表的移动社交网络媒体的个性化时代。但当我们穿行于空前浩瀚的社交网络媒介环境中，由于对媒介的司空见惯，我们对它们视而不见。正如美国学者尼古拉斯·尼葛洛庞蒂所言：“网络媒介成为传统媒介的掘墓人。”[①]当今移动社交网络媒介发展之迅速，让人们无法跟上它的脚步，这极大地改变了人们的生活方式与行为方式，极大地拓宽了中华文化的对外传播渠道，对于有效传播非物质文化遗产文化，推动中华文化“走出去”战略，不断提升中国文化软实力，具有重要的意义。

2015 年 7 月 2 日，中国申报的“土司遗址”在德国波恩召开的第 39 届世界遗产大会上获准列入《世界遗产名录》，成为我国第 34 项世界文化遗产。中国拥有的世界文化遗产总数目前已达 48 项，继续稳居世界第二位[②]。虽然我国已成为名副其实的“世界遗产大国”，但吊诡的是，长期以来，我国的文化遗产特别是非物质文化遗产却得不到有效的对外传播，这与我国的非物质文化遗产保有量极不对称，削弱了中国非物质文化遗产在国际上的影响力。尽管我国在非物质文化遗产保护与传承上采取了一系列的措施，但许多非物质文化遗产仍濒临消失的危机。

一、非物质文化遗产对外传播的三个维度

21 世纪以来，对非物质文化遗产的保护与传承研究引起当今学界的研究热潮和现实关切，在当今城镇化进程与全球文化多元化的时代背景下，中国非物质文化遗产的保护与传承工作更显得步履艰难，如何在新

---

* 本节原题《移动互联时代的非物质文化遗产对外传播研究》（与张武桥合作），原载《广西民族研究》2015 年第 5 期。

① ［美］尼古拉斯·尼葛洛庞蒂：《数字化生存》，胡泳、范海燕译，海口：海南出版社 1997 年版，第 3 页。

② 姜潇等：《“土司遗址”申遗成功警惕“重申报轻保护”现象》，2015 年 7 月 4 日，http：//politics. people. com. cn/n/2015/0704/c70731-27254260. html。

的时代背景下，利用互联网媒介对我国非物质文化遗产进行有效对外传播，以推进其保护与传承，从而增强国家文化软实力，真正发出中华民族文化的最强音，显得尤为重要而迫切。

（一）非物质文化遗产的组织传播

我国文化部分别于 2006 年（共 518 项）、2008 年（共计 510 项）、2011 年（共计 191 项）、2014 年（共计 298 项）命名了四批国家级非物质文化遗产名录（总计 1517 项），并制定了“国家+省+市+县”共 4 级保护的联动工作机制，为中国非物质文化遗产的保护与传承提供可靠的组织保障。而《关于加强文化遗产保护的通知》（2005 年 12 月 22 日）的颁布实施，标志着中国非物质文化遗产保护工作进入了一个新阶段，揭开了中国非物质文化遗产对外传播的新篇章。在当今移动互联的时代背景下，党和国家将非物质文化遗产的保护与传承提升到了一个新的高度，各相关政府部门、高等院校、科研院所等都通过微信、微博、（微）视频、客户端等传播路径进行传播，并采取了开设专版报道、增设网页、在线交流、采访非遗传承人等多种形式，取得了显著成效，尤其是近年来，我国政府和相关组织机构进一步完善了非物质文化遗产保护工作的体制机制，有效地提升了非物质文化遗产的对外传播形象。

在国家的政策引导下，我国从中央到地方都成立了以民族文化特别是非物质文化遗产为研究对象的组织网络架构，尤其是在民族工作部门、高等院校涌现出许多非物质文化遗产研究学者，他们在研究非物质文化遗产的理论和实践中走出了一条具有中国特色的创新之路。如国家文化部、中国社会科学院、中国艺术研究院、中央民族大学等这些政府、科研院所及高等院校在民族文化保护、开发、传承等方面开展了许多富有成效的工作，对于非物质文化遗产的挖掘、抢救、保护和研究工作起到积极的引领作用。如国家文化部下设非物质文化遗产司，在这一组织框架下，我国各省、市、县都设有文化部门，在民族地区的高等院校成立了本区域的民族文化研究中心，助力推进非物质文化遗产的保护与传承研究，这标志着中国非物质文化遗产保护工作的组织网络格局形成。

（二）非物质文化遗产的大众传播

大众传播是非物质文化遗产保护与传承的重要组成部分，许多民族地区采取形式多样的方式大力传播非物质文化遗产，如通过举办民族文化进校园、进课堂等形式多样的活动，或举办高端学术论坛，或在高等院校开设相关专业和课程，或专门设立非物质文化遗产研究中心、民族文化研究所，有效地推进当地民族民间文化的传承与发展，扩大了当地非物质文化遗产的对外传播影响力和辐射力。如 2015 年 6 月，湖北省文化厅举办了“湖北省地方戏曲表演人才能力提升班”，来自全省多地的 13 个剧种的专业艺术院团学员参加，有效地提升了中国戏曲的文化传承，不断扩大湖北剧种的影响力①。

在那没有文字、没有任何媒介载体的遥远时代，非物质文化遗产只能通过人们口耳相传的方式得以传播。近年来，国家对非物质文化遗产日益重视，对口头文学、手工技艺、民间艺术等非物质文化遗产的传承人进行了调查、认定并加以重点保护，颁发“非物质文化遗产传承人证书”，并给予一些优惠福利。全国各民族地区都通过摸底调查、走访发现等途径确认了本民族传统文化的传承人。如在广西，有刘三姐歌谣传承人谢庆良，侗族木构建筑营造技艺传承人杨似玉，瑶族盘王节传承人赵有福；在贵州，有苗族古歌传承人张定强，侗族大歌传承人吴仁和、潘萨银花，玉屏箫笛制作技艺传承人刘泽松；在湖北，有民间故事讲述家孙家香、刘德培、刘德方，屈原传说传承人郑承志，房陵长歌传承人胡元炳，花鼓灯传承人范先菊，花鼓戏传承人傅永香等。这些国家级非物质文化遗产项目代表性传承人都是当地颇有名气的民间艺人，他们凭着自己一手技艺和口传心授使民间文学、民间音乐、民间舞蹈、民间戏剧、曲艺、传统体育、游艺与杂技、民间美术、民间技艺、民间医药、民俗等丰富多彩的民间艺术得以代代传递、延续和发展，对当地的民间文化传承起着重要的作用。

---

① 湖北省文化厅：《湖北省地方戏曲表演人才能力提升班圆满结业》，2015 年 7 月 4 日，http：//www. hbwh. gov. cn/xwdt /zgyw/9862. htm。

(三) 非物质文化遗产的网络传播

社交网络传媒是当今信息时代民族文化传播、非物质文化遗产保护的重要平台，在当今“互联网+”的时代背景下，如何有效利用互联网对非物质文化遗产进行保护成为当前的重要课题。2015 年 6 月 19 日，湖北省首届互联网与非物质文化遗产传承高峰论坛暨高龙非遗网站启动仪式举行，来自南京大学、武汉大学、华中师范大学等高校的专家学者与非遗传承人聚集一堂，就互联网与非物质文化遗产保护传承、互联网与民间文化、互联网与文化创新、非物质文化遗产传承保护要义等主题展开讨论与交流，共同呼吁加强互联网技术的应用，促进非遗迸发出新的活力①。

关于非物质文化遗产的网络报道传播形式多样。以中国的重要传统节日端午节的网络传播为例，根据百度新闻搜索的结果，“端午节”相关的网上报道信息约有 18000000 个，内容涉及端午节的放假安排、图片、来历、传说、传承记述、习俗、诗句、祝福语、促销活动等多种内容形式。特别是 2015 年端午节期间，有关端午节的各种信息以短信、微博、微信等形式在各社交网络媒体上纷纷转发，引发了网友的极大关注，形成了一股有关端午节传说的舆论热潮。

随着当今智能手机的广泛应用，各种社交网络媒介软件也犹如雨后春笋般发展起来。据统计，在智能手机的 360 手机助手中，以“非物质文化遗产”为主题的社交网络媒介软件/游戏（客户端）就达到 370 多个结果，其类型涵盖了网络游戏、办公商务、新闻阅读、便捷生活、影音视听、休闲益智、电子书等，其丰富的文化内涵和艺术形式，深受众多网民的喜爱与欢迎。如“世界非物质文化遗产”客户端的定位是：从“世界传承”上你可以了解到各个国家不同的民俗文化，可以更好地了解不同国家的人们，让你足不出户也能知道不同国家的人们有着什么样的生活习俗，同时你还可以了解他们的民俗，汲取世界各地的精神精华，升华自己，升华民族；“中国非物质文化遗产”客户端的旨趣在于：面

① 湖北省文化厅：《湖北省首届互联网与非物质文化遗产传承高峰论坛在江欣苑社区举行》，2015 年 7 月 4 日，http：//www. hbwh. gov. cn/xwdt/zgyw/9755. htm。

向希望了解中国民俗文化的成员，同时教育中国人民要继承和弘扬中华文化精神，主要介绍了中国的古典文化和历史遗迹的发展。该客户端不仅在国内拥有庞大且稳定的受众群体，并且任何使用智能手机的海外华人、海外民族都可以下载使用，大大增加了海外华人的民族荣誉感、自豪感，有效地提升了中国非物质文化遗产的对外传播力，更成为中国非物质文化遗产走出当前保护与传承困境的一剂良药。

二、非物质文化遗产网络传播的议程设置

网络媒体对非物质文化遗产的传播报道，对于引导人们对非物质文化遗产的价值认同具有重要的意义。在当今移动社交网络媒介不断推出、更迭复出的“新新媒介”时代，网络媒体的报道信息可能会左右人们的价值共识，如果报道不当甚至会引发社会舆论的“群体化现象”。美国哈佛大学教授约瑟夫·奈认为：“在信息时代，软实力不仅依赖于文化和理念的普适性，还依赖于一国拥有的传播渠道，因为它能够对如何解释问题拥有影响力。”① 因此，做好非物质文化遗产传播的议程设置，在网络传播中具有关键性的作用。

（一）凸显地域文化认同感

地域文化是特定区域的人们，在世代传承中创造的具有鲜明特征的民俗文化，体现着人们浓厚的家园意识与故土情怀。在中国广阔的国土上，民族文化星罗棋布，异彩纷呈，形成了不同地域、不同类别的地方文化。在当今经济一体化、文化全球化的世界大背景下，随着移动社交网络和智能手机的广泛普及与应用，人们沉浸于浩瀚的网络虚拟空间，购物、交友、聊天、炒股、游戏充斥人们的日常生活，与陌生人的交往频率胜过熟人朋友圈。特别是城镇化进程的全力加速推进，我国的许多民族地区都发生了翻天覆地的变化，于是“留得住乡愁”成为 2014 年的网络议题。

从网络媒体对非物质文化遗产的报道议题设置来看，应该加大对

① ［美］约瑟夫·奈：《软力量：世界政坛成功之道》，吴晓晖、钱程译，北京：东方出版社 2005 年版，第 76 页。

"乡愁"中的地域文化的报道，唤起人们关于儿时的美好记忆，加深人们对自己本地区地域文化的认同感。特别是当今年青一代纷纷走出家门，融入茫茫的大都市洪流中。时过境迁，年青一代逐渐忘却了自己家乡原本的民族传统文化，也就失去了对自己地域文化的认同。因此，正如有人所言，充分挖掘当地文化传统，打造有特色、有文化内涵的小城镇，让来过的人能记住，走出的人有乡愁。像江南小镇之所以让人流连忘返，不仅是因为景美，更主要的是因为有自己厚重的文化底蕴和独特的内涵①。

（二）彰显中华文化凝聚力

弘扬中华传统文化，增强中国凝聚力，需要形成社会认同的价值共识，更需要彰显大团结、大凝聚的民族理性和正能量。"在进行非物质文化遗产的网络传播报道中，社交网络媒介首先在选择议题时就应该秉持中华文化传承者的心态。如果一个国家的媒介要想让其他国家了解本国文化的具体情况，或是想向自己国家的人们传递本民族文化信息，都应该用符合大部分受众接受方式和角度的眼光来选择议题，真实且毫无偏见地扩大对这些议题的传播。"②

我们知道，一个国家、一个民族要能够长期繁荣、稳定与发展，团结当是首要的，国内各民族必须团结，国家才能安定，人民才能幸福。然而，民族的团结是建立在民族凝聚力之上的，就好比太阳和八大行星一样，太阳利用其引力把其他行星牢牢抓住，让它们不至于越轨，不至于脱离太阳这一运动中心，民族也只有依靠民族凝聚力才不至于分裂。民族分裂主义意识是制约国家和民族进步的罪魁祸首，如果一旦出现，就会使整个民族、国家飘摇欲坠，更别说繁荣与发展。我国是一个多民族的国家，利用网络媒体对中华文化尤其是中国非物质文化遗产进行对外传播，加强民族凝聚力、向心力显得尤为重要。

---

① 李靖华：《新型城镇化建设要"看得见山水留得住乡愁"》，《人民政协报》2015年7月2日。

② 张骞：《民族文化传播与本土传媒的文化使命——以非物质文化遗产报道为例》，湖南大学硕士学位论文，2011年，第26页。

（三）展现世界文化多元性

世界的丰富性在于文化的多元性，多元文化是一个民族或国家的重要资源，它可以维护文化生态、抗拒文化霸权、化解矛盾冲突。在世界范围内，世界非物质文化遗产遍及全球，各民族各地区的文化多姿多彩，洋洋大观，构成了独具魅力的人文景观，这是自然给人类的一份恩赐与厚礼。从一定意义上来说，世界文化的多元性虽然会给中华民族传统文化带来影响与冲击，对中华文化的价值认同产生不利因素，但正是在这种多元文化相互碰撞的背景下，世界文化之间交流、交融甚至交锋，推动了世界民族和文化的繁荣与发展。

对文化多元性的理解应该站在更高的层次进行认知，一方面它是全球范围内的不同民族文化的共存共荣，另一方面它也是某个民族国家的传统文化对其他民族文化的宽容与吸收，展现世界文化的多样性、丰富性与全球性。随着移动网络文化的日趋成熟，各种软件、客户端、社区论坛等体现出前所未有的包容性，多元化趋势越来越凸显；与此同时，传统文化价值逐渐溢出原有社会框架体系之外，与网络文化交融，形成了一个大的文化概念。网络文化与社会文化不再是被割裂的存在，而成为相互渗透与融合的共生体系，二者的边界越来越模糊。

三、提升非物质文化遗产网络传播新路径

在当今中国非物质文化遗产的保护与传承面临严峻挑战与现实困境的时代背景下，我们只有客观面对当前的社会现实，充分借力于“互联网+”时代的社交网络媒体，融中国非物质文化遗产的对外传播于社交网络媒体平台之中，才能破解非物质文化遗产当下面临的难题，走出一条成功之道。

（一）充分发挥社交网络媒体的主阵地作用

社交网络媒体作为传统媒体的延伸，已成为传播技术更为成熟的一种重要媒介形态。作为信息时代重要的传播媒介，社交网络媒体在信息内容、传播模式、传播受众等方面与传统媒体相比有着截然不同的优势，具有信息传递、舆论监督、文化传承、联系社会、休闲娱乐、商务及信

息储存与检索等功能。例如，智能手机就是一台电脑，受众可以不受时空的限制，随时随地使用，这为非物质文化遗产传播提供了重要渠道与传播阵地，应当充分发挥社交网络媒体在非物质文化遗产传播方面的优势，为推进中华文化“走出去”战略服务。伴随着全球化的发展趋势，网络的开放性进一步加剧了多元文化思潮以及外来文化对社会主义文化的影响和冲击，在这种背景下，在加强对非物质文化遗产的对外传播、弘扬中华传统文化的主体地位方面，社交网络媒体有着不可忽视的重要作用。

与此同时，社交网络媒体拥有庞大的受众群体，是非物质文化遗产对外传播的一把利器，也是一把双刃剑，倘若使用不当，将会对非物质文化遗产对外传播进程产生极大的负面影响。如何充分发挥社交网络媒体的平台作用和阵地作用，使之更好地进行非物质文化遗产对外传播，提升中国文化软实力，这就需要不断加强对社交网络媒体的引导，加大非物质文化遗产对外宣传的主题网站、微博、微信、客户端的建设、管理、传播力度，不断提升全民媒介素养等，并通过制度建设来保障利用社交网络媒体传播中华文化的顺利进行，方能发挥社交网络媒体在非物质文化遗产对外传播中的主阵地作用。

（二）打造中国传统节日文化品牌的网络传播

让中华传统文化走向世界，向世人展现中华文化的独特魅力是增强我国文化软实力的重要基础。近年来，我国政府部门积极寻求宣传中国、传播中华文化的载体形式，如何利用当今大众喜好使用的社交网络媒介，创新中国传统文化的传播形态，是当下的重要课题。中国传统节日形式多样，内容丰富，凝聚着中华民族丰富的文化内涵与文化因子，承载着中国几千年来悠久、鲜明的民族传统文化特征，蕴含着中华民族深厚的人文情怀与文化情结。

2005 年 12 月 31 日，春节、清明节、端午节、七夕节、中秋节、重阳节等中国传统节日成功入围我国第一批国家非物质文化遗产名录，标志着对中国传统节日的保护传承提升到了国家战略的高度，为中国传统节日的保护与传承开创了新的路径。我国民俗学者萧放教授认为：“我们目前的传统节日假日化制度还有待完善与巩固，在2008年实行新的节假日办法以后，每年都有人出于各自动机，利用媒体炒作恢复‘五一’长假的问题，对传统节日假期提出异议。我们对此应该有明确的态度，应该坚定地实施传统节日假日化的制度，并且要更加完善。”①

现代信息技术的发展使人与人之间的通信方式发生了革命性的变化，这直接影响着民俗文化的变化。如中国的传统拜年习俗，是人们在喜迎新春佳节的时刻表达美好祝福的一种方式。过去拜年需要登门行礼，同时表达“过年好”“恭喜发财”等祝福，拉近了人与人之间的距离，使人与人之间的关系更加和谐。进入21世纪后，现代通信技术从时空上大大缩短了人们之间的距离，用贺卡、电话、短信、彩信、电子邮件、微博、微信等形式拜年日渐成为主流，这些信息化、数字化的拜年方式使远隔天涯的人们变得近在咫尺②。

（三）丰富拓展各种文化网络交流形式

随着社交网络的崛起，我国利用各种网络媒体开展了多种多样的网络对外传播交流活动，并显现出不断频繁和深入的趋势。如中国非物质文化遗产网络传播最大的门户网站——中国非物质文化遗产网（由中国文化部主管、中国艺术研究院主办），开设有关非物质文化遗产的新闻动态、法规文件、保护论坛、联合国名录、国家名录、传承人、申报指南、非遗记忆等栏目，通过图文并茂、动态更新的传播形式，为中国的非物质文化遗产网络传播、加强文化交流力度、输出中华文化提供了重要渠道。全国各省文化厅也通过微信、微博、（微）视频、客户端等形式开设有非物质文化遗产的专题网站，为学术理论界提供了丰富素材，充分展示了我国各个省份独特的非物质文化遗产。

近年来，各网络新闻媒体也纷纷通过网络开展有关非物质文化遗产的保护行动，如2015年4月15日，中国新闻时讯通讯社主办了以“弘扬祖国民族文化，展现可爱的中华，加强人类交流和理解，促进世界和

① 萧放：《传统节日假日化制度必须坚持》，《人民日报》2015年7月2日。

② 黄永林：《民俗文化发展理论与生态规律阐释及其实践运用》，《民俗研究》2015年第2期，第12—19页。

平与发展”为宗旨的“挖掘记录中国非物质文化遗产行动”公益活动，通过网络发布、网络征集、网络参与的形式，吸引了全国各地摄影师以及新闻工作者的广泛参与，收到全国摄影师以及新闻工作者拍摄的大量关于文化遗产、民俗文化的作品。这体现了中国新闻时讯通讯社强烈的文化担当与民族责任感，对于记录、传播和共享世界多元文化，记录、保护、发展、传播、传承中国乃至全人类非物质文化遗产，推进中国的文化建设和文化繁荣起到了积极作用，还培养了全民参与非遗保护的民族责任感。

（四）全面整合社交网络媒体的丰富资源

在信息时代，社交网络媒体以海量信息、开放互动、全球同步等特征形成了传统媒体无法比拟的传播优势，其信息的无限重复和多样化的交叉传播模式，不仅为人们获取信息提供了极大的便利，而且使得社交网络媒体的信息量日益剧增。在各种社交网络媒体纷纷涌现的今天，如何科学合理地整合网络媒体资源，使其成为非物质文化遗产传播的有力工具，是一个亟待解决的现实问题。

网络媒体具有多种形态，它可以采用“多对多”的信息传播模式，网络媒体不仅可以通过新闻网站传播信息，还可以通过社区论坛、QQ、博客、微博、微信以及其他信息传播平台进行信息传播和互动，多渠道的传播形式使传播速度加快、信息反馈及时便捷，极大地增强了信息的传播与互动。网络媒体要积极整合多渠道的传播形式，最大限度地综合利用这些技术资源，使它们发挥各自的优势，增强信息传播的实效性①。整合社交网络媒体资源不是对社交网络媒体资源进行简单堆砌与叠加，而是一种组织与创新过程，面对当今层出不穷的社交网络媒介，需要进一步优化配置，统筹利用，形成合力，产生更强的聚合效应，方能充分利用社交网络媒体资源传播非物质文化遗产，进一步增强社会对中华传统文化的认同。

（五）提升中华文化在网络价值观中的主体地位

随着智能手机和社交网络媒介的日益普及应用，网络价值观在虚拟

① 郑洁等：《网络媒体传播社会主义核心价值观研究》，北京：中国社会科学出版社2012年版，第158页。

的网络空间中凸显出多元化发展趋势。中国互联网信息中心（CNNIC）发布的第35次《中国互联网络发展状况统计报告》显示，截至2014年12月，我国网民年龄结构出现年长化趋势，40岁及以上年龄段的网民比例有所增加，19岁及以下青少年儿童网民的比例有所降低，其中20~29岁网民占比最高，达31.5%。但10~39岁人群仍然是我国网民的主要群体，即青少年网民仍然是我国网络使用的主力军，具有易冲动、经不住引诱等弱势心态，其人生观、价值观极易被网络空间所影响，尤其是在当今以美国为首的文化霸权主义风靡全球的国际背景下，稍有不慎，就会误入歧途。

“民族主体文化”是世界一体化、民族文化多元性的表征，但长期以来，中国汉族的民间文化艺术和55个少数民族文化遗产在世界文化格局中并没有得到凸显，并不在“民族主体文化”之中。正如我国民俗学者乌丙安认为：“这种少数民族的传统艺术门类得不到强有力的扶植，有的甚至濒临失传的绝境，其主要原因是一方面历史上大汉族主义遗留下来的人为同化政策和观念，在许多民族地区和文化领域还很有市场；另一方面少数民族地区的部分民族干部对文化遗产缺乏应有的关注和尊重。”[①] 因此，当前迫切需要扫清障碍和阻力，为保护与传承中国非物质文化遗产铺设平坦道路。

只有让中华传统文化牢牢植根于网民的价值立场，大力增强中国非物质文化遗产的对外传播，才能在当今以“三微一端”为代表的移动社交网络媒体时代，发出中华文化的最强音，不断增强中华文化的传播力与影响力。在信息技术继续革新的移动互联时代背景下，中国非物质文化遗产对外传播，是世界认识中国以及中华文化的一个重要载体，也是当今文化全球化背景下中华文化“走出去”战略的重要形式，更是中国大力开展文化外交、对外积极传播中华文化、不断增强国家文化软实力、全面树立国家形象的极好机遇。

通过社交网络媒体不断创新中国非物质文化遗产对外传播手段，将会激发世界各民族了解中国传统文化的热情；充分发挥当今社交媒体时

① 乌丙安：《我国非物质文化遗产保持面临的挑战》，《中国社会科学报》2006年7月6日。

代的传播优势，中国非物质文化遗产的保护与传承将会迎来新的“拐点”，移动互联网平台不仅为业内人士提供了一个互相交流与学习的平台，而且丰富了对外文化交流的内容和形式，拓宽了中华文化“走出去”的渠道；移动社交网络媒介传播加深了我国网民对非物质文化遗产的认识与了解，更是加速了中国非物质文化遗产走出国门、走向世界的步伐，为中华优秀民族文化的传承工作贡献了重要力量，实现了对外传播路径的多元化。

第五节　技术视角下非物质文化遗产的发展向度与创新表达

非物质文化遗产与广大民众生产生活密切相关，是个体记忆、群体记忆和民族记忆的锚点，是民族历史的积淀、民族文化的结晶和民族精神的象征。随着社会的发展和数字技术的进步，非遗与现代科技呈现融合的态势，为非遗的活化、传承与创新带来了全新的形式。技术不仅创造了新的物的世界，而且带来了新的社会现实和精神现实，并在空间场域、时间场域和社会场域中扩展①。因此，技术不再是一种手段，还决定着现代生活方式，成为超越身体基本装置的创造系统。2021 年 9 月 26 日，习近平总书记在向 2021 年互联网大会乌镇峰会所致贺信中指出，数字技术正以新理念、新业态、新模式全面融入人类经济、政治、文化、社会、生态文明建设各领域和全过程，给人类生产生活带来广泛而深刻的影响。数字技术和数字应用正在全面塑造着非物质文化遗产的社会发展环境，通过数字技术实现非遗知识的平等接触，解释文化记忆，以更好地理解非物质文化遗产。斯图亚特·霍尔把生产、表征、消费、认同和规则确定为文化过程，它们的相互作用促进了文化体的“文化循环”，生成社会意义，并推动日常生活实践。非物质文化遗产的文化循环在技

① ［德］赫尔曼·鲍辛格：《技术世界中的民间文化》，户晓辉译，桂林：广西师范大学出版社 2014 年版，第 79 页。

术的赋能下呈现了新的样态，其生产、表征、消费、认同和规则被嵌入技术和行动者网络相互形塑的过程中，进一步影响着非遗的保护传承、创新利用和意义阐释。

一、技术赋能非遗的生产：主体平等与内容共创

非遗的生产不仅是非遗产品工艺技术的生产，而且是非遗在文化层面上内容形态的生产。技术的赋能推动了非遗生产主体的平等化，让不同主体可以跨越时间和空间进行交流，共享非遗文化。同时，技术影响着非遗内容的共创性，推动非遗生产中的多级生产，从而激发非遗内容的多元形态和丰富表现力。

（一）非遗主体的平等化

现代遗产的概念发轫于19世纪西欧建筑学和考古学领域，遗产被定义为物质的、不可再生的和脆弱的，具有美感的物质性物品、场地、地点和景观。这种以欧洲为中心的遗产话语体系成为世界遗产保护利用的权威遗产话语，主导并规制着专业的遗产实践。权威遗产话语依赖于技术或美学专家对权力或知识的主张，专业知识被赋予首要地位，让有关过去的物质载体的专家价值观及其知识处于特权地位。20世纪后期，许多非西方的评论家开始挑战西方权威遗产话语模式的合法性。同时，在西方社会内部，按照共同的地域或共同的文化、族群、社会或政治经历形成的一些社群，也开始宣称他们的遗产观与传统的专家知识不同①。遗产的解释权逐步从知识分子的权威性声明向多主体共同协商的话语体系转变。2003年，联合国教科文组织通过的《保护非物质文化遗产公约》第十五条强调“缔约国在开展保护非物质文化遗产活动时，应努力确保创造、延续和传承这种遗产的社区、群体，有时是个人的最大限度的参与，并吸收他们积极地参与有关的管理”。2016年，联合国教科文组织制定的《保护非物质文化遗产的伦理原则》也强调，“社区、群体和或有关个人应在保护其自身非物质文化遗产中发挥首要作用；与创造、

① 劳拉简·史密斯、张煌：《遗产本质上都是非物质的：遗产批判研究和博物馆研究》，《文化遗产》2018年第3期，第62—71页。

保护、维持和传播非物质文化遗产的社区、群体和有关个人之间的所有互动，应以透明合作、对话、谈判和协商为特征”。公约和准则都明确承认各社区、群体以及个人在非物质文化遗产的生产、保护、延续和再创造方面的地位。

数字技术媒体特别是交互式在线和移动应用程序，在非遗的日常生产实践中发挥着越来越大的作用。它们共同塑造着不同主体对非遗的具体情感体验，并且通过数字化、可访问性和互动性确保不同主体跨时空的交流互动，进而实现非遗信息的共享和创造生产的平等。技术赋能下，非遗的生产已经成为社区、群体和个人参与的综合性、平等性的社会文化运动。具体而言，非遗的生产主体包括作为非遗知识承载者的实践者和大众实践者。在技术赋能非遗知识承载者方面，传统意义上的非遗生产依赖于传承人的口传心授和身体力行，传统的师徒制和血缘制的传承模式让非遗的生产主体仅局限于少数群体圈层。新的数字技术实现了“一对多”和“多对多”的传承发展模式，传承者和继承者以新的方式分享、传承和生产非遗。同时，将非遗的生产投射到数字领域，通过参与式非遗网站、非遗直播教学、非遗数据库等数字形态消除不同层次传承人和继承者之间学习交流的障碍，从而在共同利益基础上建立不同非遗知识承载者的话语平等。在技术赋能大众实践者方面，数字技术从根本上改变了非遗生产相关主体权力和权威的平衡，非遗大众实践者在非遗生产中由单向度的被动接受者转变为主动参与者。随着网站和社交媒体等数字平台的迭代更新，数字平台从信息的提供者转变为社会空间，在其中，大众实践者既可以与非遗内容和非遗传承者互动，还可以与其他用户互动。

（二）非遗内容的共创化

非遗不是静止的，而是不断适应时代的变化，是一种动态性的文化实践。非遗的内容形式在时代的变迁中不断更迭。联合国教科文组织《保护非物质文化遗产公约》把非遗分为口头传统和表述，表演艺术，社会实践、仪式、节庆活动，有关自然界和宇宙的知识和实践，传统的手工艺技能等形式。《中华人民共和国非物质文化遗产法》把非遗分为传统口头文学以及作为其载体的语言，传统美术、书法、音乐、舞蹈、戏剧、曲艺和杂技，传统技艺、医药和历法，传统礼仪、节庆等民俗，传统体育和游艺，其他非物质文化遗产。这些具体的非遗内容形式的生产是社区、群体、自然和文化环境中的再创造，是广大民众日常生产生活中智慧的结晶，在这一过程中，技术无论是作为手段或动力，还是平台或载体都深度参与了非遗内容的塑造。

信息技术的进步提高了人类获取文化信息的数量和个性化的机会①。在非遗内容的生产过程中，非遗主体间的平等性推动着非遗内容的共创化。大众实践者通过共同生产参与创作属于他们自己的非遗内容。在数字技术的影响下，非遗内容生产从承载特定知识的传承人的单一生产，扩展到特定实践者和大众实践者共同创造的多级生产。利用数字技术，大众实践者不仅是非遗的观察者，而且将自己和自身的经历视为非遗的一部分。在非遗的创造性的生产中，大众实践者通过共同创造的方式介入非遗和非遗衍生品的设计生产中，并借助网络视听等形式吸纳不同非遗内容群体，使其自发成为非遗和非遗衍生品的设计者和生产者，以此实现非遗的次级生产，并赋予非遗新的价值和意义。同时，新技术媒体被用于创建和分享关于非遗形态、社会和空间的多媒体叙事。数字技术使关于非遗内容的传统形态、文化历史，以及其他基于个人和集体记忆、回忆和互动的非遗形式的共同生产成为可能。尤其是大数据、人工智能、5G 、VR/AR/MR 等数字技术的不断升级，数字化空间让非遗内容勾连传统与现代、历史与现实，以非线性的方式被访问，并被协作编辑②。以民间舞蹈、传统戏剧、曲艺等传统表演类非遗项目的内容再创造和再生产为例，数字技术把其展演内容拓展为虚拟现实表演、遥感和分布式表演、在线表演以及融合投影、感应和互动技术的表演等不同的内容形态。在数字化的展演中，除了传承者的表演之外，创作过程中的所有参与者都被邀请进行创作表演，包括媒体、技术研究人员和大众实践者。

① R. Cucchiara, A. Del Bimbo, “Visons for Augmented Cultural Heritage Experience”, *IEEE Multi Media*, 2014, 21 (1).

② J. Affleck, T. Kvant, “A Virtual Community as the Context for Discursive Interpretation: A Role in Cultural Heritage Engagement”, *International Journal of Heritage Studies*, 2008, 14 (3).

数字化空间中不同主体的共同创造成为一种交流知识和非遗内容生产实践的新方式。

二、技术赋能非遗的表征：符号表象与意指阐释

非遗的表征，即非遗的文化表象与意指实践。技术推动非遗表征的建构，创新非遗表征的符号系统，通过对非遗符号的数字化的梳理、提取和转译，生成数字化非遗符号，并与不同业态融合，激发非遗的多形态展示。同时，技术优化非遗意指的阐释化，通过信码系统和非遗“母题”的挖掘，推动非遗在民众生活、社会发展中不断演变、凝聚、升华，成为群体特有的文化意象。

（一）非遗符号的表象化

20 世纪德国哲学家恩斯特·卡西尔在《人论》中，把人定义为“符号的动物”，符号化的思维和符号化的行为是人类生活中最富于代表性的特征，并且人类文化的全部发展都依赖于这些条件[①]。人类生活的典型特征，就在于能发明、运用各种符号，从而创造出一个“符号宇宙”，即人类文化的世界。因此，文化的本质是借助符号来表达与传达意义的人类行为[②]。作为符号活动的非物质文化遗产成为连接人与文化的中介物，并且以隐喻和转喻的方式表征着文化意义和价值。截至 2021 年 6 月，我国共公布了五批国家级非物质文化遗产代表性项目名录（共计有 1557 项国家级项目），涵盖民间文学、民俗、曲艺、传统音乐、传统戏剧、传统美术、传统舞蹈、传统技艺等多种文化艺术形式。丰富的非遗资源成为人们生产生活中的文化元素，其独特的技艺、知识、理念、形式等被转译抽象为文化符号，推动了非遗在民众生活中的价值重塑。

非遗符号承载着匠心技艺、意象表达、造物语言和美学精神，不同的非遗项目有着形态各异的表现形式，需要在把握其特点的基础上对具体非遗的图案、造型、色彩、知识等元素进行提取、梳理、概括和转译，

---

① ［德］恩斯特·卡西尔：《人论》，甘阳译，上海：上海译文出版社 2004 年版，第 38 页。

② 潘君瑶：《遗产的社会建构：话语、叙事与记忆》，《民族学刊》2021 年第 4 期，第 41—51 页。

获得代表非遗特征的元素符号，使之呈现视觉象征化和形象情感化①。在非遗符号表象化的过程中，数字技术激发着非遗符号的提炼和转译，以生成新的表达形式。一方面，数字技术推动非遗的传统表现形式符号的解构和重塑。非遗符号在保留传统文化特质的基础上不断创新表达形式，尤其是数字技术在数据挖掘和对计算机语言的智能化分析，非遗符号已经成为现代生活的重要元素，成为影视动漫、网络视听、创意设计、时尚艺术等文化形式的重要素材。另一方面，数字技术创造着新形态的非遗文化符号。数字工具使非遗的文化符号与不同文化形式融合，进一步促进新形态文化符号的发展。非遗与数字技术的结合衍生了三种类型的非遗符号载体：数字化的非遗形态、非遗元数据形态、原生数字非遗形态。数字化的非遗形态指传统非遗产品的数字化。非遗元数据形态指非遗信息的数字化，如对非遗产品材料、知识、过程的数据化的存储。原生数字非遗形态指独立于传统形态的非遗，是在数字空间对非遗元数据的再创造而生成的数字非遗。因此，数字技术可以激发传统形态非遗的再创造，进而在数字空间层面凝练、记录并保存一个群体或社区成员的实践、表征、表达、知识、案例、口头传统、技能，其中包括与之相关的工具、手段、人工制品和文化空间②。不同类型的数字非遗除了具有传统非遗的特征外，还具有自身独特的生命力、意义和社会价值。数字空间已经成为与现实空间相并列的空间形态，深度参与人类的生产生活。数字空间的数字非遗的真正价值在于一种不同类型的呈现，它不是要取代现实空间中的非遗形态，而是为非遗的体验增加额外的解释层③。通过虚拟的共同创造，创意符号的互动，数字非遗不仅可以激发非遗叙事中的额外价值，还可以从根本上解决传统方式无法开展的创意性非遗展示。

---

① 齐海涛：《符号学语意下非遗视觉元素创新衍生设计探析》，《包装工程》2020 年第 20 期，第 195—199 页。

② N. Erturk, "Preservation of Digitized Intangible Cultural Heritage in Museum Storage", *Milli Folklor*, 2020 (128).

③ L. King, J. F. Stark, P. Cooke, "Experiencing the Digital World: the Cultural Value of Digital Engagement with Heritage", *Heritage & Society*, 2016, 9 (1).

（二）非遗意指的阐释化

非遗作为符号表意系统，依托文学、舞蹈、戏剧、音乐、美术等符号文本的多样化叙事方式，来生产意义、再现意义和阐释意义，以传达人们对生命、自然、社会、历史等所有感知的价值判断与阐释①。非遗作为人类生活的组成部分，是嵌入不断变化的当代环境中的社会活动。它蕴含着民众对生命的热爱和幸福的追求，有着深刻的文化意义和内涵，并且不断地进行着社会意义的再生产。因此，非遗意指的阐释就是在相同的文化体系中建立一套连接所有种类的物、人、事的相同属性“信码系统”，实现非遗意指“编码”和“解码”间的共通。同时，在对非遗意指的表征和阐释中需要注重对根源性以及“母题”的挖掘，感知和理解非遗文化的深层寓意。

随着计算机技术等科技的进步，文化计算成为新兴的领域，它将计算机技术和科学方法应用于文化、艺术和社会科学，以表现、增强、扩展和改造创造性产品与过程。非物质文化遗产与文化计算的融合使得非遗元数据的获取、记录和运用在技术上得以实现。尤其是数字文化正在改变着非遗表征和意指的阐释化方式，智能化和多样化的数字手段一定程度上弥合了不同群体间的信息鸿沟，同时，助推非遗基因库和素材库的构建。具体而言，一方面，文化计算在参与非遗意指的阐释化过程中有助于构建共通的“信码系统”。非遗特定知识承载者的编码和大众实践者的解码间存在着沟通交流的成本，大众实践者在对非遗意指的具体指向的解读中需要借助于技术工具。文化计算中的智能算法可以对特定知识承载者所传达的意指倾向和大众实践者的体验意愿进行专业化处理和加工，使其以文字、图像、声音、视频等文化内容在大众实践者间无障碍流通，实现“信码系统”的智能化、高匹配性的阐释。另一方面，文化计算有助于对非遗母题的深度挖掘。非遗有着深厚的历史文化底蕴，蕴含着一个民族的精神文化、知识表达、传统信仰、遗传密码。在非遗意指的阐释化过程中有必要构建非遗的大数据体系，以实现对非遗母题

① 胡惠林、王媛：《非物质文化遗产保护：从“生产性保护”转向“生活性保护”》，《艺术百家》2013 年第 4 期，第 19—25 页。

和非遗基因的挖掘。文化计算适用于不同形式的非遗，以时间、空间、基因相似度作为坐标轴，构建非遗的时空演化三维空间，并以基因相似度为主要标准①，通过采集、梳理、标注、存储，探索和挖掘非遗母题和基因，建立非遗标本库、基因库和素材库，以更好的形式对非遗意指进行阐释。

三、技术赋能非遗的消费：体验一体与资本平权

消费本身就是一种“创造性的象征行为”②。非遗的意义离不开非遗的消费，非遗的消费正在被数字革命彻底改变。它突破了非遗消费体验的时间和空间的限制，创造了数字化参与体验的新模式。同时，数字技术降低了非遗消费体验的文化资本和审美门槛，实现了非遗消费体验的平权。

（一）非遗体验的一体化

非遗的消费体验是一个主动而非被动的过程。非遗的生产和表征需要建立在非遗体验者的个性化的需求之上，并吸引和刺激一系列感官层面和情感层面的体验。传统形态下，非遗的消费体验具有较强的时空约束性，时间场域的不可逆性往往将非遗的消费体验定格于具体的时间节点，由此导致非遗项目的生产和消费同步，过程的结束也意味着体验的结束。空间场域的物理性则把非遗体验局限于实体空间，大众实践者的非遗体验受到地域和空间的限制。新的数字技术在一定程度上推动了非遗体验的时空一体化，让传统非遗时空转变为混合时空，数字信息与物质样态共存，增加了非遗资源的可及性和体验性。

数字技术突破真实时空和数字时空的二元对立，创造了一种新的数字化参与体验模式，促进了时间场域的非遗体验由不可逆性转向延展性，空间场域的非遗体验由物质性转向虚拟性的多形态融合。具体而言，在

---

① 赵海英、贾耕云、潘志庚：《文化计算方法与应用综述》，《计算机系统应用》2016 年第 6 期，第 1—8 页。

② ［英］约翰·斯道雷：《文化理论与大众文化导论》，常江译，北京：北京大学出版社 2019 年版，第 291 页。

时间场域的非遗体验方面，数字技术延展了非遗体验的时间性。智能化时代，非遗的体验从时间点扩展到时间线，从“此时此刻”扩展到“随时随刻”的消费体验。数字技术贯穿非遗体验的全流程，在预体验阶段，非遗体验者可以借助虚拟现实应用，提前了解非遗项目的背景知识，从而提高体验的意愿。在体验过程中，可以使用增强现实应用程序，通过叠加的信息来增强体验。在体验之后依托于非遗项目的元数据创建自己的虚拟收藏，进一步了解与非遗相关的故事，创造丰富、愉快和难忘的体验。在空间场域的非遗体验方面，SG 技术提供的低时延高通量通信能力，极大拓展了数字文化内容传播的容量，为非物质文化遗产创造了新型的聚集地——数字空间。非遗体验者从非遗的实体空间的现场转移到非遗的网络信息空间。数字空间的潜力在于为非遗找到利用所有社区公众知识、观点和经验的方法，并使用数字技术来设计新的非遗“现场”，通过网络平台共享，可以快速而方便地访问，成为社区成员可以平等参与的舞台。此外，通过开放非遗内容供任何人消费、使用和重新解释，可以生成一种新的参与深度和新的文化价值。尤其是非遗将增强、虚拟和混合现实技术用于教育、展览增强、探索、复原和虚拟博物馆等方面。这些技术能够实现以公众为中心的展示，并使非遗能够以数字的方式获取，特别是在实际访问受到限制的情况下，可以让人们克服身体上的限制，为公众提供接触非遗艺术和文化的机会。

（二）非遗资本的平权化

非遗作为文化消费的焦点和商品化的对象，在技术赋能下会随着再利用而具有新的意义。非遗消费深刻地嵌入社会关系中，涉及记忆、生活以及个人、群体和社会叙事，并在连接消费体验与一系列经历过和想象中的世界方面起着关键作用。非遗实践者所使用的自我叙事被赋予实质内容，并在理解过去的过程中，在身体、情感和想象力上映射着他们的消费[①]，其中，文化资本是影响非遗叙事的重要因素。文化资本是指一个人用以理解和欣赏特定文化产品的知识和认知能力。布迪厄将文化

---

① G. Bagrall, “Performance and Performativity at Heritage Sites”, *Museum and Society*, 2003, 1 (2): 87-103.

资本分为三种不同要素：具体的状态、客观化的状态、体制化的状态[①]。具体的状态，即这种资本是随着时间的推移而被动获得的，例如由于家庭教养而获得的；客体化的状态涉及对物品的获得，也涉及对物品的知识，例如购买一幅昂贵画作的知识和能力；制度化的状态，即对成就给予某种形式的制度认可，通常与教育成功密切相连。因此，在布迪厄看来，获得这些关键方面的知识能够使个人有能力采取行动以进入特定的领域，并通过文化产品和知识来再现社会地位。

非遗的消费与文化资本密切相关，群体和个人通过某些消费偏好和生活方式来建构他们的身份，这些消费偏好和生活方式标志着他们的品位和社会地位。现代化的非遗消费成为一种新型消费实践，体验者根据个人的文化素养和实践读取非物质文化遗产中所蕴含或表征的意义和信息，以此提升自己的品位和社会地位，增强个人文化资本的再生产。数字技术革命前，非遗的消费体验以视觉、听觉和文字为主，部分非遗项目的接受、欣赏和创作需要有较高的教育水平、欣赏品味和财富能力。数字技术开启了图像和视频时代，极大拓展了人们广泛参与非遗创作和消费的规模，一定程度上突破了文化资本的束缚，推动了非遗消费体验的平权化。一方面，技术的创新带来了非遗欣赏能力的平权，非遗体验在于对非物质文化遗产的文化意义和文化内涵的感知，文化资本的壁垒让部分非遗成为少数精英阶层或者有闲阶层的专享。信息技术的创新一定程度上消弭了这种障碍，通过利用数字媒体的互动性、个性化的特点，可以有效降低大众欣赏和体验非遗的门槛。任何人——无论知识水平和阅读能力的高低——都可以借助于图像和视频等形态参与非遗的体验，满足其多层次、多样化的文化需求。另一方面，技术的创新带来了非遗信息获取的平权，以往非遗的生产者和消费者之间信息传递渠道有限，许多非遗项目“养在深闺人未识”，现在网络媒介突破了时间和空间的约束，智能分发和匹配技术使消费者能够在网络空间非遗产品中随意选择感兴趣的非遗内容。

① ［法］皮埃尔·布尔迪厄：《文化资本与社会炼金术：布尔迪厄访谈录》，包亚明译，上海：上海人民出版社 1997 年版，第 194—201 页。

四、技术赋能非遗的认同：记忆延续与双重认同

在霍尔的文化循环体系中，认同是一种对意义的肯定和欣赏。非遗的认同是对非遗作为身份形成的文化社会过程的确信。技术在非遗的认同过程中塑造着非遗的象征意义体系，激发群体关联，延续非遗记忆。同时，技术助推了地方共同遗产感和认同感的塑造以及非遗地方知识的外部化，最终实现区域认同和民族认同。

（一）非遗记忆的延续化

文化记忆依赖于具体的实践和媒介，不同的个人和文化通过语言、图像和重复的仪式等进行交际，从而互动地建立他们的记忆①。非遗作为文化实践的媒介，是文化记忆的重要存储器，并在回忆、认同和文化延续上发挥着重要作用。非遗记忆的延续是非遗作为功能性记忆（有人栖息的记忆）的一部分，通过与一个载体相联系，这个载体可以是一个团体、一个机构或是一个人，在过去、现在和未来之间建起桥梁，以传播构造身份认同和行为规范所需的价值②。

数字技术作为媒介支撑对非遗记忆的延续起到基本的扶持作用。数字技术的变迁史也是非遗书写的变迁史。随着时代的发展，非遗记忆的技术媒介从口头、文字和传统材料扩展到电子网络和科技材料，从依托于传统口头、纸质档案的记录向电子化、动态化的记录系统过渡。新的数字技术媒介创新着非遗记忆的延续。首先，数字技术媒介优化了非遗记忆的时空关联。非遗记忆的延续需要特定的空间将其物质化和现时化。具体而言，非遗记忆根植于被唤醒的空间，媒介技术参与到非遗符号所构建的“象征意义体系”，从而塑造共同的价值、经验、期待和行为的空间，进而群体与空间在象征意义的层面上构成一个有机共同体，即便

① ［德］阿莱达·阿斯曼：《回忆空间：文化记忆的形式和变迁》，潘璐译，北京：北京大学出版社 2019 年版，第 11 页。

② ［德］阿莱达·阿斯曼：《回忆空间：文化记忆的形式和变迁》，潘璐译，北京：北京大学出版社 2019 年版，第 146 页。

此群体脱离了它原有的空间，也会在其象征意义上重构这个共同体①。同时，非遗记忆根植于被经历的时间。非遗记忆的延续需要非遗仪式的周期节奏性，需要在不同空间中展演。媒介技术成为重要的储存、激活和传达意义的工具，在推动非遗仪式重复性的同时促使保存在意识中的意义再现。其次，数字技术媒介优化了非遗记忆的群体关联。非遗记忆的延续需要群体的认同，生成“凝聚性结构”，把铭刻于心的经验和回忆以一定形式固定下来并且使其保持现实意义②。在网络文化场域中，群体因对非遗感兴趣而集结成趣缘群体，他们主动关注、学习、分享、共创非遗相关知识，建构非遗的时空拟象和象征意义，超越非遗群体的边界，积极与相同群体互动，共享非遗记忆和认同。最后，数字技术媒介促进了非遗记忆延续的重构。任何非遗记忆都不能被完全保留，非遗的场景和历史需要“当下”框架的重塑。数字技术塑造着非遗记忆和“当下”社会。随着时代的进步，非遗及非遗记忆在社会的发展进程中可能会脱离可利用的循环，经历去功能化现象，而数字技术对其文化符号的重组和文化意指的再阐释，会生产新的文化意义，重新获得承载意义符号的新状态。

（二）非遗认同的双重化

认同是指社会共同体成员对一定知识、情感和信仰的共有和分享。非遗的认同是社会建构的产物，有着共同的象征意义和符号系统，是维系区域、民族和社会共同体的重要力量。非遗认同蕴含着集体的过去，集体构建了一种自我形象，其成员与这个形象进行身份和文化意义上的匹配③。因此，非遗的认同离不开个人、集体与周边环境的互动和再生产，它建立在集体共同的知识系统和共同记忆之上，是基于长期生产生

---

① ［德］扬·阿斯曼：《文化记忆：早期高级文化中的文字、回忆和政治身份》，金寿福、黄晓晨译，北京：北京大学出版社 2019 年版，第 31—32 页。

② ［德］扬·阿斯曼：《文化记忆：早期高级文化中的文字、回忆和政治身份》，金寿福、黄晓晨译，北京：北京大学出版社 2019 年版，第 6 页。

③ ［德］扬·阿斯曼：《文化记忆：早期高级文化中的文字、回忆和政治身份》，金寿福、黄晓晨译，北京：北京大学出版社 2019 年版，第 133 页。

活经验而形成的对地域、民族和国家的认同和归属。

数字技术在赋能非遗认同的双重化上既体现在对地方知识的尊重和保护，又推动着地方知识外部化上的拓展。具体而言，一方面，数字技术推动非遗的区域认同。地方可以被定义为一个具体的实体，同时也是无形的，具有基于地理、历史、文化、建筑、经济和社会一致性的多维特征，这些维度的互动决定了区分不同地方的独特性①。非遗与地方是相互建构的，非遗通常被认为是一个地方或社区的文化遗产的一部分，是地方社群的生活经验、历史传统、集体记忆以及社会实践。非遗包含着通过时间以及过去和现在的使用所累积的地方意义、地方知识和地方情境，既可以从物质上也可以从精神上感知。数字技术通过非遗数字博物馆、非遗大数据库助力地方社区、群体和个人欣赏体验本地非遗的前世今生，获得地方知识和地方智慧，培养共同的遗产感。共同的遗产感通常是通过与特定地方的关系表达的，通过构建故事或被描述为地方知识，将特定身份固定在地方。它是社区、群体和个人实现区域认同的根基和个人或群体发展自我认同感的重要源泉，如果没有共同的文化遗产感，就会导致一种“文化无家可归”的感觉②。数字技术在构建文化家园方面发挥着重要作用。借助数字技术对地方社区群体的情感抚慰，创造一个具有共同意义和价值的地方性情境，从而生成一个共通的认知参考框架，以便在共同的行动以及文化成员身份相一致的传统中进行社会互动。另一方面，数字技术推动非遗的民族认同。数字时代的传播促进了非遗知识的外部化，使其可以跨越国家、民族、语言和地域的边界，彻底打破其作为特定地域、特定人群的文化遗产，通过数字化、智能化、网络化的方式，让非遗的地方知识与更多的人相联系，在全球形成共享认同的文化网络。非遗成为超越地方社会的意义统一体，受制于外部价值和道德的约束和规范，新的意义和行为结构与本土发生协商和嵌入，

---

① M. Vecco, “Genius Loci as a Meta-Concept”, *Journal of Cultural Heritage*, 2020, 41 (1): 225-231.

② V. Navarrete, S. R. Jenkins, “Cultural Homelessness, Multiminority Status, Ethnic Identity Development, and Self Esteem”, *International Journal of Intercultural Relations*, 2011, 35 (6): 791-804.

推动着文化建构、地方形塑和民族认同，进而强化本土社群的归属感和认同感，塑造自身的边界，稳固民族的认同情感。

五、技术赋能非遗的规则：活动日常与实践治理

在霍尔的文化循环理论中规则主要强调文化制品对社会的影响，规则不是一成不变的，会根据发展的需要作出自己的回应进行着改变，从而形成新的规则①。新技术的引入导致非遗的规则变化，激发群体日常生活的自觉，推动非遗项目活动的日常化。同时，现代技术语境下的非遗叙事会拓展非遗实践的公共性治理效能和公共文化治理空间，最终形成社会治理的新规则。

（一）非遗活动的日常化

文化权利是个体与他人以及群体共同发展和表达其人性、世界观，以及通过价值观、信仰、信念、语言、知识和艺术、想象和生活方式赋予其生存与发展意义的权利。非遗项目活动的日常化是当代大众重要的文化权利，参与非遗活动可以满足人们精神文化消费的需求和对美好生活的期待。非遗是以人为主体，以人的观念、人的知识、人的技能、人的行为作为其表现形态。日本学者菅丰指出，非遗的价值就在于其与人类发生关系，在关系互动中为人类创造幸福②。非遗项目活动的日常化，不仅要从回归传统的角度对其进行活化和传承，更要积极主动地适应现代语境的演化而面向未来③。因此，非遗的发展不是要以脱离生活的非常态化的实物、资料和表演形式进行保存，而是要常态化地、积极地融入人们的生活，赋予非遗新的形式、新的意义、新的语境和新的场景，与社会共同发展。

数字时代信息技术影响着社会生活空间的变迁，人口的流动以及生

---

① 栾开印：《对斯图亚特·霍尔“文化循环”理论体系的解读》，《艺术百家》2017 年第 S1 期，第 6—10 页。

② 菅丰、陈志勤：《何谓非物质文化遗产的价值》，《文化遗产》2009 年第 2 期，第 106—110 页。

③ 韩若冰：《非物质文化遗产的活化、传承与创新：以“情动机制”为视角》，《民俗研究》2019 年第 6 期，第 56—66 页。

产模式、消费环境、生计模式的变化，新的共同体不断凝聚，社会形态多样混杂。在此背景下，非遗的跨媒介再现和跨语境传播的趋势日益普遍，以互联网、数字技术和移动通信为基础的现代信息技术，以及智能装备、人工智能、云计算、体感交互等新兴技术在日常生活中的实际运用，为非遗项目活动的日常化带来了新机遇。一方面，现代信息技术推动传统表演艺术类非遗项目活动日常化。传统表演艺术类非遗项目是民众表达生活理想、宣泄情感、建构共同体的重要方式，在传统戏剧、舞蹈、音乐、仪式等活动中，民众形成了集体记忆、共同的价值观念和文化心理①。然而部分传统表演艺术类非遗项目在当代遭受着与日常生产生活脱节的窘境，传统表演艺术形式生产消费同步以及不可储存性导致了低效率的服务模式，无法满足时代发展的需求。媒介技术可以提升表演艺术类非遗活动的服务效率，使其向民众日常生活普及。通过影视动漫、云演出、云直播等不同的数字化媒介形式，可以极大提高服务效率，使其拥有存储和跨媒介叙事的能力，并生成更加多元的表演形态。另一方面，现代信息技术推动传统工艺技能类非遗项目活动的日常化。传统工艺技能类非遗项目是传统社会民众手工技艺的产物，是生产生活的必要工具。在当代，传统工艺技能类非遗项目面临着传统与现代关系的冲突，特定工具属性的功能失去活力。现代科技可以融合传统与现代的关系，依托传统手工生产与现代机器生产方式的有机结合，不断更新传统工艺技能类非遗项目的形态和品类，如高级定制非遗作品、小批量制作的非遗产品、大批量制作的非遗产品以及非遗衍生品或文创产品②。传统工艺技能类非遗项目借助科技手段实现创造性的转化，逐步与时代的发展同步，并逐渐融入人们的日常生活。

---

① 萧放、王辉：《非物质文化遗产融入当代生活的路径研究》，《广西民族大学学报（哲学社会科学版）》2021 年第 1 期，第 70—77 页。

② 章莉莉、刁秋宇：《非物质文化遗产活态传承的生态建设》，《民族艺术研究》2021 年第 3 期，第 124—129 页。

（二）非遗实践的治理化

治理意指行为实施，即一组被反思、计算过的用以形塑、引导或影响个体、他人行为的活动，涵盖知识形式、权力策略和主体形成样态的互动①。非遗蕴含着一个民族和国家的传统神韵、精神内涵、核心价值，影响着民众文化记忆的延续和文化认同的构建。同时，非遗作为活态文化，在社区、群体和个人的生产生活中起着潜移默化的作用。因此，非遗及非遗实践本身也可以作为文化治理资源，成为国家文化建设和文化治理的重要策略，通过非遗保护实践，文化记忆和民族认同得以融入日常生活，规范着民众的行为实践。

数字时代技术赋能非遗实践的治理过程，在于利用智能化工具保障传统非遗文化内涵和意指象征得以保护和延续，将新的科技，尤其是移动互联网技术、智能技术、云计算技术等有机融入非遗的生产、消费、表征和认同，创新和丰富非遗的呈现方式和治理形式。具体而言，一方面，数字技术拓展非遗实践的公共性，激发其作为公共服务和准公共服务的治理效能。非遗的公共性主要体现在非遗作为公共文化财产，由民众创造、享有、保护和传承。数字技术推动着非遗公共性实践的高效运作，并渗透、弥漫了整个社会肌体。非遗的形式和非遗的技术实践既有文本维度，又有机构维度。从文本维度来看，文化作为一种资源，用以规范社会行为，它赋予个体自我监督和自我规范的能力。非遗作为文化的重要组成部分，其治理效能不仅体现在思想意识上，还体现在借助于数字技术为群体的行为编码，规约其身体行为。从机构维度来看，机构是由人类创造、用来发挥基础社会功效的大规模实体，它能够形成广泛的社会关系和深刻的社会作用②。非遗的机构实体是作出和实施决策的专门性社会组织。它不但是权力—知识的物质载体，而且是权力—知识

① 徐小霞：《从批判走向治理：托尼·贝内特研究》，北京：中国社会科学出版社 2015 年版，第 132 页。

② ［美］劳伦斯·格罗斯伯格等：《媒介建构：流行文化中的大众媒介》，祁林译，南京：南京大学出版社 2014 年版，第 13 页。

的一部分，包含着文化表征、意指实践等意识形态权力，以及机构实体所凝结的权力关系和实践。数字技术能够提升机构的公共治理效率，共同行使着特定的治理策略功能①。另一方面，数字技术在推动非遗实践的治理化中，作为治理工具拓展了社会文化治理空间。新的数字技术以其强大的技术支撑以及跨语境和跨时空的优越性，形成非遗集聚的实体空间和网络空间。由于数字技术所塑造的双重空间中的各种非遗知识重新调配关系，协商和转译相关的利益，促使群体和个人在身体践行和思想情感诸方面进行自我管理、自我形塑和自我进步，让其行为、身体、思想等符合现代社会标准，进而维系和再生产社会关系②。非遗实践空间不断地向公共治理空间拓展，形成全体社会成员所认同、参与和共享的文化空间，进而达到社会治理的目的和需求。

① 徐小霞：《从批判走向治理：托尼·贝内特研究》，北京：中国社会科学出版社 2015 年版，第 197 页。

② 徐小霞：《从批判走向治理：托尼·贝内特研究》，北京：中国社会科学出版社 2015 年版，第 3 页。

中编

数字经济发展

ZHONGBIAN

SHUZI JINGJI FAZHAN

第六章　数字文化产业发展的多维关系*

近年来，数字技术创新成为驱动经济社会发展的强劲动力，全球经济发展越来越从数字经济中汲取发展新动能，把发展数字经济作为推动经济增长的重要途径。数字文化产业作为数字经济的重要组成部分，已成为引领新供给、促进新消费、加快产业转型和经济高质量发展的新动能，代表了文化产业的主流方向。2017 年 4 月文化部发布的《关于推动数字文化产业创新发展的指导意见》指出："数字文化产业以文化创意内容为核心，依托数字技术进行创作、生产、传播和服务，呈现技术更迭快、生产数字化、传播网络化、消费个性化等特点，有利于培育新供给、促进新消费。"[①]数字文化产业的最大特征就是现代技术对文化产业的深刻影响，不仅表现在生产手段和方式的先进性上，而且表现在文化内容产业化的深度、文化主体大众化的广度、文化发展加速化的速度、文化组织平台化的力度、文化价值多元化的效度，以及文化融合化的宽度等方面。本章以数字文化产业多维关系及其时代特征为研究对象，探讨数字文化产业快速发展的内在原因和外在动力，以期能为政府有针对性地制定数字文化产业发展规划和政策提供理论借鉴，对推动数字文化产业高质量发展提供实践帮助。

---

* 本章原题《数字文化产业发展的多维关系与时代特征》，原载《人民论坛·学术前沿》2020 年第 17 期。

① 文化部：《关于推动数字文化产业创新发展的指导意见》，2017 年 4 月 11 日，http：//www.gov. cn/gongbao/content/2017/content_ 5230291. htm。

第一节 内容创意与技术创新的关系

发展文化产业，内容为王，内容创意是发展的灵魂；技术为体，技术创新是发展的引擎。在大众对于高品质文化产品需求日益旺盛的情况下，文化内容创意实质上成为数字文化产业发展的关键。

一、内容创意赋予数字文化产业发展灵魂

文化产品具有经济和社会双重价值，文化品位的高低成为文化产业社会价值大小的根本。每个时代的文化产业都会将那个时代新技术成果和新文化内容结合来进行创作和生产，从而产生具有时代特征和丰富内涵的文化产品。在数字文化产业时代，大众文化消费的主体对象不是技术，而是通过技术所表现的文化内容，内容消费是促进数字文化产业不断发展的关键。文化不仅为数字产品增加了内涵，而且赋予了灵魂，它影响着人们的精神世界和思想能力。正如有学者指出，数字文化产业发展的价值理念和文化导向将直接关乎国家文化安全，在文化回归本性、文化和社会愈发互文的当下，文化价值观的传播问题凸显，如何形成正确的国家观、民族观、历史观和审美观至关重要①。

二、内容创意驱动文化产品消费不断增长

“文化+”是数字文化产业快速发展的内驱力，丰富的文化创意内容具备较高的直接消费价值，内容消费是驱动文化产业持续增长的重要引擎。无论是网络文学、网络影视，还是网络娱乐项目，几乎所有的网络应用软件和平台都极为重视内容创意，使之尽可能地契合用户的需要，内容创意和应用已经成为文化消费最大的增长点。例如，在线音频平台的发展壮大以及知识付费行业的兴起生动体现出“内容为王”的价值理念。一项调查显示，2018 年月收入 5000 元以上的在线音频用户超五成，

① 范玉刚：《新时代数字文化产业的发展趋势、问题与未来瞩望》，《中原文化研究》2019 年第 1 期，第 69—76 页。

月收入 1 万元以上的用户达到 22.0%，音频用户群体呈现出高收入、消费力强、对特定领域知识需求强烈等特点。这说明，只要内容质量上乘，在线音频和知识付费就能建立起良好的受众基础①。在新的历史时期，文化产业高质量发展需要以优质的内容来满足广大人民群众的多样化的精神需求，内容创意在文化消费升级的大背景下，将有着更为广阔的发展前景。

三、内容消费促进文化生产技术不断创新

文化内容创意化，文化消费体验化，技术创新常态化，让技术真正能为文化产业赋能，这是文化与科技融合促进文化产业发展的实质。一方面，内容需要积累，技术需要孵化，文化消费更需要新技术与新内容进行重叠，形成全新的消费方式。如电子游戏、移动式景观、虚拟世界和增强现实等技术的产生，极大推动了文化产业全新个性化体验形式的出现。另一方面，广大人民群众对美好精神生活需要的不断增长主要体现在对文化内容的需求方面。文化产业消费者不断增长的高质量审美消费需求，对新技术在文化产业中的运用提出了更高的要求，从而促进了新兴数字技术的创新及应用，驱动着技术设备和终端的创新和发展。比如传统的通信网络企业正在向媒体企业发展，中国网络通信服务商的收入主要是靠宽带服务，而网络游戏和视频等海量内容对宽带网络的需求，促进了网络应用和移动技术升级。

四、日常生活成为数字文化产业的重要内容

文化产业是直接面向大众市场的产业，拥有深厚的大众基础，数字文化产业更是与民众生活越来越密切，契合了消费大众的代际转换、消费方式的变化和差异化的诉求，直接为民众提供多样化的具有日常生活意义的文化产品和服务。近年来，在互联网信息技术快速迭代升级和大数据、人工智能技术迅猛发展的推动下，在人民群众对精神文化产品的需求日益旺盛、消费质量越来越高的拉动下，文化消费的多样化、个性

① 黄福特：《“内容为王”永不过时》，《人民日报》2019 年 12 月 26 日。

化、生活化、日常化需求为数字文化产业发展提供了更多市场机遇。当前，数字文化产业作为新的文化业态，之所以能够引领大众文化消费的主潮，主要是源于其技术的先进性与内容的日常化的相互契合。数字文化产业迅速发展，在尽显其生产数字化、传播网络化、服务智能化等技术特征的同时，在内容上越来越呈现出日常化、生活化的时代特征。

第二节　生产主体与消费主体的关系

目前，数字文化产业消费在深刻影响整个文化的发展生态、改变文化形态的同时，也改变了文化生产主体与消费主体的关系，形成了生产主体与消费主体一体化、大众化的格局。

一、数字技术使文化生产主体大众化

在移动互联网时代，文化走进千家万户，任何人在任何时间、任何地点，都能够接触或消费人类文化成果。在数字化时代，伴随智能化、交互化发展，文化生产端和消费端都出现了非线性链接，尤其是在自媒体较为发达的背景下，文化产业内容生产者的门槛大大降低，极大地激发了大众的文化表达意愿和创造活力，文化消费人群不再仅仅是接受者，同时也是创作者。大众主动参与数字文化的生产和传播，使文化生产主体得到最大限度的扩大。由此，人类历史上第一次出现了文化内容的创造者从小规模专业作者向大规模业余作者迁移的局面，文化成为人人参与创造和消费的社会存在物，这种生产主体和消费主体大众化、一体化的格局，使后现代“人人都是艺术家”的愿景成为现实①。

二、数字技术使文化消费主体个性化

个性化需求是人的天性所致，但是传统文化的生产和传播方式无法满足这种个性化的文化消费需求。科技与文化在相互促进、交融的过程中，对文化产品的生产和消费方式产生了深刻影响，数字文化产业呈现

① 范玉刚：《数字文化产业发展更要有文化》，《中国文化报》2019年8月14日。

出生产数字化、传播网络化、消费个性化等特点，催生出一系列文化产业新业态、新产品、新商业模式，比如网络动漫游戏、网络文学、网络音乐、网络电视和电影等网络文化产业的迅速发展，使文化产品与服务极大丰富，成为满足大众多元化和个性化文化消费的主要产品，使个性化需求的满足成为现实，进而培育起新的多元化文化消费群体。

三、数字技术使文化产品服务精准化

文化产品个性化需求突出表现在不同个体对文化产品与服务的体验感、参与感具有不同的需求，通过对不同个体的个性化需求的满足，实现个体的存在感。然而对个性化文化消费的满足是基于对个性化需求的准确把握。过去，文化产业发展由于缺少科学的分析数据和决策辅助工具，无法对大众需求做准确判断，因此文化产业的产品生产和服务的提供只是粗放型的，一般来说，消费者只能是市场提供什么就消费什么，而不是消费者需要什么，市场主动提供什么，文化生产处于盲目状态，大众消费处于被动状态。大数据、云计算和人工智能等数字技术的运用，促进了文化产业的精准化预测、精细化管理和集约化发展，特别是通过大数据对受众精准分析、对内容精准定位，使文化产业领域出现了“消费即生产”的态势，为满足大众个性化需求，文化产品与服务根据消费者的独特需求量身定制、量体裁衣，引发了“个体创造”时代的到来。

四、数字技术使文化两大主体一体化

随着互联网 2.0 的兴起，诞生了一种新的“大众生产内容”（UGC，user-generated content，用户原创生产内容）模式，和传统的“专业生产内容”（PGC，professionally-produced content）模式相比，内容的生产者由少数专业人士扩大到普罗大众，消费者从一个被动的接受者转变为主动的感受者、体验者，甚至是参与文化生产的创造者，大众在参与文化创造的过程中获得审美快乐和体验乐趣。这种“大众生产内容”模式使文化产业的生产者和消费者一体化趋势大大加强，从而大大丰富了人与价值内容的关联、人与人的关联、人与商业的关联。

第三节　技术运用与产业发展的关系

在现代技术进入民众日常文化生活领域并成为主导的时代，文化意义的创造，同时就有可能是它的技术表达方式的创造。文化产业的数字化，离不开数字技术的强力支撑，新兴技术创新与文化内容创意的融合成为文化产业发展的重要增长极，将有力推动文化产业高质量、快速发展。

一、数字技术丰富文化产业表现手段

随着现代数字技术的发展，文化的生产与服务对技术的依赖性越来越强。大数据、物联网、云计算、3D 打印、全息成像、智能可穿戴、高端软件与集成设计等新兴技术与数字创意领域的重要装备、工艺、系统、技术平台融合，实现文化生产要素优化组合，使文化创作形式和意义表达的手段更加丰富，能够更加生动具体地表达文化创意的形象和内涵。比如，代表当今影视科技先锋的 3D、4D 技术大大增强了人们对于影视产品的体验感，从而深刻影响了电影电视的美学意义，为影视业的发展提供了更为广阔的想象空间。数字技术、网络技术、多媒体技术等多种技术使得文化内容的创造在现代技术形态中获得更完美的实现①。

二、数字技术促进传统文化产业转型

对传统文化产业来说，以“互联网+”为代表的数字技术的广泛应用，催生了文化产业新场景、新力量和新机遇，为传统文化产业内容的创造、生产、集成、传播、消费等各个环节打开了新的想象空间。比如，将传统会展产业与网络新媒体技术相结合的网上会展业，不仅可以解决传统展会在时间、空间和费用上的限制，同时也表现出越来越强的发展独立性和自主性，目前已日益成为会展行业的主流模式。随着传统文化产业数字化、网络化、智能化转型步伐的加快，传统文化产业将跳出原

---

① 黄新焕、张宝英：《全球数字产业发展趋势和重点领域》，《经济研究参考》2018 年第 51 期，第 53—61 页。

有发展空间与模式的束缚，不断拓展产业边界，突破固有的发展渠道，大幅提高产业的上升空间，跃升为现代文化产业，显示出前所未有的创新活力与发展潜力，为经济发展增添新动能。

三、数字技术催生新兴文化产业业态

数字文化产业是利用现代高科技发展出的创新型文化产业。移动通信、大容量数据库、互联网信息服务、仿真技术、计算机图形技术、三维建模技术、数据压缩技术、数据传输技术等现代技术的发展与应用，催生了一批新型的高技术、集约化的现代文化产业形态。除了微博、微信等新兴媒体，还有创意设计、动漫网游、电子商务、网络视频、数字音乐、网络游戏、网络教育等新平台。这些新型数字文化产业以其交互性、虚拟性、个性化，以及低消耗、高效率、高附加值等诸多特点和优势，受到广大消费者的青睐，已成为文化产业发展的新增长点。2018 年我国互联网业务收入保持较高增速，规模以上互联网和相关服务企业完成业务收入 9562 亿元，同比增长 20.3%。“互联网+”数字技术释放出巨大的产业创新活力。

第四节　产业组织与资源配置的关系

数字经济时代，平台通过构建多方治理机制连接多类型经济主体，利用网络效应实现资金、信息和知识的低成本聚集，成为协调和配置资源的基本组织，成为价值创造和价值聚集的重要载体。数字技术对文化产业最大的影响就在于它通过数字平台形成组织优势，整合相关资源，优化资源配置，极大地提高了生产的效能。新技术催生新平台，新平台对于形成新业态、集聚新用户、培育新市场具有十分重要的作用。

一、技术平台提高了文化产业规模效应

随着新一代信息技术的深入应用，平台模式引领各行各业衍生出更多的新业态和新模式：一是通过基础平台与增值应用的分离，传统产业

在现有的基础业务业态上衍生出基于数据业务的增值业务业态；二是促进了产业“大”生产（基础平台）与“小”生产（增值应用）的有效分工，利用世界级平台把产业从整体的小生产状态提升到世界级水平的社会化大生产状态①。互联网既是文化交流的渠道，也是文化产业最重要的交流平台。随着近年来互联网、通信、电子等行业数字技术平台的大力建设，“互联网+”实现了无边界链接的可能，文化产业领域产生了一大批平台型文化企业，比如视频网站、网络游戏平台、文学网站、自媒体平台、网络直播平台等。这些平台型文化企业既能传播内容、交易内容、下载内容，也能自制内容和开发延伸产品，凭借内容较短、更新速度快、娱乐性强、成本比较低等优势，逐渐成长为文化产业中具有鲜明时代特点的重要组成部分，成为促进文化产品和服务创新、满足多样化文化消费需求、提高人民文化生活质量的重要力量。

二、技术平台创新了文化产业商业模式

在传统工业文明形态下，文化产品传播特点是信息单向流动、渠道单一、方式单一、技术单一、批量生产和直接面向消费者。在数字产业化时代，平台模式成为主流的商业模式，无论是专业化的视频网站平台，还是移动互联网终端平台，现在都纷纷转向做文化产业平台服务商。比如电信企业现在已经不再是传统的以信息、通话为主的企业，基本上变成一个巨大的网络平台，成为一个媒体公司，其收入主要是靠内容传播、广告下载，以及信息传输服务，而传输服务收入完全依赖于消费者接受、交流和互动内容的多少。中国知网大数据智库平台就是知识与大数据深度融合的产物，它将各种文字、音频、视频信息资源整合为统一的知识库，通过对知识内容的碎片化重组，对政务数据与行业数据、公共数据与知网知识数据的融合分析和应用，为政府部门及其智库、企业提供协同决策研究和协同执行平台，为各类用户提供基于业务场景、生产场景

① 赵振：《“互联网+”跨界经营：创造性破坏视角》，《中国工业经济》2015 年第 10 期，第 146—160 页。

的知识服务[①]。在知识经济时代，文化产业内容为王，知识和信息等内容不仅可以售卖，而且还是卖方市场。虽然文化内容直接关乎平台能否具有长期盈利能力，但值得注意的是文化内容本身并不能直接盈利，它必须依靠平台载体才能实现盈利，从而形成了“文化+平台”的商业模式。

三、技术平台将成为文化产业发展重点

在网络技术和数字技术的推动下，我国数字网络平台发展迅速。据CNNIC发布的第44次《中国互联网络发展状况统计报告》显示，截至2019年6月，我国网络视频用户规模达7.59亿，占网民总数的88.8%。各大视频平台进一步细分其内容品类，并对其进行专业化生产和运营，行业的娱乐内容生态逐渐形成；各平台以电视剧、电影、综艺、动漫等核心产品类型为基础，不断向游戏、电竞、音乐等新兴产品类型拓展，以IP（intellectual property，知识产权）为中心，通过整合平台内外资源实现联动，形成视频内容与音乐、文学、游戏、电商等领域协同的娱乐内容生态[②]。比如，腾讯内容开放平台成为新的文化基础设施，将服务1000万创业者；今日头条的算法推荐开辟了新的内容聚合与分发平台；抖音的视频技术让普通人也能分享自己的视频；直播平台更是扩大了受众的参与度，人人都能成为手持话筒的主播[③]。为发展我国平台经济，2019年8月8日，国务院办公厅发布了《关于促进平台经济规范健康发展的指导意见》，提出了一系列支持平台经济发展的政策和措施，其中包括“在实体经济中大力推广应用物联网、大数据，促进数字经济和数字产业发展”，“加强网络支撑能力建设。加快5G等新一代信息基础设

① 张玉玲、邱玥、高建进：《“新动力人群”推动数字文化产业新发展》，《光明日报》2019年5月8日。

② CNNIC：《第44次〈中国互联网络发展状况统计报告〉》，2019年8月30日，http://www.cac.gov.cn/2019-08/30/c_1124939590.htm。

③ 张玉玲、邱玥、高建进：《“新动力人群”推动数字文化产业新发展》，《光明日报》2019年5月8日。

施建设”等具体政策措施[①]，这将对数字文化产业平台的建设和发展起到促进作用。

第五节　盈利模式与共享经济的关系

文化是消费的对象，是经济价值的来源，是社会价值的载体。科技进步深度影响和重构着当代文化的形态、结构和价值取向，扩大了文化消费规模，拓展了文化盈利模式，促进了文化共享经济的形成，大大提升了文化的产业价值。

一、数字技术扩大了文化产业消费规模

数字文化产业的发展有力促进了整个文化产业生态圈进一步融合共生，助推了文化消费规模持续扩大。一方面，数字技术促进了新的生产和消费方式的建立、新的产业群落的产生、新的消费人群的出现；另一方面，数字技术与文化产业的融合发展从根本上改变了文化产业的市场结构，文化生产、传播和消费方式，能够让消费者对科技含量高的文化产品产生更好的接受度和认可度，并能激发其对新产品、新服务的需求欲望，为新的科技含量高的文化产品培育出更好的市场需求[②]。许多文化产品逐步从物质形态转变为数字形态，从销售某个知识点或知识体系转变为提供庞大系统的知识库、知识领域，从单向传播转变为供求互动，从产品形态固化转变为灵活服务、各取所需[③]。人工智能、5G、物联网、VR和AR、文化大数据等系列数字科技的运用，将更深度地挖掘分众市场的文化产品需求，倒逼数字文化服务和产品的迭代升级与拓展延伸。

① 国务院办公厅：《关于促进平台经济规范健康发展的指导意见》，2019年8月1日国办发〔2019〕38号。

② 谭丹：《论我国文化产业科技竞争力的提升》，《商场现代化》2009年第1期，第321—322页。

③ 李建臣：《我国文化产业十大趋势》，《光明日报》2018年5月29日，https://baijiahao.baidu.com/s?id=1601783073465434822&wfr=spider&for=pc。

二、数字技术拓展了文化产业盈利模式

现代数字技术对当今文化产业的影响，不仅表现在内容制作、传播和消费载体的网络化、融合化、协作化，产业链整合化、宽泛化，营销方式社群化，受众角色多重化等方面，而且还使文化产业整体盈利模式发生转变，使创意经济价值得以最大化。过去很长时间，免费模式、补贴模式，通过砸钱推广，借助“免费”吸引用户关注，一度成为我国互联网产业发展的普遍路径。在数字产业时代，随着移动互联网的普及，手机等移动端已成为用户获取产品和服务的重要途径，用户为高质量产品和服务付费的意愿和能力也在提升。当今，人们已经习惯为自己所喜欢的文化产品和服务付费，花钱订阅资讯的人越来越多，知识付费备受追捧。例如，付费的网络文学阅读、网络音乐、网络影视戏剧、游戏动漫等等。由泛娱乐转向新文创开发，付费消费成为数字文化产业的主导型盈利模式，成为数字文化企业的主导商业模式。基于移动互联网技术和网络产品付费习惯，一些文化企业把握住了人们对美好生活的新期待，建立了一些网络文化付费平台，实现企业和平台与用户需求的对接，在同用户的良性互动中建立有效的商业模式和盈利模式，这也正是网络新经济日益成熟的重要体现。

三、数字技术催生了文化体验共享经济

当今，现代技术和人们生活之间的相互依存关系日益加强，技术对人们生活的渗透越来越深。就文化产业来看，技术创造了文化产品与服务新的消费体验和文化共享经济新模式。一方面，文化市场竞争已经从简单的数量堆叠进入到个性和体验的时代，数字文化企业十分重视用户体验，通过对用户的消费心理和消费习惯的数据化分析，为其定制个性化服务，以满足用户深层次的情感和人文需求。个性化文化体验需求的满足自然而然更加激发用户的文化消费欲望，从而促进文化产业更好地

转型为体验经济①。另一方面，新一代信息技术与文化创意领域的结合，网络使用的普及化，手机功能的平民化，电子终端消费的多样化都给文化产品的消费带来了极大的便利，催生了O2O、分享经济等新模式、新业态，也为相关文化产品的生产企业带来了巨大的利润。

第六节　技术创新与产业融合的关系

随着互联网迭代加速，数字文化产业打破各种壁垒，通过文化要素跨行业、跨区域、跨所有制的有效流动，优化文化资源配置，促进文化产业跨界融合，实现文化载体的多元化、文化业态的多样化，提升专业化、集约化程度。

一、数字技术推动“文化+”与“科技+”协同创新

文化产业的核心是文化创意，其本质是文化思维；数字文化产业是数字技术在文化产业中的应用，其本质是技术思维。发展数字文化产业，必须坚持文化与技术相互交融、协同创新、融合发展。要充分利用数字文化形态的新特点，发挥数字技术的优势，增强文化产品的文化价值、艺术美感，以及产品的互动性、体验性和趣味性，形成以文化创意为主，技术创新驱动，文化与技术融合的文化产业发展的内生动力结构，提升中国文化产业发展模式的核心竞争力。

二、数字技术促进文化产业与多领域实体产业融合

发展数字文化产业，必须树立跨界融合的理念，即跨部门、跨行业、跨领域、跨技术门类等的资源和技术平台的深度融合，与更多领域实体产业的相互融合。目前，数字文化产业正在向更多经济领域、更多文化资源拓展，成为新时代促进经济转型升级的新动力。比如，在传统传媒产业中，报刊、广播、电视等原先各自为政，而新媒体和智媒体催生的

① 蒋金洁、沈晓平：《文化科技融合推动数字创意产业创新发展》，《科技智慧》2017年第10期，第69—79页。

数字媒体产业打破了传统媒体之间的技术界限和鸿沟，使过去由不同媒介传输的不同形态的数据、文本、声音等信息都能无差别地转换为数字形式，在同一平台上相互包容、渗透和整合，各媒体产业领域的资源交流共享能力大幅提升，产业结构因此变得更为紧密。

三、数字技术大大延伸了文化产业链条

数字文化产业是渗透性、关联性极强的产业，其产业链条的延伸、扩展和交织，使大多数与文化创意相关的行业由分散趋于融合。伴随着数字化浪潮迭起，计算机、互联网、信息通信等数字技术不断向文化的各个领域广泛渗透融合，以文化创意为核心、多元业态共同发展的产业链在科技的助推下正逐渐成型，带来全要素的效率升级。比如在全域旅游发展思路指导下的文化旅游发展，必须借助数字技术延伸旅游文化产业链。利用新一代信息技术提升旅游景区的数字化、智能化水平，建设一批数字公园、虚拟现实主题公园、智慧景区、智慧酒店、智慧旅游小镇，提升旅游体验服务水平。打造区域数字旅游公共服务平台，集旅游体验、旅游管理、旅游服务和旅游营销等功能为一体，通过线上线下结合、跨界业务融合为消费者提供快速、精准、多样化、本地化的旅游服务①。

四、数字技术推动线上线下经济的融合

线上线下结合模式，也称 O2O 模式，即 Online to Offline，是指将线下的商务机会与互联网结合，让互联网成为线下交易的前台，在产业链中既可涉及线上，又可涉及线下，根据不同情况采取不同方法，能在线上解决的都在线上解决，需要在线下解决的就在线下解决，两者有机结合。线上的优势，在于充分利用互联网跨地域、无边界、海量信息、海量用户、挑战时间极限、用户信息精准等优势，及时聚集强大的消费能

① 黄新焕、张宝英：《全球数字产业的发展趋势和重点领域》，《经济研究参考》2018 年第 51 期，第 53—61 页。

力。同时，在线支付为网络信息传播插上了腾飞的翅膀[①]。O2O 模式从更深层次、更宽的角度表现出了对人的重视，对消费者的尊重，从而提升高质量文化供给的前沿效率，培育形成文化产业新的增长极。

在我国，数字经济发展时间不长，但势头很猛，成绩斐然。据《中国数字经济发展与就业白皮书（2019 年）》中的数据显示，2018 年，我国数字经济规模达到 31.3 万亿元，增长 20.9%，占 GDP 比重为 34.8%，占比同比提升 1.9 个百分点；数字经济发展对 GDP 增长的贡献率达到 67.9%，贡献率同比提升 12.9 个百分点，超越部分发达国家水平[②]。上述数字表明数字经济呈现出高速增长的态势，数字经济时代已经到来。作为数字经济重要组成部分的数字文化产业，更是以其独特的高质量的文化产品与服务，成为推动我国经济高质量发展的重要力量，其未来发展前景将更加美好。

第七节　推动数字文化产业高质量发展[*]

世界正在进入一个数字化时代，数字技术与网络技术融合正在形成以网络为依托，以文化资源为关键资产，以网络化、数字化、智能化为发展方向，带动经济社会文化整体发展的新兴数字文化产业。习近平总书记高度重视数字经济发展，他强调要促进数字经济和实体经济融合发展，加快推进数字产业化、产业数字化，努力推动高质量发展、创造高品质生活。最近，文化和旅游部发布《关于推动数字文化产业高质量发展的意见》，实施文化产业数字化战略，指出“要促进文化产业与数字经济、实体经济深度融合，扩大优质数字文化产品供给，积极融入‘双循环’新发展格局”。推动数字文化产业高质量发展必须坚持守正创新。

---

① 李建臣：《我国文化产业十大趋势》，《光明日报》2018 年 5 月 29 日，https：//baijiahao.baidu. com/s? id = 1601783073465434822&wfr = spider&for = pc；何彬：《浅谈文化产业中的流通问题》，《商讯》2019 年第 9 期，第 102 页。

② 陈端：《数字治理推进国家治理现代化》，《前线》2019 年第 9 期，第 76—79 页。

* 本节原题《推动数字文化产业高质量发展》，原载《中国社会科学报》2019 年 5 月 21 日。

一、坚持正确导向，坚定文化自信

意识形态属性是文化产业的本质属性，中国数字文化产业发展必须坚持正确的政治方向和文化价值导向。一是把握正确导向。坚持以社会主义核心价值观为引领，把社会效益放在首位，实现社会效益和经济效益相统一。在传播真善美、弘扬正能量上做足文章，以优秀的数字文化产品引领社会风尚。二是坚定文化自信。要善于从中华优秀传统文化、革命文化和社会主义先进文化中汲取营养、选取素材，进行创造性转化和创新性发展，提高数字文化产业品质内涵，打造更多富有鲜明中华文化内涵与特色的精品力作，讲好中国故事，展示中国形象，弘扬中国精神，彰显中国文化自信。

二、坚持以人为本，增强精神动力

习近平总书记在全国宣传思想工作会议重要讲话中指出："要推动文化产业高质量发展，……以高质量文化供给增强人们的文化获得感、幸福感。"① 这为中国数字文化产业发展指明了前进方向。一是增加数字文化产品供给。文化产业要借助数字化、互联网技术支撑，积极促进文化与科技融合，不断创新文化的内容、形式、手段、方式，补齐内容短板，丰富服务模式、提升消费体验，以丰富的数字文化产品和高品质服务的有效供给，使人民有更多的文化获得感和幸福感。二是加强数字文化消费引导。深入研究数字文化消费特征和趋势，特别是数字技术对文化产业发展影响的深度和广度，充分挖掘数字文化消费潜力和市场价值，顺应群众期盼和市场需求，积极引导大众数字文化消费。创新网络视频、网络音乐、网络文学等数字文化内容产品付费模式，满足广大消费者网络化、智能化、定制化和体验式的现代生活方式需求，尤其要以优质的数字文化产品引领青年文化消费，满足年轻用户多样化、个性化需求，增强青年的民族自豪感和文化自信心。

① 习近平：《习近平谈治国理政》第三卷，北京：外文出版社 2020 年版，第 314 页。

三、坚持创新驱动，强化科技支撑

深入实施“以大数据智能化为引领的创新驱动发展战略”，把创造创新精神贯穿到数字文化产业整个研发、生产和运营的全过程，追求内容呈现方式创新、技术应用创新、产品形态创新和管理手段创新。首先，加快数字核心技术研发。要加强文化产业创新体系建设，加强数字化领域基础技术和共性技术研发，突破数字文化领域关键核心技术，在重点领域和关键环节形成更多具有自主知识产权的创新技术，增强数字文化产业的核心竞争力。其次，加强数字产业平台建设。在“使用权”比“所有权”变得更为重要的共享经济背景下，平台具有高度的开放性、共享性。积极推进文化企业大数据、云计算、电子商务等服务平台建设和服务模式创新，建成一批国家级文化产业数字化公共服务平台，加强共性技术供给，夯实科技支撑基础，着力研究不同结构数据库间的数据交换问题，破解数字资源“信息孤岛”的连接问题；整合全国数字文化骨干企业和研究机构的力量，建立国家级数字文化大数据实验室，按共同的理念搭建共享的平台，打通共有的渠道，为广大市场主体和创新主体发展创造有利条件。最后，增强数字文化装备产业实力。适应沉浸体验、智能交互、软硬件结合等发展趋势，推动数字文化装备产业发展。研发具有自主知识产权、引领新型文化消费的可穿戴设备、智能硬件、沉浸式体验平台、应用软件及辅助工具，研发智能化舞台演艺设备和高端音视频产品，提升艺术展演效果，满足高端消费需求。

四、坚持科技赋能，提高原创能力

以5G为基础，人工智能、大数据、云计算以及区块链技术为代表的新技术在产业发展中的作用日益重要，将成为数字文化产业发展的重要引擎。其一，加强科技创新技术集成运用。积极引导扶持数字产业内容集成、服务集成、技术研发平台建设，通过集成创新重构文化产业内核，提高文化全产业链整体运行效率，构建全新的数字文化产业体系。加强互联网、超高清、VR、AR、大数据、云计算、人工智能等数字技术在文化产业领域的创新应用，大力推进数字电影、数字电视、数字出版、数字印刷的发展，培育壮大云演艺、云展览、数字艺术、沉浸式体验等新型业态，推进文化产业结构调整和优化。利用5G技术构建全新生产模式，重构产业价值链，开发文化产业社会服务新领域，如网络直播、影视、动漫、游戏、创意设计、网络文学、在线教育、VR虚拟现实体验……文化创意与5G的深度结合，将引导激发产业创新潜力，形成更多新增长点、增长极，增强发展新动能。其二，加强数字文化产业原创能力建设。发挥数字技术对内容创作、产品开发、模式创新的支撑作用，提高产品品质、丰富表现形式。深度应用互联网、大数据、云计算、人工智能等科技创新成果，促进创新链和产业链的有效对接，提高不同内容形式之间的融合程度和转换效率。探索基于互联网的个性化定制、精准化营销、协作化创新、网络化共享等新型商业模式和文化业态，不断提升文化产品的吸引力和影响力。推动人工智能技术在文化领域的深度应用和创新发展，支持智能技术和创新服务在出版发行、广播影视、演艺娱乐、印刷复制、广告服务、会展服务等传统文化产业中的应用，实现服务模式和业态创新，拓展文化产业发展新空间。

五、坚持内容为王，强化特色发展

数字文化产业本质上是一种内容产业，要坚持内容为王，让数字文化与传统文化共生，充分利用现代科学技术，将丰富多彩的中华优秀文化资源和地方特色文化资源转化为现代经济资源，提高数字产业的文化内涵、创意水平和附加价值。其一，立足中华优质文化资源。引入新一代信息通信、数字传媒、人工智能、虚拟现实、区块链等技术，让中华文化经典在数字时代传承和发扬、融入现代人的生活，实施数字内容创新发展工程，鼓励对艺术品、文物、非物质文化遗产等文化资源进行数字化转化和开发，实现优秀传统文化资源的创造性转和创新性发展。在中华优秀传统文化的传承和创新中蕴蓄文化产业发展新动能。其二，利用地方特色文化资源。加强对地方特色文化的数字技术应用产品的开发，探索特色文化的数字化和现代化价值升级，融合数字技术和全新创意，加强现代设计与传统工艺对接，开发具有鲜明区域特点和民族特色的数字文化产品。要将数字文化产业发展成一种技术与艺术、文化与产业融为一体的，既有文化内涵又有审美趣味的产品与服务。结合本地文化元素，让游戏、动漫、电竞等数字文化与地方文化双向结合，以数字化交互的形式为传统文化创造出展现丰富的文化内涵、浸润于当下的文化体验，让更多经典变成流行，打造高质量文化产品。其三，推动中华文化走出去。中华文化走出去，开发国际文化市场，具有巨大的潜力和空间。发展数字文化产业是增强国家文化主权安全和文化竞争力、影响力的重要途径。要深入挖掘、研究中华优秀传统文化的价值品质，充分吸收全世界优秀文明精华，与全球优秀文化企业和力量合作，打造由中国主导、全球共享的具有中华文化特色的精品力作，培育一批具有国际竞争力的文化企业，提高我国文化产业的核心竞争力。此外，要善用数字技术，在讲好中国故事的基础上，通过创新内容表现形式、提升传播技术手段等方式吸引海外受众，增强对外传播影响力，推动中华文化走出去。

六、坚持跨界融合，促进开放共享

当今，数字文化产业正在由消费互联网向包括产业互联网在内的更多领域拓展，正朝着生态化竞争深入、“IP+产业”全面融合、新技术广泛应用等方向推进，推进数字文化产业必须坚持“融合发展、开放共享”的理念。通过跨界融合，推进数字文化产业与传统制造业、旅游业、金融业、广告业、商贸流通业、建筑设计业、信息业、包装业以及体育、教育相融合发展，与实体经济深度融合。重点推动数字文化在电子商务、社交网络中的应用，与虚拟现实购物、社交电商、“粉丝”经济等营销新模式相结合；特别是要加强数字文化企业与旅游企业对接合作，促进数字文化向旅游领域拓展，支持文化场馆、景区景点开发数字化产品等，以数字化推动文化和旅游融合发展，拓展文旅融合的数字化新阵地。用数字技术实现文化产业与相关产业更广范围、更深层次、更高水平的融合，激活文化产业高质量发展新动能。

七、坚持深化改革，优化发展环境

一是营造创新氛围。营造创新文化环境关键在于建立起一种利于创新的文化生态系统，要持续推进“放管服”改革，通过深化改革解决影响市场主体和创新主体创新创造的体制机制问题，重点突破所有制在数字文化领域的障碍，为各类所有制企业和数字文化产业的生产者营造公平、透明、法治化的发展环境。运用数字化思维，提升数字化治理能力，建立合法合规合理的一体化激励机制，为创新松绑、为创业加油、为创造助力。二是加强知识产权保护。在当今原始性创新已成为科技持续创新能力的核心，知识产权已成为重要财富源泉的年代，保护知识产权就是保护创新。数字文化产业发展必须加强知识产权保护，要健全大数据、人工智能、基因技术等新领域新业态知识产权保护制度，及时研究制定传统文化、传统知识等领域保护办法，实现严格保护和有效运用的平衡。构建更加完善的“司法+行政+市场”协同的监管机制，进一步加大对侵权者的惩罚和对被侵权人的保护力度；鼓励版权保护技术和模式创新，利用区块链技术等从技术端入手强化正版源头管理，提高盗版识别能力，提高反盗版的行政执法能力，营造良好的数字文化产业发展环境，确保文化产业持续健康发展。

第七章　数字经济时代文化消费的特征及其引导*

习近平总书记2020年9月22日在教育文化卫生体育领域专家代表座谈会上的讲话中强调，“要顺应数字产业化和产业数字化发展趋势，加快发展新型文化业态，改造提升传统文化业态，提高质量效益和核心竞争力”[①]。《中华人民共和国国民经济和社会发展第十四个五年规划和2035年远景目标纲要》明确提出：“迎接数字时代，激活数据要素潜能，推进网络强国建设，加快建设数字经济、数字社会、数字政府，以数字化转型整体驱动生产方式、生活方式和治理方式变革。”“实施文化产业数字化战略，加快发展新型文化企业、文化业态、文化消费模式，壮大数字创意、网络视听、数字出版、数字娱乐、线上演播等产业。”[②]这些都为数字经济时代的文化产业高质量发展指明了前进方向。当前，中国正在阔步迈入数字经济时代，以5G、大数据、虚拟现实、人工智能等为代表的新一代信息技术蓬勃发展，加速向工业领域和消费领域渗透融合，新型消费持续扩大升级，并展现出前所未有的成长潜力。消费是经济发

---

* 本章原题《数字经济时代文化消费的特征及其引导》，原载《人民论坛》2022年第7期。

① 习近平：《在教育文化卫生体育领域专家代表座谈会上的讲话》，2020年9月22日，http：//www. gov. cn/xinwen/2020-09/22/content_ 5546157. htm。

②《中华人民共和国国民经济和社会发展第十四个五年规划和2035年远景目标纲要》，《人民日报》2021年3月13日。

展的重要引擎，正确引导文化消费，积极促进数字文化消费升级，正成为推进数字经济健康和可持续发展的着力点。

第一节　中国数字经济发展现状

2021 年 5 月 27 日，国家统计局发布的《数字经济及其核心产业统计分类（2021）》将数字经济界定为："以数据资源作为关键生产要素、以现代信息网络作为重要载体、以信息通信技术的有效使用作为效率提升和经济结构优化的重要推动力的一系列经济活动。"这是我国对数字经济的最新的权威定义。文件还从"数字产业化"和"产业数字化"两个方面，确定了数字经济的基本范围，将其分为数字产品制造业、数字产品服务业、数字技术应用业、数字要素驱动业、数字化效率提升业等 5 大类①。近些年，数字经济在中国经济中迅速崛起，发展势头强劲，对国民经济的贡献率不断提高，为中国经济创新转型提供了新引擎。

一、数字经济的总量和规模不断增长

2021 年 4 月，中国信息通信研究院发布的《中国数字经济发展白皮书（2021）》显示，从 2005 年到 2020 年，我国数字经济规模从 2.6 万亿元增加到 39.2 万亿元（如图 7-1 所示），数字经济占 GDP 的比重从 14.2% 上升至 38.6%。全国有 13 个省市数字经济规模超过 1 万亿元。2014 年至 2019 年，数字经济对经济增长的贡献率均超过 50%；其中，2019 年数字经济对我国经济增长贡献率高达 67.7%，成为拉动我国经济的重要引擎②。2017 年，我国数字经济规模超过日本和英国之和，成为全球第二大数字经济体，在世界数字经济发展中占据重要地位，影响力不断增强。

---

① 国家统计局：《数字经济及其核心产业统计分类（2021）》，2021 年 5 月 27 日国家统计局令第 33 号。

② 中国信息通信研究院：《中国数字经济发展白皮书（2021）》，2021 年 4 月 25 日，http：//www. caict. ac. cn/kxyj/qwfb/bps/202104/t20210423_ 374626. htm。

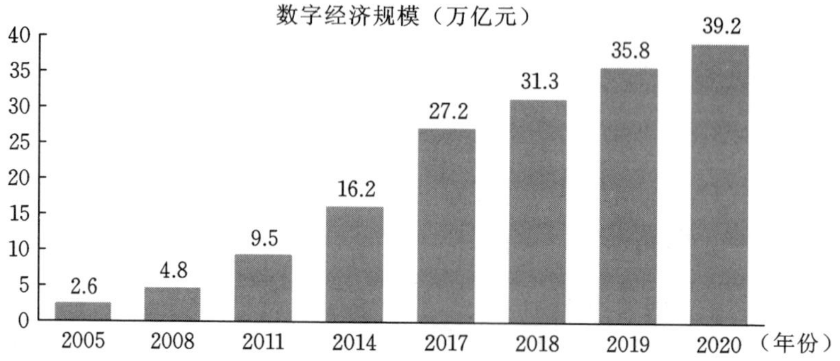

图 7-1　中国数字经济规模

二、第三产业数字化发展水平增幅较大

2020 年，我国数字经济规模达到 39.2 万亿元，其中产业数字化规模达到 31.7 万亿元，占我国数字产业规模的比重从 2015 年的 74.3% 上升到 2020 年的 80.9%。我国产业数字化侧重于服务业的数字化。2020 年，我国第一产业、第二产业和第三产业的数字化规模占行业增加值的比重分别为 8.9%、21% 和 40.7%，分别比 2019 年增加 0.7、1.5 和 2.9 个百分点。第三产业的数字化程度大幅领先于第二产业和第一产业。

2020 年，我国云计算整体市场规模达到 1781.8 亿元，增速为33.6%；大数据产业规模达到 718.7 亿元，同比增长 16.0%；人工智能产业规模为 3031 亿元，同比增长 15%；物联网产业规模突破了 1.7 万亿元；虚拟现实/增强现实市场规模约为 300 亿元，其中 VR 市场规模约 230 亿元，市场占比约 80%；网络视频市场规模达到 2412 亿元，同比增长 44%；在线教育用户规模达 3.42 亿，占网民整体的 34.6%；互联网医疗健康市场规模达 1961 亿元，同比增长 47%①。

三、数字化消费水平大幅增长

2020 年，全国实物商品网上零售额达 9.8 万亿元，同比增长 14.8%，

① 中国互联网协会：《中国互联网发展报告（2021）》，2021 年 7 月 13 日，http：//www. 199it. com/archives/1277142. html。

占社会消费品零售总额的比重为24.9%，比上年提高4.2个百分点。城市居民家庭月均线上支出占家庭每月平均总支出的比例从2016年的27.5%上升到2020年的49.7%，增加了22.2个百分点。2016—2020年国内居民家庭月均线上支出占家庭月均总支出比例情况见图7-2①。

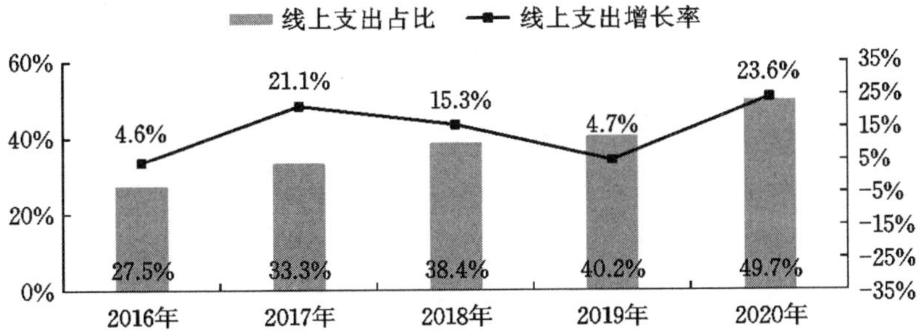

图7-2　2016—2020年国内居民家庭月均线上支出占家庭月均总支出比例

四、数字平台和技术的支撑作用日益增强

据中国互联网络信息中心（CNNIC）2021年8月27日发布的第48次《中国互联网络发展状况统计报告》显示，截至2021年6月，我国网民规模达10.11亿，互联网普及率达71.6%。庞大的数字社会为数字经济发展提供了广阔的消费市场。我国IPv6地址数量达62023块/32，移动电话基站总数达948万个。截至2021年4月，我国光纤宽带用户占比提升至94%，固定宽带端到端用户体验速度达到51.2Mbps，移动网络速率在全球139个国家和地区中排名第4位②。伴随着数字基础设施的持续完善，数字经济有望开启新的增长空间。

我国创新指数在全球排名从2015年的第29位跃升到2020年的第14位，是全球最大的专利申请来源国。相关信息等领域取得了一批重大科技成果，统信操作系统（UOS）、"鸿蒙OS"智能终端操作系统等相继推

①《中国消费者数字经济消费洞察》，2021年4月27日，http：//4g. cnad. cn/Detail. aspx? id＝306866。

② 李政葳：《我国网民规模超10亿——解读第48次〈中国互联网络发展状况统计报告〉》，《光明日报》2021年8月28日。

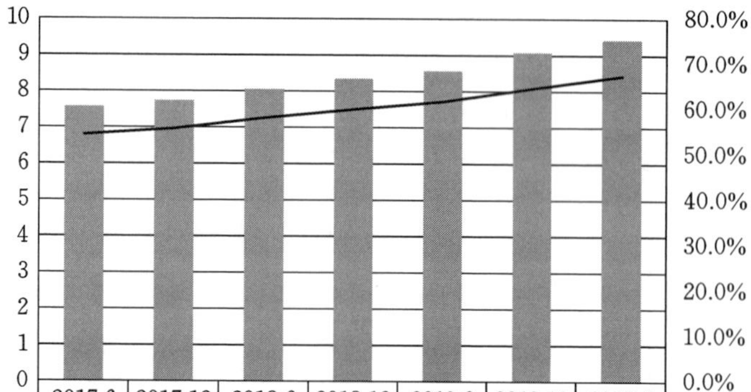

	2017.6	2017.12	2018.6	2018.12	2019.6	2019.12	2020.6
网民规模（亿人）	7.51	7.72	8.02	8.29	8.54	9.04	9.4
普及率	54.3%	55.8%	57.7%	59.6%	61.2%	64.5%	67.0%

图 7-3　2017—2020 年中国网民规模及互联网普及率

出，智能语音识别、云计算及部分数据库领域具备全球竞争力。数字技术的进步有效推动了数字经济及相关产业的快速发展。

第二节　数字经济时代的消费特征

互联网普及程度的提高和数字技术应用的不断推进，成为消费升级的新动力，在不断创造出更好的数字化生活的同时，也在不断改变人们的消费习惯、消费内容、消费模式，甚至是消费理念，数字经济时代的消费呈现出新的特征。

一、生产消费平台化

新数字经济是由基于数字技术的产品与服务组成的平台化生态系统。“平台化”是数字产业对于传统产业最根本的颠覆，是飞速发展的网络技术、数字信息技术和人工智能技术作用于数字产业的结果的综合体现，是集生产、分发、消费于一体的具备融合、升级、创新效应的数字产业生态综合体，对促进新数字经济的发展起着巨大作用。

构建了生产消费一体格局。平台将内容生产者与内容消费者集聚于一体，为内容到达用户提供了多元路径，也是聚合用户、产生用户黏度、实现用户间关联的最有效手段。平台作为内容生产、分发与消费的主导方，通过制定生产、分发、消费规则，在使用平台的个人与组织、媒体与自媒体间建立起复合生态关系，促使各方在有效互动与协同联动中，参与平台服务，提高了数字产业经济效益。

实现了多元主体最佳组合。各类各层级数字化产业平台为产业数字化运营提供的基础架构，支撑了多元主体之间要素配置和生产协作的跨区域大规模协作的形成，多元主体依据各自优势，通过数字化平台整合分解产品需求信息、共享产品数据、有效调配相关资源，极大地降低了多元主体的协作成本，最大限度地兼顾了规模经济和范围经济的相容与协调。

激发了大众文化创意活力。依托“云网端”新基础设施，互联网平台创造了全新的生产和消费环境，显著降低了创意活动的知识积累、产业组织和传播的成本，从事文化创意内容生产的门槛大幅降低，大众创意活力在广度和深度上得以激发，越来越多的业余创意者通过进驻创作平台，加入内容生产行列，为创意产业的发展扩大了智力资本。共生于内容平台之上的业余创意生产者、专业创作者和企业内容生产部门，通过动态的竞争与合作关系，促进了文化创意内容质量的推升，有效满足了消费市场的需求。如抖音等短视频内容平台，通过提供便捷的内容创作工具和多元的内容展示风格，在短时间内吸引了大批用户参与创作。

二、消费空间在线化

随着5G技术和人工智能在文化产业中的运用，文化产业正在经历着数字化和智能化的转型升级，成为文化产业新的增长点。

从线上消费到“线上+线下”消费相结合。互联网的发展和数字技术的运用，打通了“在场”与“在线”两个空间，极大地消弭了物理距离的隔阂，不仅改变了人们的生活方式，同时逐渐改变着居民的消费模式。传统的实体消费方式发展为“互联网+”的网络消费方式，并正朝着“线上+线下”多元化融合的方向发展。以网络购物、移动支付、线上线下融合等为特点的新型消费迅速发展，居民的线下消费活动转至线上，线上消费在促进可持续和健康的经济发展中发挥了重要作用①。

数字技术为居民消费提供新业态。5G、大数据、云计算、AI、区块链等数字技术，赋予在线空间高智能、全链接、零延时的特征，为居民生活消费发展提供了一种全新的驱动力，实现线上线下全场景打通，强化与消费者的沟通，在倒逼传统文化产业在线化、数字化、智能化发展的同时，也推动了更多新产品、新服务、新业态的形成。这其中既有从传统文化产业演变而来的，如网络出版、网络视频、网络游戏、电子音乐、线上咨询、线上教育、数字艺术、云演艺、云旅游等，也有新的消费业态和形式，如，移动支付、电商直播、“云购物”、在线医疗、智慧旅游、智能家居、无人零售、无人餐厅、无人酒店等新业态。这些新形式和新业态突破了传统文化产业在时间、空间和费用等方面的限制，提供了特殊的文化产品及服务体验，也创新了文化产业的盈利模式②。

三、消费主体多元化

数字经济时代，人在产业经济中既可以是消费者、传播者，也可以是创意者、生产者。在不同生产环节的文化企业、创意阶层、用户等多元主体基于网络化价值链的交互协作，为满足用户多样化、个性化和即时化的文化消费需求提供了可能，使消费体现出圈层化、年轻化和城乡一体化的特征。

消费圈层的虚拟聚集。互联网时代的以平台为载体的社交，打破了物理分割，让所有人无差别地生产、接触与传递信息。原本不受主流关注的小众文化群体得以汇聚，伴随群体的壮大，其在消费主张、内容需求上拥有更多发言权，倒逼文化内容的生产向多元化、个性化转变。步入数字经济时代，以智能算法为代表的数字技术渗透着利益先行、追求极致流量价值、最大化资本回报等多层价值观。数字技术支持下的互联网连接逐渐由随机性转为指向性，顾客在消费场景下主动连接属于自己的情感标签并加入某一文化社群，分享和传播文化产品服务及其带来的

---

① 刘晓欣：《数字经济时代的消费新趋势》，《国家治理》2021 年第 24 期，第 16—18 页。

② 李康化：《在线与在场：文化产业的未来》，《社会科学报》2021 年 2 月 25 日。

消费体验，在较短时间内将原本分散的需求在相同消费场景下积累和集中，形成需求规模效应以及消费圈层的流量高效凝聚，在一定程度上造成了圈层内部的同质性和圈层间的极端化。

消费年轻化，需求个性化。在中国数字经济领域，无论从供给侧还是从需求侧来看，90 后和 00 后都是一股具有超高“数字经济影响因子”的重要社会力量，也是当前数字经济的积极参与者和促进者。2016 年以来，70 后、80 后的线上消费占比持续下降，而 90 后和 00 后的线上消费能力强劲。第六次全国人口普查数据显示，90 后占全国总人口的 14.1%，但在互联网人群中却高达 28%，其消费影响力远远超过了其在人口中的比重。作为原生“触屏一代”的 90 后和 00 后，他们对新鲜事物的接受度更高，自我意识更强，消费观念更加开放，消费方式更加多样化，他们追求个性，更愿意接受新型消费模式，乐于为契合自己风格、引起自己共鸣的商品买单。高度个性化的消费意图使他们更偏爱以互联网为载体的数字文化产品和服务，因此，他们是网络社交空间最活跃的群体、网络游戏最积极的玩家、音视频网站主要的注册用户、网络购物消费最为活跃的人群。

城乡居民消费趋于均衡化。互联网的发展推动生产和消费打破了地域和时间的限制，可以实现关键性要素、产品和服务跨区域的流动和有效配置。以互联网为代表的数字经济对乡村消费的影响表现在：一方面，数字技术提高了农民劳动生产率和生产质量，增加了收入，城乡居民收入差距的进一步缩小，激活了有效需求，提升了消费水平和层次，推动着消费结构的转型升级；另一方面，在农村各类经济主体与大型电商企业协调发展格局的初步形成，农村电商发展进入新阶段，极大程度地挖掘了农村居民的消费潜力，消费需求走向多元化的趋势明显。如农村网络零售额季度环比增速已经超过城市，我国城乡居民消费水平和消费质量差距进一步缩小。

四、消费模式多样化

新一代数字技术不断驱动数字消费进阶，带动了各种消费方式和消费类型的涌现，为满足民众消费新需求开拓了想象空间和创新发展空间，促使居民消费理念和消费模式多样化。

从一次性消费到持续消费。数字技术应用的不断推进，成为消费升级的新动力，不断创造出更好的数字化生活。一方面，当前的文化消费正在实现从满足“基本需求”到“个性化需求”、从“买便宜的”到“买优质的”、从买“大众的”到买“小众的”、从买“产品”到买“产品+服务”、从“拥有”物品到“共享”物品的演变；另一方面，消费者在网上消费的过程中产生的数据，提高了消费者和商家之间的交互频次，增加了消费者的购物黏性，商家利用数字技术分析消费者的喜好、行为特征，甚至预测购物趋势，对消费者实施精准化营销，促使消费行为变成长期可持续的行为。

从个体消费到群体消费。传统市场经济下的消费行为产生于个人或家庭中，一般属于个体消费行为。数字经济背景下，互联网使网民集结成了网状结构的虚拟社会，他们的价值取向、消费习惯，甚至是消费模式趋于相同，因此，社群消费应运而生。社群里的每一个人都可以是消费者、宣传者甚至是卖方。社群里的 UGC（用户生成内容）对网络消费者的行为产生一定的影响，企业要生产、提供符合网络社区群体特征的商品和服务，并对消费群体进行科学管理，正确引导群体消费。

从免费消费到付费消费。在知识经济时代，信息和知识不但可以售卖，而且是卖方市场。在数字产业时代，随着代际性消费群体的成长和移动支付技术的突破，网民尤其是年青一代“网络原住民”已经习惯为自己所喜欢的网络产品和服务付费，付费消费成为数字文化产业的主导盈利模式。如付费的网络文学阅读、网络影视戏剧、游戏动漫等，由泛娱乐转向新文创开发，成为数字文化企业的主导商业模式①。数字文化产业依托移动互联网技术和网络产品付费习惯，在未来将呈现爆炸式增长。

从现金消费到网付消费。随着互联网及信息技术手段与传统金融服

---

① 范玉刚：《新时代数字文化产业的发展趋势、问题与未来瞩望》，《中原文化研究》2019 年第 1 期，第 69—76 页。

务业态的有机结合，网上支付、移动支付、网上银行、网上借贷、网上保险、网上基金等数字支付和金融服务相继出现，各种电商平台、社交网络、自媒体等逐渐成为营销渠道，不断满足广大人民群众的个性化需求。据中国支付清算协会发布的2020年移动支付用户问卷调查报告显示，2020年，用户最常使用的移动支付产品是微信支付和支付宝。用户使用微信支付的比例从2019年的87.3%增至92.7%，支付宝使用比例从2019年的90.7%增至91%①。这种支付方式的创新有力推动了数字消费的发展。

五、消费推送精准化

数字经济将众多的生产者和消费者连接在一起，通过大数据和人工智能技术，实现了供给和需求的快速匹配，缩短了产品从生产环节到消费环节的时间，提高了消费的质量和层次，实现了产业和消费“双升级”。

从大众化消费到个性化消费。移动互联网、大数据、人工智能等技术通过将人们的消费行为数据化，进而实现数字化分析，使得商家能够针对不同的消费者实施精准化营销，进行定制化生产，以满足消费者个性化、多元化的需求。定制化生产将用户在产业链中的位置从末端转移到顶端，消费者对内容产品生产拥有更多的自主选择权和决策权，并深度参与内容产品的创作和生产，消费者的个性化需求被激发，用户价值成为影响数字文化产业生态系统建设的核心力量。这时，文化产业市场组织的基本单位不再是单一的文化企业，而是文化企业、创意阶层、用户、平台运营商等多元主体之间，以用户价值为出发点而建立的相互协作的数字化生态。

从温饱型消费到品质化消费。当前，数字化在深刻改变人们衣食住行的同时，也正在拓展和满足人们对美好生活的更高层次需求。近年来，我国居民的消费需求不再局限于满足基本生活需要，而是更加注重商品

① 东方财富：《2020年移动支付用户报告：微信支付超越支付宝登顶用户最常使用产品》，2021年1月14日，https：//baijiahao. baidu. com/s? id=1688836694845305896&wfr=spider&for=pc。

和服务质量，逐渐从追求买得起的商品，到追求质量好的品牌商品，更加重视购物行为带来的精神愉悦和舒适。在我国居民生活品质从“有”向“优”升级的浪潮之下，消费者更愿意为高品质的产品和服务买单，个性化、定制化、高端化需求为消费升级搭建了稳固的基础，为“新消费”发展开拓出了广阔的成长空间。

六、消费体验场景化

新技术从消费向生产渗透，带来全要素效率升级，打造了沉浸式、体验式、互动式消费场景化体验，构建了文化产业的新图景。

数字技术创造了虚拟现实。在数字科技时代，文化创意产品的体验包括现实场景体验和虚拟场景体验，现实场景体验消费具备真实的参与性与体验感，但会受到有限物理空间的限制；依托数字技术产生的虚拟场景，在为消费者提供无限的虚拟空间和类型多样的文化服务的同时，却减少了产品消费身临其境的参与感。AR、VR、人工智能等技术的出现和应用，从人体感官方面进一步精准复制用户侧技术环境，推动虚拟与现实之间的融合，推出第三种体验场景——现实增强性场景。借助数字化技术在虚拟场景内容中有效增强现实场景内容的表达强度与呈现效果，让消费者徜徉于现实增强性场景中，并在现实和虚拟间自由穿梭，无限扩展文化创意产品和服务的体验空间，提升受众对现实场景的感知与认同。现实增强性场景在弥合两类场景缺点的同时，实现两者优势互补。

数字技术提供了互动体验。随着移动互联网、网络新媒体和虚拟现实等媒体交互技术的飞速发展，互动体验式设计也渐渐融入文化产业中，良好的产品体验、耳目一新的视觉传达和简单友好的交互方式成为吸引消费者的重要手段。如数字展馆便是利用互动投影、全息投影、智能中控系统等高新技术，将互动体验融入展品展示环境中，全面触发人的“眼、耳、鼻、舌、身、心”六感，在改变了观众的体验模式的同时也增加了体验的深度，实现了用户体验改善和产品迭代升级的双赢。数字技术在文化产品（或服务）体验场景的应用，创造出人与环境、主观与客观、真实与梦幻之间无数种鲜活灵动的关系，使得场景成为承载文化价值、突出文化品质、彰显文化特色的社会空间。

第三节　数字经济时代的文化消费引导

2020年以来，国务院办公厅、发展改革委等先后印发《关于以新业态新模式引领新型消费加快发展的意见》《关于促进消费扩容提质　加快形成强大国内市场的实施意见》《关于支持新业态新模式健康发展　激活消费市场带动扩大就业的意见》等文件，着力培育新业态、新消费和新模式，引导产业创新发展和消费扩容提质。在新的历史时期，要以更高水平供给创造文化需求，以高质量文化产品与服务增强人们的文化获得感、幸福感，以更好的文化消费引导和促进文化产业发展。

一、社会价值与经济价值互相赋能

文化作为消费对象，是经济价值的来源，是社会价值的载体。消费者对数字文化产品消费的过程，既是文化经济价值实现的过程，也是文化社会价值被消费者认同和接受的过程。因此，文化产品生产和消费要处理好社会价值和经济价值的关系。

1. 坚持正向价值引领和审美导向

党的十九届五中全会提出，要扩大优质文化产品供给，坚持把社会效益放在首位、社会效益和经济效益相统一。数字文化产业已成为大众文化消费的主流形态，发展数字文化产业必须做到：一方面，坚持正向社会价值引领。文化及其文化价值的融入是数字文化产业的基础，数字文化产业不但要成为社会主流价值观的传播渠道，更要成为时代文化的引领力量，成为文化及其价值创新的源泉，要通过政府和市场共同发力，加快建设社会主义先进文化传播的新阵地和人们精神文化生活的新空间。另一方面，坚持正确审美价值导向。在数字文化产业发展中，要强化用户特别是年轻用户对正确的思想观念和审美价值的认识，不断提高大众艺术素养和文化品位，以健康的审美消费趣味，引导数字文化的生产和消费。

2. 坚持创造性转化和创新性发展

文化和旅游部发布的《“十四五”文化产业发展规划》提出，“充分运用数字文化产业形态推动中华优秀传统文化创造性转化、创新性发展”。在数字文化产业“双创”过程中，必须做到：其一，坚持文化内容为王。以优质丰富的内容为持续发展的核心动力，用科技手段将中华优秀传统文化、革命文化和社会主义先进文化资源转化为文化产品的优势，生产创作出更多高质量数字创意内容产品，以满足人民大众对优质文化的消费需求。其二，增强文化原创能力。打通文化和科技两大领域，共享创意资源和科技资源，构建新型文化创新平台，在实现文化与科技融合中增强文化原创力，催生新的文化业态，实现题材、品种、风格和载体的极大丰富，使数字文化产品更具吸引力和感染力。

3. 坚持企业社会责任和文化使命

文化消费与普通商品消费最大的区别在于文化消费是直指人的精神和心灵的消费活动，数字文化生产的企业必须树立社会责任、增强文化使命。首先，勇担文化使命。文化企业不仅要追求资本的回报效益，更要履行社会责任，具有文化使命担当精神；要有人文情怀和发展眼光，不过度追求抢眼球和制造噱头，在遵循文化产业发展规律中实现文化创造，在润物细无声中形成企业的文化特色，以积极的文化价值引领文化消费。其次，激发创造活力。文化企业要用市场去配置资源，努力扩大市场规模，激发文化创造活力，为文化消费市场提供精品力作和经典，最终促进优秀传统文化的传承发展、红色文化的继承弘扬、创新文化的激情迸发①。

二、在线消费与在场消费有机融合

国家发改委等13部门在《关于支持新业态新模式健康发展　激活消费市场带动扩大就业的意见》中指出：“要深入实施数字经济战略，把支持线上线下融合的新业态新模式作为经济转型和促进改革创新的重要

① 张玉玲：《奔向文旅融合的星辰大海》，《光明日报》2021年1月10日。

突破口，积极探索线上服务新模式，激活消费新市场。”积极推动在线与在场消费有机融合，扩大优质数字文化产品供给，是未来促进文化消费升级的重要抓手。

1. 发挥“在线”云端消费优势

数字产业将数字技术赋能于物理空间，强化了文化产业发展的非线性生产与消费特性，实现了更大规模的经济增量。其一，积极发展在线新业态。充分发挥网络化与智能化应用的超常化优势，大力发展在线数字化产业。深入发展在线文娱，鼓励传统线下文化娱乐业态线上化，支持互联网企业打造数字精品内容创作和新兴数字资源传播平台。如大力发展数字文化旅游，举办网上旅游消费体验活动，开展旅游直播带货等；积极发展数字展览、数字艺术、沉浸式体验、智能体育等新业态；打造5G条件下更高技术格式、更新应用场景、更美视听体验的高新视频新业态；鼓励发展智慧旅游，提升旅游消费智能化、便利化水平；大力发展智能体育，培育在线健身等体育消费新业态；大力发展以网络购物、移动支付等为特点的网络消费新业态；有序发展在线教育等①。其二，打造在线原生数字产品。发挥线上交流互动、引客聚客、精准营销等优势，打造基于在线空间的原生数字产品；引导实体企业更多开发数字化产品和服务，鼓励实体商业通过直播电子商务、社交营销开启“云逛街”等新模式；推动直播电商、社交电商等规范健康持续发展；实施生活服务数字化赋能行动，组织开展形式多样的网络促销活动，促进品牌消费、品质消费。用丰富优质的线上内容供给，满足人民群众精神文化需求。

2. 扩大“在场”实体消费优势

在场空间不仅是活动的场所，而且还是生产的产品，在场文化产业所进行的不仅仅是空间中的生产，而且还生产空间本身。因此，发展在场文化消费仍十分重要。一方面，要扩大在场空间规模、延展封闭式空间至开放式空间、促进在场产业地方性聚集等，为在场文化产业打造新

① 国务院办公厅：《国务院办公厅关于以新业态新模式引领新型消费加快发展的意见》，《中华人民共和国国务院公报》2020年10月10日。

的空间载体。支持互联网平台企业向线下延伸拓展，加快传统线下业态数字化改造和转型升级，发展个性化定制、柔性化生产，推动线上线下消费高效融合、大中小企业协同联动、上下游全链条一体发展。另一方面，要提升在场空间质量，如在国家文化和旅游消费试点城市、示范城市优先建设一批新型文化和旅游消费集聚地，加强文创商店、特色书店、小剧场、文化娱乐场所、艺术展览、沉浸式体验型项目等多种业态集合。值得注意的是在线空间与在场空间各有特质，但并非是隔断的，要不断推进线上线下深度融合、商旅文体跨境融合，促进绿色循环消费，发展夜间经济，做强小店经济、首店经济、首发经济，推动消费新业态新模式新场景加速普及应用。

三、城市消费与乡村消费协同发展

《中华人民共和国国民经济和社会发展第十四个五年规划和2035年远景目标纲要》明确提出，“建设智慧城市和数字乡村”，“要以数字化助推城乡发展和治理模式创新”，发展数字经济将是推动城乡消费协同发展的重要途径。

1. 用数字经济推动城市居民消费升级

作为现代信息技术与文化产业融合而产生的一种新经济形态，数字文化产业体现了文化产业先进的生产力，反映了城市文化产业的活跃度，是未来城市经济发展的主要驱动力。数字技术与居民生活消费的有机结合为其消费发展提供了一种全新的驱动力，推动了居民生产和消费方式变革。推动互联网等信息技术在供需两侧驱动生产和消费的良性互动，加快形成供给与需求动态平衡的宏观调控体系。从需求侧和供给侧两端发力，推动产业升级和消费升级的协同发展，将是城市数字文化产业发展的重要突破方向。

2. 用数字经济促进区域经济协调发展

数字经济的区域异质性分析表明，数字经济在经济欠发达地区对消费的积极影响大于发达地区，但是薄弱的产业基础削弱了数字经济对消费升级的促进作用。在数字经济的全面驱动下，经济欠发达地区将通过产业结构升级的提速换挡，实现“弯道超车”，由此带来的消费结构升级的“后发优势”将不断显现。数字经济应结合区域发展现状实行差异化战略，通过缩减数字鸿沟，引导符合经济规律、合乎市场要求的数字经济形态发展，带动资本结构转换，实现经济增长与居民消费支出扩张的双重目标，扩大市场规模，拓宽居民增收渠道，推动居民消费的提升，促进区域均衡协调发展。

3. 用数字经济提高农村居民消费质量

数字经济与消费的深度融合，对降低农村消费者的购物成本、改变农村居民的消费约束、创造农村新的消费需求、扩大农村消费市场具有十分重要的推动作用。《数字乡村发展战略纲要》提出：“繁荣发展乡村网络文化，构建乡村数字治理新体系；着力弥合城乡‘数字鸿沟’。”[①] 要加大数字基础设施互联网在农村的建设，保证农村地区数字经济的健康迅速发展。通过数字平台建设，充分发挥数字经济带来的长尾效应，逐步提升数字化新兴消费在农民消费中所占比例，推动农民发展型与享受型消费的增长，提高农村居民消费质量。

四、公共供给与个性需求双向发力

进一步促进文化消费提档升级，重点扩大优质文化产品供给，持续改造提升传统文化业态，加快培育文化消费新业态，创新营造文化消费新场景，聚焦需求牵引，以更高品质需求牵引文化供给，培育形成多元化的商业模式。

1. 坚持用户至上，提供个性化服务

用户不仅是产品消费者，也是利益相关者，数字文化产业要坚持用户至上，努力满足用户多元文化需要。顺应商业变革和消费升级趋势，通过了解用户个性化需求和激发用户需求意愿等方式，精准定位受众群体，对不同用户采取分层运营模式，为消费者提供个性化、精准化推送服务，促进网络消费、定制消费、体验消费、智能消费、互动消费等新

① 中共中央办公厅、国务院办公厅：《数字乡村发展战略纲要》，《中华人民共和国国务院公报》2019 年 5 月 30 日。

型消费发展。重视本土文化与平台文化产品间的融合创新，引导内容创作者主动贴近当地文化，从本土文化中寻找创作灵感，满足本地用户心理及产品需求。

2. 挖掘和激发潜在的消费需求

文化供给必须瞄准文化消费的新需求，调动市场力量增加有效供给，通过文化产品和服务的品质革命，提供更多高品质、适销对路的文化供给来释放文化消费潜力，是促进文化消费持续增长的关键。首先，准确定位目标消费群体需求。要根据产品的特性对消费群体进行细分，深入调查和研究真实的消费需求，挖掘和激发潜在的消费需求，准确定位目标消费群体，有的放矢地进行产品开发和市场推广，更有针对性地切中消费需求，将消费需求转化为消费行为①。其次，鼓励消费新业态新模式发展。推动数字文化融入夜间经济，打造夜间文化和旅游产品，为夜间经济增光添彩；重视对旅游目的地内容、IP 和场景的开发，以多样的产品品类满足规模化人群的需求，刷新人们的文旅体验；培养网民付费消费习惯，形成网络经济新盈利模式，进一步释放网络文化产品的消费潜力和市场价值。

3. 提高文化供给长尾变现能力

文化供给者需要与消费者建立良好的情感沟通，培育忠实的消费群体，为其打造独一无二的消费体验，让消费群体的情感投射到产品与品牌上，丰富居民的可选消费品类并提升消费质量，使文化供给拥有长尾变现能力。数字经济所产生的产业，改变了知识内容的形态，也改变了消费习惯和付费方式，塑造出全新业态，特别是具备多重垂直服务功能的综合性平台往往具有更强更广泛的用户吸附能力。文化产业要主动跨界破圈，与短视频、vlog、直播、游戏等多种形式相结合，满足群众多元化个性化服务需求，改善供给水平，提升文化消费满意度。

五、国内市场与国际市场循环发展

习近平总书记指出，“中华文化既是历史的也是当代的，既是民族

① 张振鹏：《启动文化消费的长效促进机制》，《中国文化报》2019 年 5 月 11 日。

的也是世界的”，强调“要更好推动中华文化走出去，以文载道、以文传声、以文化人，向世界阐释推介更多具有中国特色、体现中国精神、蕴藏中国智慧的优秀文化”。中华文化生生不息，以中华文化为源泉，打造中国文化产业品牌，推动中华文化走出去，提升中华文化影响力。

1. 提高中国文化在所在国的适应性

我国数字文化产业要走向世界，必须深入研究国外不同受众的文化传统、价值取向、思维习惯、欣赏习惯、产品体验，紧扣不同人群的关注点、兴趣点和共鸣点，对标内容是否体现中华文化精髓和符合世界进步潮流，对标路径是否符合市场规律和国际惯例，将中国文化深度嵌入所在国民众习惯的故事叙述逻辑和表达方法之中，开发富有表现力和感染力的文化产品，通过提高中国文化在所在国的适应性和竞争力，持续地满足所在国民众的审美需求，使他们喜闻乐见，进而达到提高产品的国际影响力，扩大中国文化产品在世界的消费市场的目的。

2. 打造具有国际影响力的原创品牌

不断深挖中华优秀传统文化的潜力与魅力，优化调整产品设计与产品推介方式，产出适销对路的优质文化产品，以中华文化产品研发助力中华文化品牌建设。坚持以丰富的中华文化为根基，以中华优秀文化作为塑造品牌核心价值的活力源泉，以科技创新为手段，促进文化与科技深度融合，提炼贴合中华文化核心价值的精神标识，创新文化的内容、表现形式和传播方式，着力打造个性鲜明、开放包容、具有国际影响力的原创品牌，构筑中华文化品牌的核心竞争力，让中华文化中具有中国特色、世界意义的文化精髓走向世界，让更多的“中国文创”占领世界文化贸易市场。

六、基础建设与消费环境双重保障

促进新型消费，应当强化基础设施建设，扎扎实实打牢“地基”；坚持深化改革，改善和优化消费环境，为壮大新型消费提供持久动力。

1. 加大对“新基建”的支持力度

加强新一代信息基础设施建设，从稳步推进网络建设、完善商贸流通基础设施网络等方面着手，进一步加大 5G 网络、数据中心、工业互联网、物联网等新型基础设施建设力度，打造低时延、高可靠、广覆盖的新一代通信网络，优化新型消费网络节点布局。推动城市信息模型（CIM）基础平台建设，建设智慧城市时空大数据平台，支持城市规划建设管理多场景应用，促进城市基础设施数字化和城市建设数据汇聚，大力提高新型消费基础设施和服务保障能力。

2. 加强关键核心技术攻关和运用

大力加强对 5G、人工智能、大数据、云计算、物联网等关键核心技术攻关和在文化产业各领域的应用，推动更多企业“上云上平台”，积极开展消费服务领域人工智能应用，丰富 5G 技术应用场景。加快研发可穿戴设备、移动智能终端、智能家居、超高清及高新视频终端、智能教学助手、智能学伴、医疗电子、医疗机器人等智能化产品，增强新型消费技术支撑。

3. 大力改善新型文化消费环境

顺应文化消费提质扩容和转型升级新趋势，深化文化领域供给侧结构性改革，着力破除制约居民消费的体制机制障碍，创新治理模式，完善法规制度，优化监管服务，为新型消费创造有序发展的外部环境。利用市场机制的积极作用，发挥税收政策与金融政策的杠杆效应，充分激发和调动各类市场主体与社会资本在文化产品开发与供给方面的积极性与创造性，形成优质文化消费供给的长效促进机制。实施文化消费便捷惠民措施，引导和激励民众文化消费。

第八章　5G 技术助推文化产业创新发展*

2019 年 6 月 6 日，中国工信部正式向中国移动、中国联通、中国电信、中国广电发放 5G 牌照，标志着 5G 正式进入商用阶段，也标志着 5G 时代的到来。关于 5G 技术，华为首席科学家童文博士指出：“早在 2013 年华为就为 5G 定下来四大技术指标——1～20Gbps 的峰值速率、10～100Mbps 的用户体验、1～10 毫秒的端到端延时和 1～100 倍的网络能耗效率提升都将在 2019 年兑现。”①5G 技术超高速率的数据传输、超低时延的即时响应、超高容量的云端存储将应用到更广泛的领域，实现从人与人之间的通信，走向了人与物、物与物的互联，最终走向万物互联的时代②。这意味着 5G 技术不仅将提升移动互联网极致的用户体验，还将推动物联网创新，进而推动产业全面数字化，成为新一轮科技浪潮的引擎。5G 技术在文化产业领域的运用，将会对文化产业的发展产生什么样的影响，这是当前各方面都十分关注的问题。

第一节　5G 技术提供文化产业发展新引擎

新兴技术成熟度曲线是全球知名咨询公司 Gartner 创建的，每年从

---

* 本章《5G 技术助推文化产业创新发展》（与余欢合作），原载《理论月刊》2020 年第 4 期；《新华文摘》2020 年第 15 期全文转载。

① 华尔街见闻：《华为 5G 首席科学家童文博士：5G 到底有哪些能力?》，2019 年 7 月 12 日，https：//baijiahao. baidu. com/s? id = 1623233462134-77356&2fr = spider&for = pc。

② 喻国明：《5G 时代传媒发展的机遇和要义》，《新闻与写作》2019 年第 3 期，第 63—66 页。

2000 多种技术中筛选出来 35 项近期关注的代表性技术。自 2017 年 Gartner 增添中国新兴技术开始，5G 技术无论在中国还是世界其他范围都尚处于科技诞生触发期，直到 2019 年达到期望膨胀期，意味着技术逐步成型，产品的知名度达到顶峰（见图 8-1）①。以 5G 为代表的新兴技术爆发式增长，深刻影响文化产业，倒逼文化产业走向创新发展。随着文化产品和服务的生产、传播、消费的数字化、网络化进程加快，网络直播、网络文学、网络影视、网络游戏、手机出版等基于互联网和移动互联网的新兴文化行业成为文化产业发展的新增长极。2019 年，全国 5.8 万家规模以上文化及相关产业企业实现营业收入 86624 亿元，按可比口径计算比上年增长 7.0%，保持平稳较快增长。从行业分类来看，增速超过 10% 的行业有 3 个，分别是：新闻信息服务行业营业收入 6800 亿

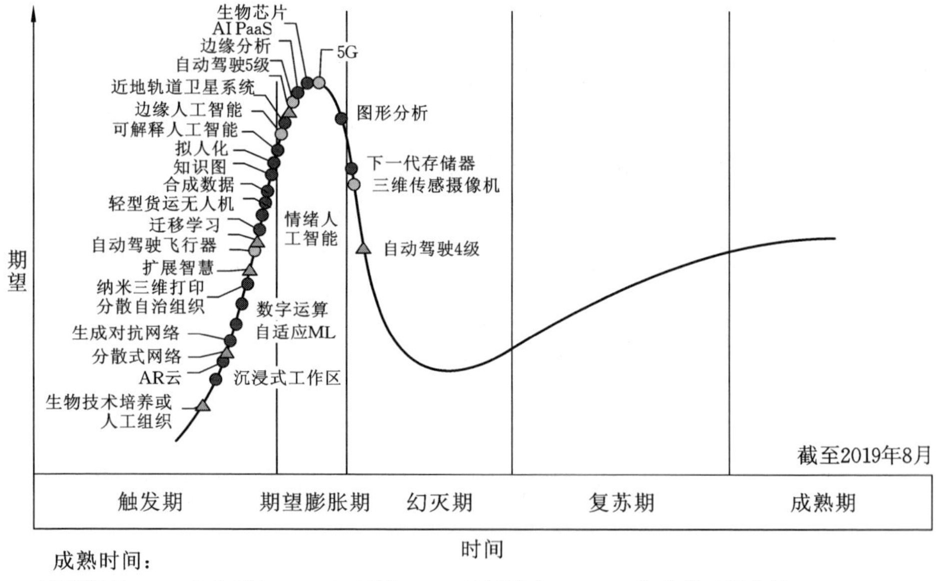

图 8-1　Gartner 发布的 2019 新兴技术成熟度曲线（The Hype Cycle）

① Gartner：《2019 新兴技术成熟度曲线》，2019 年 10 月 30 日，https：//new. qq. com/rain/a/20191029A0GIEE00。

元，比上年增长23.0%；文化投资运营行业营业收入 221 亿元，增长 13.8%；创意设计服务行业营业收入 12276 亿元，增长 11.3%。分领域看，文化核心领域营业收入 50471 亿元，比上年增长 9.8%①。5G 技术的运用将为数字化信息高速传输创造条件，为万物互联智能应用奠定基础，为文化与科技融合深度融合提供动能，将为文化产业带来无限的发展空间和发展潜力。

一、5G 技术赋予文化产业信息技术新功能

从移动通信技术发展历程来看，从 1G 到 5G 的迭代过程中衍生出越来越多新的应用功能。最初 1G 语音时代，人们只能通过模拟通信进行语音传输；2G 文本时代，实现了从模拟时代跨入数字时代，支持短信及低速数据业务，开启了文本数字通信；到了 3G 图片时代，将无线通信与国际互联网等多媒体通信手段相结合，实现声音及数据信息同步传送；到 4G 视频时代，集 3G 与 WLAN 于一体，能够快速传输数据和高质量音频、视频及图像数据，实现了从文本到图片再到视频的变化，催生了在线游戏、直播、短视频等更丰富的通信功能，走向了移动互联时代。与前 4 个移动网络通信时期相比，5G，即第五代移动通信技术，作为万物互联时代的核心技术，拥有超高流量密度、超高连接数密度、超高移动性、超低能耗等功能特点，不仅具有实现跨越时空连接终端的能力，还将使更多应用如移动医疗、自动驾驶、工业 4.0 等变为现实，而且还将广泛地服务于智能城市、智能家居、智能农业等，促进传统产业转型升级②。对于文化产业来说，5G 技术所建构的高速信息通路、丰富而强大的信息整合功能、万物互联智慧平台、虚拟现实装备，都将极大地促进文化产业资源的优化整合、生产要素与产品的高效流通、生产技术的不断创新发展，为用户随时随地提供 3D/超高清

---

① 国家统计局：《2019 年全国规模以上文化及相关产业企业营业收入增长 7.0%》，2020 年 2 月 14 日，http：//www. stats. gov. cn/tjsj/zxfb/202002/t20200214_ 1726365. html。

② 艾媒研报：《中国 5G 产业及 5G 概念股研究报告》，2019 年 3 月 28 日，https：//www. iimedia. cn/c1000/63941. html。

视频直播和分享、虚拟现实、增强现实等文化消费信息化和数字化体验，引领文化产业发展。

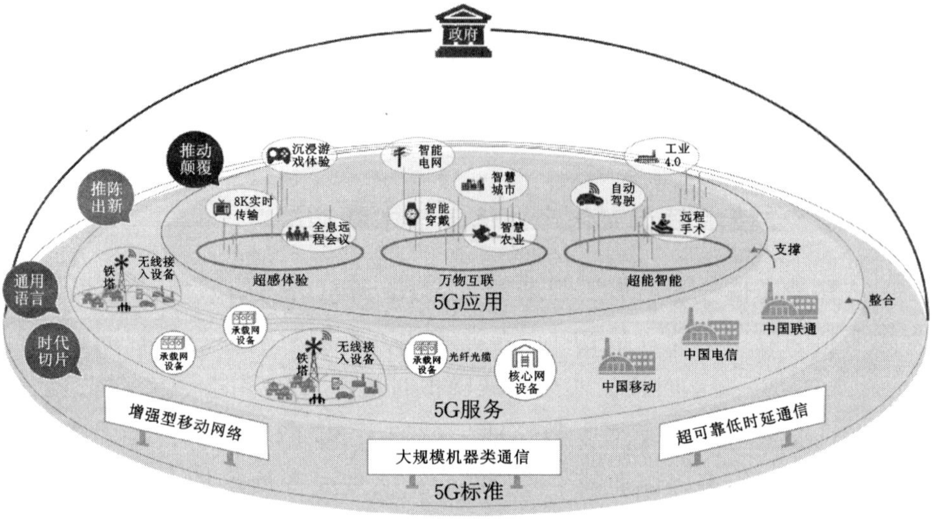

图 8-2　5G 生态全景图

来源：罗兰贝格《拥抱 5G 新世界》

二、5G 技术提升文化产业场景互联新体验

5G 的出现不仅仅是移动通信宽带的升级换代，而且对整个行业带来了变革性影响，改变了人们的衣食住行，使社会全面走向数字化智能时代。早在 2013 年华为发布的 5G 白皮书“5G：A Technology Vision”就提出了三个未来趋势，分别是“everything on mobile”（万物在线），“everything connected”（万物互联），“every function virtualized”（万物虚拟）。5G 的应用将架起一座跨越时空的桥梁，从多个层面提升人们的沟通方式和虚拟现实体验。华为 Hyper Service Cube 甄选了 15 个典型的应用场景，例如物联网、垂直产业场景（医疗、工业化自动人）、终端用户的自组网（虚拟现实、万物互联的智能传感器、医疗保健等），从三个维度——时延、吞吐率及连接数，即 1ms 的时延、10Gbps 的用户速率和 100 个

billion 也就是 1000 亿的连接数，明确未来通信的三大关键需求[①]。随着数字化进程的发展，人类在物理世界的生存需求和依赖逐渐延伸到数字世界，面对 5G 时代的到来，他们期望早日实现万物皆媒、万物互联、互通互联带来的体验升级。万物互联不单指的是端与端的连接，更是赋能更多的场景连接。场景背后的数据呈现的是人们对事物的观念和看法，呈现出不同亚文化群体的文化符号与价值观念[②]。场景互联下的文化产业，将生产“亚文化形态与文化特征”的文化产品[③]。5G 数据接入速率的即时性、有效性、互通性增加了更多场景的应用，尤其是 5G 技术所形成的与垂直行业、合作伙伴共同围绕应用场景的协同创新，从而保证了场景互联的持续性创新，将从本质上颠覆用户体验，重新定义文化消费体验。

三、5G 技术增强文化产业多维融合新动力

国际电信联盟在 2012 年出版的《物联网概述》中明确指出：物联网是全球信息社会的基础设施；以物质互连（物理和虚拟）的方式，在现有和新兴互操作信息通信技术（ICT）的基础上提供先进的业务；通过识别、数据捕获、处理和通信能力，充分利用“物”为各种应用提供服务，同时确保安全和隐私方面的要求。即物联网重在提供服务，而不是简单地将物接入网络[④]。由此可见，物联网技术的发展将使智能化应用深入生产生活之中，为人们提供更多有益的服务。根据工信部的数据测算，随着市场需求的增长、行业标准的完善和政府的扶持，到 2020 年，中国物联网产业整体规模将超过 1.8 万亿元。而 5G 数据传输速率相比 4G 提升 100 倍，这意味着 5G 使彼此的连接不再受到任何束缚，并将

---

① 参考华为 2013 年发布的白皮书“5G：A Technology Vision”。

② 李凤亮：《2018 文化科技创新发展报告》，北京：社会科学文献出版社 2018 年版，第 1—2 页。

③ 吴声：《场景革命》，台北：时报文化出版企业股份有限公司 2017 年版，第 213 页。

④《工业互联网的关键技术之物联网》，2019 年 10 月 24 日，http：//www. e-gov. org. cn/article-161775. html；国际电信联盟：《物联网概述》，2019 年 7 月 22 日，https：//www. itu. int/net4/ITU-T/search/api/redirection？dest = http% 3A% 2F% 2Fhandle. itu. int% 2F11. 1002% 2F1000% 2F11559-zh&position = 10&page = 1。

加速推动物联网走向互联互通。在首届世界5G大会上，中国工程院院士尹浩指出，5G将触发“大智物云”的聚合效应，即将大数据、物联网、云计算、人工智能融为一体，产生超过单个技术能力的聚合效益①。在文化产业融合上，5G技术可以在横向和纵向的文化产业行业类别、产业链进行n个排列组合，产生无限可能，为文化产业发展注入新动能。在文化生产内容上，在“万物互联”“大智物云”的5G科技创新背景下，人工智能、云计算、大数据、区块链技术将深度融合影响文化产业。如高清视频、直播、虚拟现实、增强现实等提供的数字内容，在即时传播的过程中推动产业链的拓展，有利于文化产业类型的丰富，带动相关产业内容和文化制造业联动发展，因此，物联网将成为颠覆文化产业变革的新引擎。

四、5G技术提供传统文化产业升级新动能

推动文化产业高质量发展，不仅需要更多的数字技术赋能，如数字孪生、物联网、众包创新、开源技术、人工智能、云计算等新兴数字化技术，更需要充分利用互联网公司的技术优势，与文化企业建立合作发展运营的模式，更好地推动传统文化企业早日实现数字化和网络化转型升级。而5G技术在文化产业中的应用将极大地提高内容生产效率、增强文化吸引力、提升文化竞争力、扩大文化传播范围，使文化产业走向智能化多元化发展。

腾讯公司抓住数字技术和5G技术发展的战略机遇期，以IP为核心，实施泛娱乐战略，利用现代科技延伸文化产业链，从内容到精神文化到产品形式对该公司的文化产业进行升级。2012年，腾讯确立泛娱乐战略，进行了公司组织架构的调整，成立互动娱乐事业群（IEG），围绕IP进行二次开发，生产衍生品，形成IP产业链。至2018年，腾讯已经建立了旗下五大业务板块，即阅文集团、腾讯影业、腾讯游戏、腾讯电竞、腾讯动漫，形成了泛娱乐矩阵（见图8-3），其中，腾讯动漫和腾讯文学

①《中国联通与腾讯联合发布〈2019中国智慧文旅5G应用白皮书〉》，2019年5月22日，http://kuaixun.stcn.com/2019/0522/15130751.shtml。

（阅文集团）生产和孵化IP，腾讯影业、腾讯动漫和腾讯电竞输出动画、电影、网剧、网综内容，腾讯影业负责分发，并与腾讯游戏一起负责IP变现。以IP为中心，通过IP挖掘、孵化、并购、投资等一环套一环的方式构建了由影视、文学、游戏、动漫、音乐等组成的全方位文化娱乐生态链。腾讯集团副总裁、腾讯影业首席执行官程武指出，中国的泛娱乐根植于互联网土壤，具有广阔多元的创作空间、丰富活跃的IP源头、形式多变的线上衍生，可以说“互联网+文创”的平台优势，是中国做泛娱乐的特色①。党的十八大以来，习近平总书记多次在讲话中提到传承和弘扬中华优秀传统文化，因此传播中国传统文化是当前传播的主流思想，这就需要更多具有中国文化特色的内容出现。人工智能、大数据、5G技术的不断进步，使用户对内容细分和生产的质量有了更高的需求。顺应时代发展的背景，腾讯从“泛娱乐”转向“新文创”战略，依托5G技术上的优势，建立更广泛的主体连接，推动文化价值和产业价值相互赋能，实现更高效的数字文化产业发展。

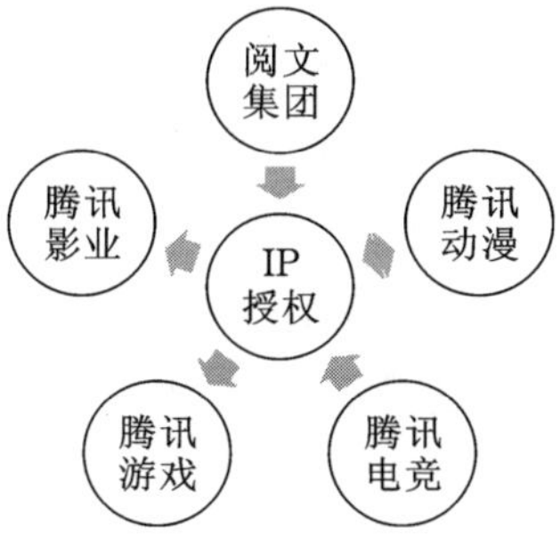

图8-3 腾讯泛娱乐矩阵

第二节 5G技术催生文化产业产品新需求

习近平总书记在全媒体时代和媒体融合发展第十二次集体学习中提出了“四全媒体”这一全新概念，即全程媒体、全息媒体、全员媒体、

① 腾讯互娱：《五年布局站在泛娱乐真正起点上》，2020年2月28日，https://games.qq.com/a/20170420/064809.htm。

全效媒体。从时空、技术、社会、生态四个维度指出了今后媒体融合发展的方向和目标①。5G 技术将促使“人与人、物与物、人与物”走向万物互联，创造出更多细分的场景需求，激发人产生更深层次的需求，从而带来更多文化产业生产和消费的新特征和新需求②。

一、5G 技术推动文化产品生产的大众化和市场化

一方面，通过现代科技与传统手工艺相结合的方式，优化和革新生产流程，推动文化生产方式的变革，提升文化产品生产效率和质量，促进内容的生活化，推动文化产业由小众走向大众。随着 5G 技术以及虚拟现实（VR）、增强现实（AR）、4K/8K 高清视频等技术的发展和在文化产业中的应用，文化产品生产质量将极大提高，产品生产效率将进一步提升，产品生产规模将进一步扩大。如今，在新技术的推动下，网络影视、网络音乐、网络文学、网络游戏等数字文化产品已走入千家万户，与百姓生活越来越密切，从而使文化产品的生产获得了广泛而坚实的大众基础。

另一方面，数字装备在文化产业生产领域的运用，进一步构建了一个更加开放的产品生产和传播平台，极大地拓展了文化产业市场。数字装备包括软件和硬件两个方面。软件主要指的是具有“交互式、虚拟化、数字化、网络化特征的文艺创作、文化创意设计和产品”制作和展示软件；而硬件方面，主要是具有“沉浸体验的数字内容的制作和展示设备”③。这些装备运用于文化产品生产和文化服务，拓宽了文化产业的应用场景。未来，在经过 5G 技术升级的数字装备的支撑下，文化产品将在数量与种类上不断丰富，如音乐、动漫、影视、出版、游戏、演艺、广告等传统业态的网络化、数字化和平台化的程度将进一步加深，最终

① 《打造“四全媒体”推进高质量融合》，2019 年 12 月 8 日，http：//media. people. com. cn/n1/2019/0724/c40606-31253818. html。

② 《5G 将至，视频平台如何迎战下半场?》，2019 年 5 月 28 日，https：//baijiahao. baidu. com/s? id = 1634753795993023067。

③ 李凤亮：《2018 文化科技创新发展报告》，北京：社会科学文献出版社 2018 年版，第 1—2 页。

将在移动互联网依托广泛连接的移动智能终端实现融合发展①。同时，不断深化的数字化程度将缩小新兴业态与传统业态的差异，不断网络化的生产和传播平台将使文化产业走向更加广泛的大众化和更加开阔的市场化。

如北京字节跳动科技有限公司运用互联网络和人工智能，通过"内容产出+广告业务"完成流量变现。早在 2015 年，字节跳动就确定了全球化布局，开展"技术出海"的战略部署，目前，字节跳动的产品和服务已覆盖全球 150 个国家地区、75 个语种。在技术布局上，字节跳动于 2016 年率先成立人工智能实验室，致力于智能技术应用和研发，同时，字节跳动 2018 年文娱投资部分项目（见表 8-1）显示，字节跳动间接控股 100% 的维境视讯，这家公司正是致力于研发 VR 视频采集、拼接、编码的科技公司，在 VR 流媒体分发、播放、制作、端到端、点播方面的技术优势，毫无疑问将助力字节跳动在视频领域的 VR 技术应用上抢得先机。

表 8-1 字节跳动 2018 年文娱投资项目（部分）

项目名	投资情况	投资时间	投资金额
朝夕日历	收购	2018-4-9	未透露
一起作业	E 轮	2018-3-7	约 2 亿美金
声影动漫	A 轮	2018-3-6	未透露
维境视讯	收购	2018-2-12	未透露
Faceu	收购	2018-2-18	3 亿美金
半次元	收购	2018-2-7	未透露

目前字节跳动旗下拥有今日头条、抖音、西瓜视频、TikTok、BuzzVideo 等热门产品，在新闻资讯、短视频市场因为拥有数量庞大的年轻用户占据极大优势。5G 技术的超高移动、超高连接数密度、超高流量密度、超低能耗等特点，恰好满足了字节跳动的发展需求。在企业布局上，公司

① 《5G 与文化产业会碰撞出怎样的火花》，《光明日报》2019 年 7 月 19 日。

将5G、AI、VR广泛运用到了内容的创作、分发、互动、管理等方面，具有很强的前瞻性，为公司发展数字文化产业构建新了基础。

二、5G技术满足文化产品消费的个性化和体验化

最新发布的GSMA报告称，到2025年，全球5G连接数量将达14亿，占全球总连接数的15%，中国和欧洲等市场的连接数预计约占30%，美国占总连接数的一半。未来15年，5G将为全球经济增加2.2万亿美元产值①。5G技术在文化产业中的广泛运用，将促进文化产业为消费者提供更多更丰富的个性化且体验感强的产品与服务。

1. 5G技术加速跨界融合更好地满足个性化需求

文化需求是文化消费的基础，只有创造需求提升消费体验，才能找到发展文化产业的突破口。在文化与科技融合的推动下，文化产品的生产呈现细分化、专业化、多元化的趋势，以直播行业为例，行业细分已涉及母婴、美妆、服装、酒店餐饮、旅游、测评以及知识付费等类别(见表8-2)。5G和人工智能等新兴技术为文化产业发展打开了更为广阔开放的平台，文化产业的行业划分也趋向垂直化、细分化、专业化，呈现了新的文化产业特征，此时用户的个性化需求和自我表达被无限放大，心理上期待更高层次、差异化、个性化的情感表达，试图找寻与自己心理期待和文化需求相符合的文化产品和内容，从而形成一个又一个不同风格、不同爱好的文化群体②。由此，5G技术推动文化生产在内容和形式上进一步扩大，从而满足用户多元化和个性化的需求。

表8-2 直播行业内容细分和职能

内容类别	目的与功能
母婴类	电商导购

① GSMA，“The Mobile Economy 2019”，2019-12-12，https：//www. gsmaintelligence. com/research/2019/02/the-mobile-economy-2019/731/.

② 吴承忠：《5G智能时代的文化产业创新》，《深圳大学学报（人文社会科学版）》2019年第4期，第51—60页。

续表

内容类别	目的与功能
美妆类	直播带货
服装类	供应链、抖音导购、大号带小号售卖
酒店餐饮类	探店、招商加盟
旅游类	与当地政府合作宣传、售卖景点门票
测评类	电商
知识付费类	销售虚拟产品如生活技能、软件操作、课程变现

5G技术不仅对具有新内容和新形式的文化产业产品生产在满足个性化需求上具有巨大的作用，而且对传统文化产业也具有同样的功效。北京大学文化产业研究院副院长陈少峰指出，进入2019年，随着5G商用传输成本的大大降低，“平台+技术+内容+垂直运作”的新业态模式将会打通线上线下，全面渗透到传统文化产业①。以故宫博物院为例，截至2018年12月，故宫文创产品研发超过1.1万件，涉及丝巾、口红、书签、手链等众多品类，在走近大众的过程中越来越受到大批年轻群体的喜爱。故宫博物院在文创产品上的一系列创意受到了大众的热捧和欢迎。同时，故宫在文化与科技的融合上也进行了不少的尝试。如故宫借助腾讯的互联网科技，通过游戏、动漫、表情包、音乐等多元形式，基于腾讯平台和技术的优势，利用创意方式普及文化遗产的丰富内涵。通过“数字化+云化+AI化”建设“数字故宫”，如腾讯影业制作出品《故宫如梦》；探索“5G+4K超高清+互动多结局+场景沉浸”的创新形式，如推出《天天爱消除》故宫主题特别版游戏；腾讯动漫与故宫合作，开放《韩熙载夜宴图》《十二美人图》《海错图》等一系列景点IP给动画选手进行二次元创作，呈现“故宫故事”；与腾讯地图合作开发“玩转故宫”小程序，定制个性化路线；与QQ音乐合作举办“古画会唱歌”活动，

①《5G与文化产业会碰撞出怎样的火花》，《光明日报》2019年7月19日。

推出中国风歌曲等等①。一方面，故宫博物院在跨界融合和数字创新上大胆尝试，使文化产品服务呈现出多元化、多样化、多视角的特点，重构了文化产品；另一方面，5G、人工智能、云计算等技术的运用，提升了文化消费者的沉浸式体验，加深了文化消费者的黏合度，吸引用户进一步进行文化消费，帮助内容创意全面升级。未来文化产业要以5G、AI、云计算为纽带，以用户个性化需求为导向，覆盖全产业链，整合上下游企业等优质的文化资源和文化主体，构建新型的产业生态。

2. 5G数字虚拟展示带来了全新文化消费体验

5G技术带来的大宽带技术传输可以满足AR远程交互，完美解决了过去网速不通畅造成AR晕眩等问题。比如5G与AR结合的“AR景点”“AR餐饮”的出现，带给游客全新的文化体验。游客通过线上APP或二维码操作进入界面，一步解决文化消费和文化体验中的所有问题。基于不同的景点和标识，通过扫描门票上的景观标识，可以在门票上实现裸眼3D效果、观看宣传视频讲解、利用LBS技术设置文物位置追踪、景点打卡签到、虚拟签名墙等活动，带动文化体验中的对外传播，让更多的游客主动分享相关文化资源。

5G时代，以大数据、人工智能、云计算为代表的高科技将创造新的传播方式，为人们了解传统的文化产业带来更为丰富的“现场”交互体验。利用相关数字技术，如AR、VR、AI等，打造线上数字博物馆、数据库、5G智慧馆等，推动当地文化资源的保护、传承与传播。以敦煌莫高窟为例，一方面，自然环境因素侵蚀引起的墙体脱落、变色、褪色，包括动植物及微生物都会损毁壁画；另一方面，游客数量众多且集中参观，空气中的二氧化碳含量增加对彩塑和壁画构成了严重的威胁。加上游客对文物知识知之甚少，偷用冷光源电筒和相机拍摄，无形之中将进一步加深破坏。Google与CyArk合作利用虚拟现实技术（VR）、增强现实技术（AR）对全球濒危遗址进行3D建模，敦煌的部分洞窟得到了数字化保存和传播。随着以5G为代表的移动通信技术的应用，未来人们

① 《“故宫×腾讯”三年合作》，2019年12月9日，http://www.sohu.com/a/271024422_502894。

还可以在移动智能终端体验世界文化瑰宝。

随着5G技术的应用，以及虚拟现实、增强现实、8K视频等技术的发展，这些数字文化产品无论在形式还是内容方面，都将呈现出崭新的“面孔”。目前，美国高通公司正联合包括中国厂商在内的多个业界伙伴，研发可连接5G智能手机的扩展现实头戴显示器，打造下一代沉浸式移动计算体验。在不远的未来，随着5G应用广泛融入社会，文化产品的数量与种类将会不断丰富，音乐、动漫、影视、游戏、演艺等传统业态的数字化程度将不断加深，具有可视化、交互性、沉浸式等特性的数字创意产品和服务将不断涌现，人们可以通过移动智能终端，身临其境地体验不同类别的文化产品和服务。

第三节　5G技术培育文化科技融合新业态

在5G技术带来的信息超高速、万物皆互联、现实可虚拟的科技背景下，不同行业的5G应用将会有一个爆炸性增长，在5G技术的推动下，借助移动化、社交化、智能化优势，文化产业跨界融合将成为常态，文化+科技、文化+创意、文化+出版、文化+传媒、文化+影视、文化+会展、文化+旅游等深度跨界融合，将培育出更多文化产业新业态。而在5G智能时代赋能下，数字出版、超高清传媒、数字影视、数字文博、云端游戏和智慧文旅等文化产业将加速释放技术带来的爆发力。

一、数字出版业：网络化可视化催生数字阅读

5G时代，高速率、低延时、全连接的特点加速了阅读方式从线下纸质图书转向移动端线上阅读，阅读对象由图文式的报纸、期刊转为短小精悍的视频类资讯产品，传统的文字时代逐渐被视觉时代所替代①。5G+VR/AR的技术结合为传统出版打破壁垒创造了条件，带动内容生产逐步视频化、直播化，知识内容体系在人们工作和生活中被随时调用，内容

① 喻国明：《试谈5G变局下视频市场的洗牌与重组》，《教育传媒研究》2019年第2期，第6—7页。

直达用户，随时检索、随时呈现、随时在场、随时生产、随时分享。数字阅读突破物理和时间的空间局限，不仅为用户提供了一种升维的表达方式，而且为出版社解决了过去用户反馈、评论、使用等交互数据采集难的问题。此外，“VR+图书”新产品的出现催生了数字阅读新体验。例如人民文学出版社结合媒体融合创新，成为国内首家应用AR技术的出版社。阅读“朗读者”系列图书时，读者扫描图书函套底部的二维码后，下载“朗读者AR”应用，即可通过扫描书中图片，观看近1000分钟的视频片段。在AR技术的助力下，一套静态的图书瞬间转换成一部“可移动的活电视”①。体验式阅读、沉浸式阅读、跨时空阅读，随着万物互联时代的到来，将深刻影响全民阅读的方式和新闻出版的业态，“传播+阅读+沉浸式体验”的虚拟与现实并存的新业态将会创造更美好的生活空间。

二、数字传媒业：超高清技术开拓传播新渠道

2019年2月28日，工信部等发布《超高清视频产业行动计划（2019—2022年）》，提出“4K先行、兼顾8K”的总体技术路线，目标是在2022年实现超高清总体产业规模超4万亿元②。同年10月30日，广播电视总局正式授牌国家级超高清视频产业基地“中国（成都）超高清创新应用产业基地”③。超高清音视频产业基地的设立，标志着我国网络视听和广播产业在硬件设备、软件算法及平台上有了一个明显的飞跃。在广播电视业，5G在超高清视频内容制作和网络智能直播互动上实现了跨越式发展。如2019年的央视春晚在深圳分会场实现了4K和VR超高清视频内容的5G传输；在延安举办的2019年文化和自然遗产日主场城

① 《VR AR AI能否改变出版业态》，2019年12月2日，http：//www. cnr. cn/tj/whtj/sh/20180116/t20180116_ 524101063. shtml。

② 《工业和信息化部、广电总局、中央广电总台关于印发〈超高清视频产业发展行动计划（2019—2022年）〉的通知》，2019年2月28日，http：//www. gov. cn/gongbao/content/2019/content_ 5419224. htm。

③ 《我国首个超高清视音频国家重点实验室在沪启动建设》，2019年12月6日，http：//www. xinhuanet. com//2019-12/06/c_ 1125318217. htm。

市活动首次采用 5G 技术直播；2019 年 10 月第七届世界军人运动会，湖北电信、湖北联通、湖北移动共计建设 5G 基站 3760 个，实现武汉市三环内和军运会场馆全覆盖。AR 沙盘、5G 全景直播、5G 互动游戏为军运会主媒体中心带来了全新的报道形态，其中 5G+4K 全景高清直播制作实现超高清实时画面，观众可以通过电视、手机享受 5G 带来的高清直播观赛体验。不仅如此，新华社也在女排比赛中试水 5G 新媒体直播，吸引了数十万观众观看。5G 技术不仅可以制作超高清视频，也可以在云平台进行节目内容的制作和网上直播，完美地解决了以往传统媒体无线传输延时大、卫星传输成本高等问题，“5G 云采集”“5G 直播互动”的新应用，带来更清晰的画质、更流畅的互动，全维度地满足了用户多样化的需求，为新闻报道的传播拓宽了一条大路①。

三、数字影视业：“5G+VR+云”升级视觉新体验

5G 技术在影视业的制作、发行、放映以及保存等诸多环节都提供了相应的技术支持，为影视行业进一步开拓未知领域提供了可能。“5G+4K”和“5G+8K”高清、流畅的视频形态升级观众的视觉体验，5G 的技术支持解决了 VR 带来的晕眩感等问题，使观众获得了良好的观赏体验，促使 VR 电影成为影视业未来发展的重要方向。华人导演李安早在 2016 年就完成了自己的首部 120 帧电影作品《比利 · 林恩的中场战事》，让观众首次在大屏幕能够看清演员的发丝和毛孔，带给观众极致的观影体验。2019 年 10 月 4 日，他在影片《双子杀手》中率先尝试将 120 帧+3D+4K+VR+CG 技术融入电影拍摄，在技术层面上最大程度降低画面抖动、提升画面流程度和清晰度，将电影的真实内容和场景的细节完美呈现在观众面前。此外，受 5G 技术发展的推动，未来院线的发展方向也将会偏重于体验性电影院，比如在以高度真实感、沉浸感为代表的 VR 智能综合体验馆，电影院将不再是单一地为观众提供观影服务，而是为观众提供更好的影像体验服务。挪威 Odeon（欧典院线）就是目前正在

① 《〈5G 新媒体行业白皮书〉：趋势、模式、解决方案、应用案例》，2019 年 7 月 24 日，http：//www. sohu. com/a/329155973_ 179557。

运营的全球首个5G电影院，在这里不需要额外物理储存和漫长的等待，电影发行的速度将会极大提升。

四、数字文博业：虚拟现实提升文物新体验

5G网络通过虚拟现实（VR）、增强现实（AR）、AI等高新技术的结合，提供数字展品、虚拟现实交互体验、展品辅助讲解等体验业务，可以为我国的博物馆、图书馆、美术馆等公共文化空间提供更好的发展模式，同时还能为大众提供更加良好的公共文化体验。2019年10月31日，良渚古城遗址公园实施“双5”计划——5G技术展现良渚5000年文明，成为全球首个5G全覆盖的国家遗址公园。公园将“1个数据中台+5G全覆盖、5G新闻、5G新管理”的建设思路落实在遗址保护、巡查管理、文物展示、文化传播、数字教育等方面，创造性地打造了多维一体的体验体系和文化保护体系。同时，5G+AR试衣镜、5G+MR全息文物、5G+MR沙盘、5G+MR眼镜、5G+博物馆等应用帮助游客获得全方位的参访体验①，以一种新奇有趣、科技感十足的方式让游客更为直观地感受到良渚文明和体验良渚文化。另外，故宫博物院和湖北省博物馆等都已经着手打造“5G智慧博物馆”，湖北省博物馆借助8K超高清互动技术对曾侯乙编钟进行了360度全景直播，在大厅5G、VR体验站台上，透过VR眼镜不仅可以清晰看到曾侯乙编钟上的细纹和花雕，还可以通过操作手柄，在VR镜头下模拟用钟锤敲击编钟，发出时而清脆时而浑厚的钟声②。

这些成功的案例为5G技术在数字博物馆业中的应用提供了示范。

五、云端游戏业：云端交互带来沉浸式新感受

《2019年全球游戏市场报告》显示，移动游戏仍是最大的细分市场，

① 《良渚古城遗址公园成全球首个5G全覆盖国家遗址公园》，2019年11月15日，http：//www. hangzhou. gov. cn/art/2019/11/1/art_ 812269_ 39707723. html。

② 《湖北省博物馆“5G智慧博物馆”上线》，2019年9月7日，http：//news. cssn. cn/zx/bwyc/201909/t20190907_ 4968910. shtml。

产生了685亿美元的市场收入，占据全球市场规模的45%。2019年亚太地区仍是全球最大的游戏市场，预计收入达722亿美元，占全球市场的47%[①]。一方面，由于5G“高宽带”和“低延迟”的特性，游戏行业无缝衔接融合已是必然趋势，与游戏相关的运算与渲染完全可以在云端完成，这意味着，云游戏玩家不需要再购买昂贵的硬件就可以获取高质量的游戏，未来的游戏将会告别终端，玩家在手机上就能玩PC版《魔兽世界》，也同样能够体验主机版《使命召唤》。另一方面，5G也让一系列全新沉浸式和交互式游戏模式成为可能，让用户与游戏角色产生一定协同效应，斯皮尔伯格的电影《头号玩家》描述的场景即将成为现实，给用户带来逼真的感官体验。市场研究机构Nico Partners预测2023年亚洲地区的云游戏平台和服务收入将会从2019年的2.7亿美金上升至30亿美金，消费者人数也将从300万增长至6000万。得益于中国5G快速部署，他们预估中国或将在2023年成为全球最大的云端游戏市场[②]。截止到2019年9月，全球范围内涉及云游戏服务的公司共计152家，其中中国厂商22家，数量仅次于美国。随着5G技术与文化产业不断深度融合，游戏的边界被打破，而游戏行业也将承载更多的功能，从游戏延伸到教育拓展、可视化设计、互动模拟等领域，将体验感和价值感发挥到最大化。

六、智慧文旅业：5G智能赋能全域文化旅游

腾讯和中国联通联合发布《2019中国智慧文旅5G应用白皮书》，提出了未来智慧文旅发展的三条解决路径：其一，5G将承担信息化、智慧化的基础设施角色。加强文化和旅游业中人与物、物与物的连接，为万物传递信息，具体表现在满足景区游客网络需求，提升景区服务、管理和营销方面的能力，建设文旅行业专用终端，打造标准一体化的“一机

① NEWZOO，“Global Games Market Report 2019”，2019-06-22，https：//www. doc88. com/p-6394774026713. html.

② 猎云网：《亚洲云游戏市场在2023年将达30亿美元规模，有600万玩家进入》，2019年9月22日，https：//baijiahao. baidu. com/s? id=1645331529668791997&wfr=spider&for=pc.

游”景区等。其二，利用5G提升文化和旅游大数据的广度和精度。依托5G+AI图像识别技术、传感器和游客业务数据，从原来面向规模群体身份的分析，转变为个体精准识别的分析，拓展更多数据源，形成“景区内容推进—游客欣赏评价—景区产品迭代”的闭环。其三，5G应用于文化和旅游众多场景，为游客带来全新体验。全域旅游的大力推进，使文化旅游业的内涵和范围不断增强，国民的文化素养也随之提高，促使以特色文化为代表的新型业态迅速崛起①。比如，在传统风景区旅游方面，5G与其他新技术的融合创新应用，如全景视频直播、智慧导览以及基于物联网的衍生应用，能突破文化形态与空间局限，让游客身临其境地感受各具特色的文化遗产和景区风景。例如全国首个5G文化旅游示范街区——成都“夜游锦江”航段成功实现5G+8K全球首航；河南安阳红旗渠景区联合中国联通，通过打造5G+VR全景直播、5G+AR慧眼、5G+AI旅游服务、5G+社会分享等，大大增强了游客个性化服务的体验感。

结语

5G时代已经到来，我国文化产业必须抓住发展机遇，借助信息革命技术发展的东风，建立相关技术研究中心，完善和提升技术能力，加快5G技术在文化制造业、文化服务业和其他相关产业的落地应用。运用新技术、构建新业态、突破新模式，加快文化与科技的深度融合，让科技成果渗透到文化创作、生产、传播和消费的每一个环节，推动各个文化产业行业的转型升级，从而推动文化产业实现高质量跨越式发展。

---

①《中国联通与腾讯联合发布〈2019中国智慧文旅5G应用白皮书〉》，2019年5月22日，http://kuaixun.stcn.com/2019/0522/15130751.shtml。

第九章　人工智能开启数字文化产业发展新时代

智慧是人类之所以成为人类的关键因素，人类文明的一切成就都是人类智慧的产物。科学技术既是人类智慧的结晶，也是人类智慧发展的动力。为使科学技术更好地造福人类，人类充分发挥自己的聪明才智，积极开展人工智能研究。人工智能分为三个发展阶段：弱人工智能、强人工智能、超人工智能。当前人工智能还处于弱人工智能阶段，在多源数据、多应用、超算能力、算法模型的驱动下，正在形成以开放性智能为基础、以交互学习和记忆为核心、以推理和知识为驱动、以混合认知模型为重点的新一代人工智能。随着人工智能技术的不断发展，人们的聚焦点也从技术和制造层面向更深层次的社会和文化层次延伸和转移，人工智能已成为引领新一轮科技革命和产业变革的战略性技术。在人工智能等技术的驱动下，我国“文化+人工智能”已成为文化与科技融合的最新亮点。未来，随着网络技术、云计算技术、人机交互技术等现代技术的进一步突破，人工智能将向强人工智能和超人工智能阶段发展，并将广泛应用于人类社会经济文化各领域，也必将深度影响文化产业的发展，甚至改变文化产业的发展轨迹，我们必须密切关注应用动态，作出正确的选择，迎接以人工智能为代表的数字文化产业发展新时代的到来。

第一节 人工智能的要素和功能

人工智能一词最初是在1956年达特茅斯（Dartmouth）学会上提出的，它是计算机科学、控制论、信息论、神经生理学、心理学、语言学等多种学科互相渗透而发展起来的一门综合性学科。著名的美国斯坦福大学人工智能研究中心尼尔逊教授对人工智能下了这样一个定义："人工智能是关于知识的学科——怎样表示知识以及怎样获得知识并使用知识的科学。"而美国麻省理工学院的温斯顿教授认为："人工智能就是研究如何使计算机去做过去只有人才能做的智能工作。"概括来说，人工智能是研究、开发用于模拟、延伸和扩展人的智能的理论、方法、技术及应用系统的一门新的技术科学。

一、人工智能技术的要素

人工智能是研究人类智能活动的规律，应用计算机来模拟人的某些思维过程和智能行为，构造具有一定智能的人工系统的基本理论、方法和技术的科学。人工智能主要研究机器的感知、思维、学习和行为，其使机器表现出类似人类的感知、理解、判断、推理、证明、识别、通信、设计、思考、规划、学习和问题求解等思维活动，使机器具有类似人类的智能行为，用机器去实现所有目前必须借助人类智慧才能实现的任务。人工智能实际应用于机器视觉、指纹识别、人脸识别、视网膜识别、虹膜识别、掌纹识别、专家系统、自动规划、智能搜索、定理证明、智能博弈、自动程序设计、智能控制、机器人学、语言和图像理解、遗传编程等方面。人工智能技术由数据、算力、算法三元素构成，三者缺一不可。

（一）数据

数据是实现人工智能的首要因素，是一切智慧物体的学习资源，没有了数据，任何智慧体都很难学习到知识。人类的学习非常依赖于数据的质量，人工智能学习对于数据的依赖程度高于人类。相比现代人工智能，人类不仅具有推理能力，即在学习某些具有关联性知识的时候，通过推理、联想可以获得更多的知识，而且在某种特定场景下，即使数据不够完整全面，也会利用推理和想象来补全缺失的知识。而现代人工智能学习知识主要是依赖于数据的质量，人工智能专家吴恩达认为人工智能=80%数据+20%算法模型，数据质量的好坏很大程度上决定了智能化水平的高低。因此，数据库建设对于人工智能功能的实现极为重要，大数据是人工智能进化的基础条件，只有拥有大数据，人工智能才能够不断进化，才能真正成为人们所说的人工智能。

（二）算力

算力是机器通过对信息数据进行处理，实现目标结果输出的计算能力，即通过对这些数据进行整理计算，从各种各样的数据之中挖掘出有价值信息和解决问题的能力。目前人工智能主流技术深度学习过程就是将需要学习的数据放在算力设备上运行，经过神经网络亿万次的计算和调整，得到一个最优解的过程。人工智能把数据经过算力运算提取数据的特征作为智能化程度的标志，算力在一定程度上体现了人工智能的速度和效率。一般来说算力越大，则实现更高级人工智能的可能性也更大。算力是依附于设备上的，所以一般谈论算力，都是在说具体的设备，比如 CPU、GPU、DPU、TPU、NPU、BPU 等，都属于算力设备，只是有各自不同的能力而已。

（三）算法

算法是一种利用机器深度自主学习能力对现实生活中大量分散的、碎片化的数据信息进行自动化处理，解决问题的策略机制（模型）。人工智能算法使得机器能够通过可读的指令程序，根据人的活动内容、行为踪迹、位置信息、喜爱偏好等数据，对人的行为进行评价和预测。其主要体现为人工智能的研发者通过一系列的技术性指令作用于特定机器的活动，对数据信息进行自动化处理的机制。

数据、算力、算法三者之间的关系为：数据是资源，是基础；算力是对资源有效利用的能力，是动力；算法是利用资源解决问题的策略机制（模型），是灵魂。数据依赖大众的贡献，算力依赖计算机的性能，算法依赖个人的智慧。人工智能是数字化、信息化和知识化的综合体现，人工智能的能源是大数据，动能是云计算，灵魂是人智慧。

图 9-1　人工智能技术的要素

二、人工智能实现的主要技术

人类大脑智能的进化是靠人的双手和环境之间的互动，人类经过千百年来的进化走到了今天。而人工智能的发展必须要经过它和环境之间的互动以及和人之间的互动增加反馈，逐渐提升、进化智能水平。人工智能实现的过程实际上是人与计算机之间使用某种对话语言，以一定的交互方式，为完成确定任务而进行的人与计算机之间的信息交换过程。人工智能始终是计算机科学的前沿学科，计算机编程语言和其他计算机软件都因为有了人工智能的进展而得以存在。人工智能运行有四个步骤：第一，感知外界的信息；第二，处理这些信息，通过处理信息进行学习；第三，记住学过的东西；第四，通过学到的知识处理新环境下的问题。人工智能主要涉及五大基本技能，即语音识别、视觉识别、机器学习、知识图谱、信息处理，通过人机交互实现这五大技能。

（一）语音识别

人工智能语音识别是利用机器将语音信号转换成文本信息。语音识别就是让计算机能听懂人说的话，其识别过程与人类的语言学习过程相似，其显著特点是速度快，准确性和效率高。比如机器翻译就是利用计算机把一种自然语言转变成另一种自然语言的过程，用以完成这一过程的软件系统叫作机器翻译系统。以“语音识别”进行外语翻译为例，如今，利用计算机“语音识别”功能实现了多国语言（英、日、意、韩、法、德、中等）口语自动翻译，语音识别系统能在嘈杂的车里、会议室里、演讲厅里，听清听懂中文、外语、方言，并即时翻译出来。现在人们出国预定旅馆、购买机票、在餐馆对话和兑换外币时，就可利用电话、网络电话和互联网 APP 翻译功能，与“老外”进行通话。近些年，科大讯飞坚持以用户为中心的理念，深耕人工智能语音技术领域，努力提升讯飞翻译机产品硬核实力，不断迭代升级，开拓并引领翻译机品类市场不断发展。现在的讯飞翻译机 4.0 集成了新一代语音识别、机器翻译、语音合成、OCR、多麦降噪等自研技术，智能翻译机语种覆盖了近 200 个国家和地区，在嘈杂环境中使用依然有高达 98% 的准确率，而这背后是智能语音识别、语音合成等人工智能技术的支撑。

（二）视觉识别

人工智能视觉识别是用摄影机和电脑模拟人类视觉功能对视觉目标进行识别、跟踪和测量等，并根据需要进一步做图形处理。这一技术就是让计算机能够像人一样有视觉观察、识别和处理的能力。其主要研究目标是使计算机具有通过二维图像认知三维环境信息的能力，这种能力不仅包括对三维环境中物体形状、位置、姿态、运动等几何信息的感知，而且还包括对这些信息的描述、存储、识别与理解。目前，计算机视觉已在人类社会的许多领域得到成功应用。例如，在图像、图形识别方面有指纹识别、染色体识字符识别等；在航天与军事方面有卫星图像处理、飞行器跟踪、成像精确制导、景物识别、目标检测等；在医学方面有医学图像分析、图像的脏器重建等。随着 5G 等传输技术的快速发展，视频、图片类应用快速成为最主流的 APP 消费场景。当今人们所使用的手机多为智能手机，这样的智能设备能采用生物识别技术，如人脸识别。举例来讲，苹果手机的 FaceID 可以进行 3D 显示，它照亮你的脸并在脸上放置 3 万个不可见的红外点，以此捕获脸部图像信息。然后，它使用机器学习算法将脸部扫描与脸部扫描存储的内容进行比较，以确定是否为本人。比如，手机的人脸识别解锁功能和支付宝的人脸识别支付功能等就要求做人脸识别，这就是运用了人工智能视觉识别功能。

（三）机器学习

机器学习研究的是计算机怎样模拟或实现人类的学习行为，以获取新的知识或技能，重新组织已有的知识结构使之不断改善自身的性能。作为人工智能的核心技术，机器学习是为了让机器可以具备人的学习能力，即模拟人类的学习行为，从中学到人类的知识，并将学习到的知识结构不断地完善。人类的学习是一个人根据自己的经验，对某类事物和问题形成认知或者总结出某些规律，然后用这些认知和规律来解决类似问题的过程。机器学习是一种计算机程序，是用大量的数据来“训练”，通过各种算法从数据中学习如何完成任务。机器学习是机器具有智能的重要标志，同时也是机器获取知识的根本途径。机器学习是一个难度较大的研究领域，它与认知科学、神经心理学、逻辑学等学科都有着密切的联系，并对人工智能的其他分支，如专家系统、自然语言理解、自动推理、智能机器人、计算机视觉、计算机听觉等方面，也会起到重要的推动作用。机器学习的范围很广，其学习方式主要分为三大类：监督学习（supervised learning，即带标准答案的学习）、非监督学习（unsupervised learning，即在没有给出答案的前提下，通过算法确定正确答案）和强化学习（reinforcement learning，即通过不断调整和优化算法，得到最优结果）。

（四）知识图谱

关于“知识图谱”的定义，《知识图谱》一书中这么解释：“作为一种知识表示形式，知识图谱是一种大规模语义网络，包括实体、概念及其之间的各种语义关系。”知识图谱指的是计算机用图模型来描述知识和建模世界万物之间关联关系的技术方法。这项技术是通过将应用数学、图形学、信息可视化技术、信息科学等学科的理论和方法与计量学引文分析、共现分析等方法结合，让机器具有把复杂的知识领域通过数据挖掘、信息处理、知识计量和图形绘制而显示出来，揭示知识领域的动态发展规律。知识图谱早期主要用于搜索结果优化，随着电商、互联网金融等行业的兴起，应用领域不断增加。2010 年，微软开始构建 Microsoft Satori 知识图谱来增强 Bing（必应）搜索能力。2012 年 5 月，Google 公司为了支撑其语义搜索推出 Knowledge Graph，目前已成为全球最大的知识图谱。2012 年 11 月 22 日，搜狗知立方上线，成为国内搜索引擎中的首个知识图谱产品。2013 年，Facebook 发布 OpenGraph 应用于社交网络智能搜索。随后，知识图谱引入到电商搜索领域。2015 年，阿里巴巴开始构建电商领域知识图谱——认知图谱。2016 年 Amazon（亚马逊）也紧随其后开始构建知识图谱。2018 年 5 月，美团点评 NLP 中心开始构建大规模的餐饮娱乐知识图谱——美团大脑。

（五）信息处理

人工智能信息处理是计算机对自然语言的理解、生成和处理，能实现人与计算机之间用自然语言（口语及书面语）进行有效通信。这项技术的目标就是让人们可以用自己习惯的语言来使用计算机，主要应用于机器翻译、舆情监测、自动摘要、观点提取、文本分类、问题回答、文本语义对比、语音识别、中文 OCR 等方面。人工智能信息处理的功能就是要实现智能信息检索和问题求解，面对海量信息，信息的精确检索就像大海捞针一样困难，但智能检索技术吸取多个学科的研究成果，力图通过对文本、图像和视频信息的智能处理，实现信息的精确检索。到目前为止，人工智能程序已知道如何考虑它们要解决的问题，即搜索解答空间，寻找较优解答。当我们浏览电商网站时，机器学习算法预测我们对哪种商品更感兴趣，然后显示给我们；当我们打开今日头条时，机器学习算法根据我们的浏览习惯给我们推荐可能感兴趣的新闻；当我们遇到不懂的知识点时，常使用百度、Google 等类似的搜索引擎，来寻找相关问题的答案。不过，在这里需要注意的是，若是没有人工智能的帮助，搜索引擎无法扫描整个互联网并提供您想要的东西。

人工智能在这五大基础技术之上不断衍生出新的应用技术，例如生物特征识别、VR/AR 等，促进人工智能的应用不断拓展。据估计，在未来几年，依赖于人工智能进行的语言处理、视觉处理、音频视频生成、模式识别和知识图谱建构等方面的能力，人类与计算的交互将大大增加。

第二节　人工智能在当今运用的案例

最近十年兴起的新一波的人工智能热潮，已经在工业、交通、教育、娱乐、生活甚至军事等方面改变了人类社会。截至 2021 年，中国人工智能产业规模增速同比全球超过 4 个百分点。其中，中国人工智能基础层产业规模增速最快，2016—2021 年年均复合增长率达到 40% 以上；应用层产业规模占比最大，占中国人工智能产业总规模的 51.1%，近五年占比均高于 50%。随着基础科技的进步，人工智能行业在海量的数据、更高的计算能力、深度学习模型的建立等因素的推动下，在当今获得了高速发展，可以说人工智能已经广泛应用到许多领域，并取得了突破性进展，以下列举几组典型案例：

一、智能围棋

有着 2500 多年历史的围棋，一直被视作计算机最难以攻克的大众棋类，被看作是人类在智力游戏上的最后一个“堡垒”，但如今却遭到了人工智能的巨大挑战。2016 年 1 月 28 日，国际顶尖期刊 *Nature* 以封面论文的方式报道了 Google 旗下的人工智能公司 DeepMind 开发的 AlphaGo 机器人，在没有任何让子的情况下，以 5∶0 完胜欧洲冠军、职业围棋二段选手樊麾的消息。2016 年 3 月 9 日至 3 月 15 日，AlphaGo 机器人又与围棋世界冠军李世石进行挑战赛，结果以 4∶1 战胜李世石。其后不久，AlphaGo 机器人再次在各网站上对弈，连续打败了柯洁九段、朴廷桓九段、陈耀烨九段、连笑七段等多位世界冠军和当今一线的顶尖高手，取得了60连胜零负的神话。

击败人类世界围棋高手的人工智能围棋手是一款智能软件，这款智能软件最重要的特征就是深度学习。深度学习的主要原理就是用一层神经网络把大量矩阵数字作为输入，通过非线性激活方法取权重，再产生另一个数据集合作为输出。这就意味着人工智能围棋手会在与围棋高手的较量中不断提高自己的棋力。人工智能围棋手的另一个重要特征就是它具有两个不同的神经网络大脑：一个是“监督学习的策略网络”，负责观察棋盘布局，试图找到最佳的下一步，相当于“落子选择器”；另一个是“价值网络”，负责评估棋局的整体局面并预测双方胜负，从而辅助落子选择器，这个叫“棋局评估器”。在“两个大脑”的配合下，人工智能围棋手击败了围棋界顶级高手，这场人机围棋大战是人工智能领域的里程碑，这绝对是人工智能的大突破，它让人们认识到人工智能的发展速度。

二、智能家务

人工智能的一个重要研究方向就是研发家庭机器人。所谓机器人，就是指装有传感器和微处理器，并且拥有潜在的人工智能，能够在无人操作的情况下完成一些重复动作的设备。在过去的几十年中，机器人已经被广泛应用在工业生产和危险环境中。如今，机器人市场已经开始转向家庭。那种可以和人成为朋友，陪人聊天，也可以帮助人们看家、清洁地板、照顾孩子等的家庭机器人引领了新的时尚。

日本一直走在家庭机器人研究的最前沿。日本的NEC公司发布了一款名为PaPeRo的具有强化通信功能的家庭型机器人，这个机器人可以在噪声环境下分辨声音，而且对手写笔记、文字和动画有识别能力，有与人自然沟通的能力，可与儿童对话并实现部分儿童监护功能。后来，日本的富士房屋（Fuji Housing）公司又开发了一款外观形似泰迪熊的新型家务机器人，这只“泰迪熊”带有声音识别系统，可以听懂一万多种命令并能够准确执行这些命令。除日本外，其他国家也积极开发家庭机器人。加拿大的一位电脑奇才根据自己的择偶标准，打造了一个完美机器人妻子 Aiko。该女性机器人一头秀发，五官精致，能从事简单的清洁和家务工作，精于数学，可以认人，还能够大声读报纸，给人指方向等。更有意思的是，如果有陌生男士对 Aiko 举止不雅，她就会扇他的耳光。

中国的机器人开发也卓有成效，一款家庭智能机器人名叫塔米，它身高只有 45 厘米，能跟孩子一起玩，具有唱歌、跳舞、背唐诗、说英语等能力，同时它还有自动充电、安全防盗等多种功能，并可以语音播报天气预报和简要新闻等。

代松阳在《杨宁：5 年后手机将消失，创业就做智能机器人》一文中，为我们描绘未来智能机器人给我们的生活带来的美妙的享受：

> 从你睡醒睁开眼的那一刻，你已经生活在一个智能机器人充斥的环境中：你的家本身就是一个智能机器人，智能卫浴会为你自动调整洗浴水温，智能厨房会为你自动烹饪早餐；等你出门上班时，交通工具会是一个无人驾驶的机器人汽车；当你走进办公室，你的智能桌子会立刻感应到，为你打开邮箱和一天的工作日程表……①

三、智能驾驶

20 世纪末，作为现实世界高水平的抽象——Agent（智能体）软件系统的诞生，大大加快了智能软件的开发。很快，基于 Agent 的实时道路交通导航系统模型、面向 Agent 的巡航导弹武器控制系统和多 Agent 敏捷调度系统相继被开发出来。在 20 世纪 70 年代后期出现的分布式人工智能系统，一般由多个 Agent 组成，每一个 Agent 又是一个半自治系统，

---

① 代松阳：《杨宁：5 年后手机将消失，创业就做智能机器人》，2014 年 11 月 26 日，http：//www. cyone. com. cn/Article/Article_ 33045. html。

Agent 之间以及 Agent 与环境之间进行并发活动，并通过交互来完成问题求解。完全独立驾驶的无人驾驶汽车就是运用分布式人工智能系统技术的成果。

几年前，谷歌无人驾驶汽车已不需要人类驾驶者就能自己启动、行驶以及停止。

> 在美国硅谷，尼古拉斯·亚宁早上起来准备去上班，到公司需要 40 分钟车程。这位在 Google 工作的技术员走向他的 Lexus 汽车。汽车即将驶上加州拥挤的高速路，此时他的“司机”——汽车开始掌控大局。亚宁的这辆车是 Google 正在实验的自动驾驶汽车，安装有复杂的人工智能系统，使得他可以放松地坐在驾驶座上充当乘客。①

Google 的自动驾驶汽车装备有扫描仪、雷达、激光、GPS、摄像机和软件组成的复杂系统，通过这些智能技术来了解交通状况并自动行驶。在开始测试之前，一个人必须手动驾驶汽车沿着要测试的路线走一圈，创造这条线路——包括交通信号灯和其他障碍物——的详细地图。这些信息被下载到汽车的内置软件。当转换为自动驾驶模式时，车上的各种监视设备监视路况，将数据传回电脑，软件据之做出必要的速度和方向上的调整。如有必要，人可以随时接管方向盘。谷歌无人驾驶汽车可以向周围环境报告自身的驾驶意图。

在所有的自动化系统中，无人驾驶将是首个能够实现商业化的应用。2021 年是自动驾驶阔步前进的一年，资本方面，百度、苹果、小米、滴滴、360 等科技企业纷纷宣布加入智能造车队列，为自动驾驶引入了雄厚的资金和技术支撑。2022 年 8 月 1 日，《深圳经济特区智能网联汽车管理条例》正式实施，这也意味着在作为先行示范区的深圳，完全自动

① Carolyn A. Bate：《人工智能改变生活：无处不在　不再模仿人类》，宇编译，2012 年 9 月 30 日，http：//www. techweb. com. cn/it/2012-09-30/1242378. shtml。

驾驶汽车可以合法上路了。在2045年的地球上，机器人和自动化系统将无处不在。自动驾驶汽车会使交通更加安全与高效，还会给共享经济带来新的动力。

四、智能航天

导弹、火箭、卫星是人工智能技术应用的重要领域，这是由于无人、自主飞行控制本就是航天器与生俱来的特质，而航天工程又存在空间环境复杂、工作限制苛刻、任务目标精细等因素。正是依托于运载火箭控制技术的智能化更新，美国SpaceX公司快速具备了发射入轨、太空对接、载人航天的能力，而我国未来要在深空探测、低成本航天、新一代航天装备等领域实现突破，同样需要更高层次的智能控制技术。我国已经开始在人工智能赋能航天控制方面发力。以智能控制为抓手，打造会学习的运载火箭，以“边飞边学”“终身学习”为能力特征，使运载火箭具备飞行状态在线辨识与感知、制导控制在线重构、经验知识自学习、自主适应与进化、箭上强计算等能力，将使我国航天事业实现设计模式升级、产品跨越发展。2021年4月26日，中国火星探测工程联合百度发布的全球首辆火星车数字人“祝融号”亮相。“祝融号”是百度在积累多年的数字人技术体系下，通过百度智能云设计的轻量深度神经网络模型以及国内首创的基于高精度4D扫描的口型预测技术等先进技术，创造出的智能数字人。作为当下人工智能技术应用的代表，火星车数字人在口型、动作、表情等细节上的准确率接近99%。“祝融号”未来将应用于知识科普、虚拟主持等多个场景。

五、智慧医疗

在智慧医疗领域，人工智能还可以实现机器人智能分诊（减少分诊区域医护人员与病患的直接接触），人工智能通过神经影像实现辅助智能诊断，可以智能分析医学影像资料，实现“看片”速度的飞跃，平时医生看片需要几分钟甚至十几分钟，人工智能只需一秒以内，且可以达到极高的准确率，目前正确率已达到95%以上，节省了大量人力。这里有一个人工智能和生命的故事。2016 年 6 月，人工智能系统 Watson 收到一个请求：有一个 60 岁的女性白血病人，在尝试了各种治疗方案之后仍然没有看到医疗效果。医疗专家请求 Watson 的帮助，希望找到最佳的治疗方案。收到请求后，Watson 在 10 分钟内比对了 2000 万份医疗文献，分析了病人的基因变化，最终确诊病人患上了一种非常罕见的白血病，并且给出了非常个性化的医疗诊断推荐。Watson 可以非常快速地学习和处理海量信息。这只是人工智能开始改变我们生活的一个小例子，人工智能已经越来越走近我们的生活。

> 在马萨诸塞州贝德福特的 iRobot 公司，一名参观者看着 5 英尺高的机器人爱娃小心翼翼地行走在大厅里，躲避着周围的障碍物——包括人类。今年年底它将开始自己的第一份真正工作——远程医疗助手，让数千英里之外的专家通过安装在它“头”上的视频屏幕给医院的病人看病。当医生准备看望下一位病人时，他只需点击电脑地图上的新位置。爱娃根据地图找到并赶往下一个病房，它还会自己乘坐电梯。①

在抗击新冠肺炎疫情的进程中，新一代人工智能技术大显身手，在疫情防控和管理方面取得了显著成效。在本次疫情阶段，人工智能与物联网、大数据结合，人脸识别系统、智能机器人等产品在疫情防控过程中发挥了重要作用。例如，红外扫描监测发热人员、无人机管控、机器人送餐、医疗配送、保洁消毒、人工智能结合大数据做疫情趋势分析等等。人工智能提高了疫情防控工作的效率，也极大地缓解医护人员和有关管理人员的工作强度和危险性。比如北京冬奥会作为一场全球性的盛会，为了将新冠病毒的感染风险降到最低，利用旷视科技打造的“区间智能防疫系统”，实现了快速的无感测温与健康核验

① Carolyn A. Bate：《人工智能改变生活：无处不在 不再模仿人类》，宇编译，2012 年 9 月 30 日，http：//www. techweb. com. cn/it/2012-09-30/1242378. shtml。

功能，将防疫信息检测速度从分钟级提升到秒级，全方位助力闭环区域的科学防疫。

六、智慧城市

随着我国城镇化进程的加快，大量的人口向城市流动，这将给城市的基础设施建设，比如城际交通、食物和水源、电力能源、污水处理以及公共安全系统等带来极大的压力。智能城市将利用信息和通信技术（ICT），通过大数据以及自动化来提高城市的效率和可持续性。我们知道，现在空气污染备受关注，西门子中央研究院便开发了基于神经网络的空气污染预测软件。该软件利用了伦敦市遍布中心城区的约150座监测站收集的包括湿度、太阳辐射、云层覆盖和温度等天气数据和一氧化碳、二氧化碳和氮氧化物等气体的排放测量数据，并将这些数据相关联。同时还将诸如工作日、周末、假期、展会和体育赛事等影响交通和污染物排放的活动编程到预测模型中，最终这款智能软件能够每小时预报伦敦市内150个地点未来3天的空气污染程度，误差率不超过10%，并且还可以推断出导致所预测空气污染的主要原因。

我国聊城市大数据局和讯飞智元共同建设智慧聊城“城市大脑”。智慧聊城“城市大脑”借助科大讯飞人工智能、大数据等方面的成熟技术，以城市大数据为基础，构建感知设施统筹、数据统管、平台统一、系统集成和应用多样的“城市大脑”，同时建成智慧聊城创新中心，建立起“能感知、能思考、有决策、有温度”的智能化支撑体系，支撑全市新型智慧城市建设。2021年4月22日，智慧聊城“城市大脑”平台正式上线，截至2022年3月份，在城市管理、数据汇聚、生态环境监测、民生服务、重点安全、政务办公、基础设施建设等多个领域实现了城市运行状态的全面感知、日常协同管理的高效智能、应急指挥决策的实时精准、城市发展规划的科学合理。

未来的智能城市将利用信息和通信技术，通过大数据以及自动化来提高城市的效率和可持续性。比如使用分散探测系统实时监视城市用水用电数据，通过智能电网自动调整配电设置；通过联网的交通信号系统以及自动驾驶系统来减缓车辆堵塞的程度；利用由新材料和新设计技巧所建的智能建筑来提高空调和照明系统的效率，减少能源浪费；使用屋顶太阳能板、小型风力发电机、地热发电，以及其他可再生资源提供干净的电能。

七、智能手机

智能手机是具有独立的操作系统和独立的运行空间，可以由用户自行安装软件、游戏、导航等第三方服务商提供的程序，并可以通过移动通信网络来实现无线网络接入的手机类型的总称。智能手机具有五大特点：（1）具备无线接入互联网的能力，即需要支持 GSM 网络下的 GPRS 或者 CDMA 网络的 CDMA 1X 或 3G 网络；（2）具有 PDA 的功能，包括 PIM（个人信息管理）、日程记事、任务安排、多媒体应用、浏览网页；（3）具有开放性的操作系统，可以安装更多的应用程序，使智能手机的功能得以无限扩展；（4）人性化，可以根据个人需要扩展机器功能；（5）功能强大，扩展性能强，第三方软件支持多。智能手机的到来改变了人们的生活，它可以进行通话、上网聊天、购物、导航、玩游戏、付款、照相、听音乐、看视频、计步、阅读图书等等。

智能移动终端的发展以及移动网络的扩散，进一步推进云端计算的进展。云端计算可以在零投入的情况下给用户带来大量的计算能力。智能手机与云端计算正在改变人类与数据相处的方式。智能手机具有各种可以测量天气、位置、光度、声音以及生物特征的探测器的功能。随着手机的威力越来越大，功能也越来越全面，移动网络的铺展也将加速。据有关专家推测，到 2030 年，全球 75% 的人口将会拥有移动网络连接，60% 的人口将会拥有高速有线网络连接。基于云的移动计算端将会改变从医疗到教育的各行各业，智能手机的服务功能将更加强大，使用将更加广泛。

八、智慧商务

许多商务智能软件，主要就是通过分析销售额、客流量、库存、人员配置等所有和企业运营相关的数据来显示和预测市场波动、经济趋势等，并为决策者提供未来的规划和方案。比如在服饰行业，Cloud AutoML 技术能帮助创建计算机视觉模型，根据产品类别和颜色来标注产品，这些标注可以整合到网络搜索引擎中，通过人工智能向客户快速和精准地推荐产品，加强用户体验和消费引导。此外，使用 Google AutoML 服务，可以优化客户购物体验。一般来说，品牌产品属性多样，这就导致消费者选择空间很大，而为了能根据消费者需求推荐相关产品，以及输出准确的搜索结果，需要创建和维护一组极其细致的产品属性列表，而利用 Google AutoML，可以通过产品属性等细微差别，自动将产品归类，帮助消费者更好地发现适合自己的产品。从数百 TB 的数据里面提取有意义的信息，使商业服务自动化，以及替代客服等。比如在线客服可以提供 24/7 全天候服务，轻松解决用户咨询等问题，将疑难问题转移给人工客服，降低企业管理成本。再比如，北京冬奥会的鸟巢和速滑比赛场馆“冰丝带”的“智能向导”。旷视科技 AI 赋能冬奥场馆智能化建设，为开幕式举办地鸟巢和速滑比赛场馆“冰丝带”带来了一位“智能向导”，提供定位精准、随叫随到的引导服务。“智能向导”融合了 AI 和 AR 技术的智能应用，当人们进入场馆后只需要通过网络连接到 AR 导航应用，打开摄像头，就能实时享受到智能引导服务。

九、智慧咨询

智慧专家系统是模拟人类专家的思维过程来解决特定领域复杂决策问题的计算机程序，这种系统中最重要的两个模块是“知识库”和“推理机”。“知识库”存储人类专家的专业知识，模仿的是大脑的长期记忆。“推理机”则负责逻辑推理，模仿人的推理能力。专家系统是一个具有大量专门知识与经验的计算机程序系统，它根据某个领域多个人类专家提供的知识和经验进行推理和判断，模拟人类专家的决策过程，以解决那些需要专家决定的复杂问题。它主要是模拟专家了解事实、运用知识和经验进行思考、推理、诊断，最后得出结论的过程。专家系统解决的问题一般包括解释、预测、诊断、设计、规划、监视、修理、指导和控制等。如，人工智能和法律行业相结合，专家系统在法规和判例的辅助检索方面开始发挥重要作用。人工智能法律系统拥有强大的记忆和检索功能，可以帮助律师和法官从事相对简单的法律检索工作，从而极大地解放律师和法官的大脑，使其能够集中精力从事更加复杂的法律推理活动。2016 年，首个机器人律师 Ross 已经实现了对于客户提出的法律问题立即给出相应的回答，为客户提供个性化的服务。Ross 解决问题的思路和执业律师通常回答法律问题的思路相一致，即先对问题本身进行理解，拆解成法律问题；然后进行法律检索，在法律条文和相关案例中找出与问题相关的材料；最后总结知识和经验，回答问题，提出解决方案。与人类律师相区别的是，人类律师往往需要花费大量的精力和时间寻找相应的条文和案例，而人工智能咨询系统在较短时间内就可以完成。

第三节　人工智能对现代数字产业的影响

人工智能在数字文化产业中的运用，为数字文化产业的资源利用、生产开发、产品宣传、消费拓展、营销管理、效益提升等方面都带来了新的动力。人工智能通过大数据运用为深度挖掘文化资源的经济价值和文化内涵，提供了丰富而精准的信息服务，有效提高了文化资源的使用价值；人工智能运用智能机器人进行创作和创意设计，扩大了文化内容生产的主体；人工智能有助于智能媒体平台将消费者和文化产品进行连接，能在最短时间内把最有用的信息提供给消费者，提高了文化产品宣传的效率；人工智能通过智能算法和平台为消费者了解文化资源和相关文化产品、获得良好的文化产品体验，提供了精准服务，有效刺激了文化消费；人工智能管理系统能为文化企业科学决策、合理规划、保护版权、改善财务状况、提高治理能力、提升服务水平提供服务技术保障。

一、人工智能技术创新数字文化生产方式

虚拟现实（VR）、增强现实（AR）、人工智能（AI）、区块链（block chain），以及不断创新的各类先进技术正全面应用于数字文化产业，通过“技术+文化”赋能文化产业创新，改造文化产业面貌。人工智能具有数据分析、自主学习和深度挖掘的优势，人机合一为文化产业创作主体多元化、智能化提供了可能，机器人创作和制作对文化产业核心领域产生了巨大影响。

（一）新闻信息服务

1. 新闻机器人

人工智能对新闻信息服务业影响最大的就是新闻机器人的出现。它是运用大数据处理技术，通过采集和录入数据，并将这些数据按照语句出现频率以及新闻要素关键词进行分析加工，制作出一套符合该媒体发稿风格的模板，然后将新闻元素5W1H（5W包含who［何人］、when［何时］、where［何地］、why［何因］、what［何事］，1H是指how［何法］）代入其中，制作成各种新闻稿。具体来说就是现场采集文字、语音、视频素材并进行自动整理，智能提取有效部分，一键检索全网相关资讯，自动汇总和梳理背景信息，自动编写新闻稿。新闻机器人早已被世界上的主流媒体所关注并加以使用。例如，2014年，《纽约时报》《华盛顿邮报》《卫报》等新闻机构开始使用智能写作软件编写新闻稿件，开启了新闻写作新模式。2015年，腾讯发布的一篇由机器人“Dreamwriter”编写的题为《8月CPI同比上涨2.0%　创12个月新高》的文章在传媒行业引发了不小的轰动，腾讯因此成为国内机器人新闻写作的先行者。同年，新华社也推出了写作机器人“快笔小新”，该机器人主要负责撰写体育、财经类的新闻稿件，7×24小时不间断工作，几秒钟就可完成一篇体育赛事报道、财经快讯。新闻机器人写作由于全天候进行新闻热点监测，能及时捕捉最有用的信息，提升采写编辑效率，让新闻更有时效；由于新闻机器人写作能够根据用户偏好来制作相关的新闻内容，而且还能提供与用户个人生活场景相匹配的私人定制产品，使

新闻长尾效应更突出，个性化更鲜明；面对巨大的数据量，在处理时能降低出错量，且不带有个人情感，使文章更加客观。

2. 互联网信息服务

互联网思维是指从互联网中找到人、机以及人机之间的连接点，构建信息化服务。互联网公司天然就是 AI 公司，人工智能软件被应用到互联网上，例如从数百 TB 的数据里面提取有意义的信息，使网络服务自动化。人工智能可以提升效率，提高准确率，也极大地缓解了人们的工作强度。互联网公司的商业模式都包含一个推荐系统，你所看到的广告一定是搜索引擎根据你平时的浏览记录给你推荐的。例如，陌陌根据你的一些基本信息向你推荐周围的女生，滴滴按照周围司机的基本信息给你推荐司机。目前有一种网络服务型虚拟人，它们主要是根据用户的需求进行信息传输，用户通过文字或语音与服务型虚拟人进行实时对话，服务型虚拟人会在一问一答中为用户提供相关咨询服务，该模式可深度赋能新闻播报、产品说明、文博讲解、医疗咨询、政务服务等领域。随着人工智能、智能手机等高成长行业的发展，技术迭代迅速，技术成熟后或将给服务型虚拟人的发展带来较大推动作用。未来提高问答的转化率是服务型虚拟人该功能的主要发展方向。

（二）内容生产

机器人创作是通过“词语沙拉”（word salad）的方法（将各种词语进行随机组合和堆砌），以及基于 RNN 语言模型的方法、基于遗传算法的方法、基于摘要生成的方法以及基于统计机器翻译的方法，根据创作内容的需要，对语言进行重组从而生成作品。

1. 出版服务

在诗歌创作方面，2013 年，手机百度 APP 推出了“为你写诗”功能，用户拍摄或上传一张图片，系统可以根据图片内容自动生成一首四句的古诗。2016 年，手机百度 APP 和度秘 APP 上先后推出了新版“为你写诗”功能，可以在用户输入任意题目后生成古诗，这个版本可以称为写诗 2.0 版本。文学史上第一本机器人诗集《阳光失了玻璃窗》是由微软聊天机器人“小冰”创作的。据报道，为了获得写诗技能，“小冰”

用了100个小时的时间，“学习”了自1920年以来近100年间519位中国现代诗人的诗歌，进行了超过1万次的迭代学习，最终使自己创作的诗歌有了独特的风格、偏好和行文技巧。微软的人工智能机器人先后使用27个化名在不同平台发表诗歌作品，最终出版了这本现代诗集《阳光失了玻璃窗》。

在小说创作方面，2016年，一部名为《电脑写小说的那一天》的科幻小说入围了日本“星新一文学奖”，小说的作者是日本一所大学研发的人工智能程序。网络版机器人写作的《奇物与发现时代》（92万字），讲述的是一个穿越者在另一个世界生存，并尝试解明世界的真实面貌的故事。网络连载机器人写作的小说《地球上的一百亿个夜晚》，原名《神话地球历史调查员》（51万字），讲述的是一个各方面可能都很差的人因为一本来历不明的妖书而被迫在地球的各个时代间来回穿越所发生的一系列故事。2017年9月1日，据外媒报道，《权力的游戏》的粉丝们已经等不及乔治·R. R. 马丁完成下一部《冰与火之歌》原著了，因此他们让一个人工智能系统开始了下一本书的创作工作。Zack Thoutt，一个“权游”的铁杆粉丝同时也是一名软件工程师，将现有五本书共5376页的内容都灌输给了机器，机器由此对接下来的小说情节做出预测。虽然人工智能的努力比不上马丁大爷写的小说，但AI所撰写的句子易于理解，部分情节的预测甚至与目前的主流版本一致①。

2. 音乐制作

智能自动作曲系统主要分为自动作曲模块、自动编曲模块、歌声合成模块和自动混音模块。在系统建立过程当中，首先要对歌曲旋律、曲风、情感、歌词等歌曲信息进行整理和统计，建立信息大数据库，然后用深度学习算法训练对应的模型，最后由系统根据用户输入的参数和歌词进行歌曲作品的制作，最终要实现一个基于网页-服务器架构的、可供用户操作使用的网页端产品。据中央音乐学院音乐人工智能与音乐信息

① 《人工智能写〈权力的游戏〉新书？ 最终季或在2019年与观众见面》，2017年9月1日，https：//www. takefoto. cn/viewnews-1255892. html。

科技系系主任李小兵教授介绍，中央音乐学院的 AI 自动作曲系统，是通过人工智能算法进行作曲、编曲、歌唱、混音，并最终生成完整歌曲作品的系统。智能作曲系统能够用 23 秒快速地创作出一首歌曲，并且可以达到一般作曲家写作水平。只需 23 秒，配器、演唱都可以出来，这在全世界都比较前沿①。目前，在安静的环境下人工智能语音识别的准确率已经达到了 97%，超出了正常人的听力水平。人们利用语音识别系统和智能自动作曲系统实现已故音乐家声音的复活。2016 年 3 月 29 日，在北京举行的一场张国荣诞辰 60 周年纪念活动上，百度语音团队通过抓取张国荣全网音视频数据，利用“情感语音合成技术”，合成出张国荣生前的声音，实现与粉丝的“隔空对话”。日本节目《金 SMA》也曾利用全息投影技术“复活”了已经去世 22 年的邓丽君，再现了 1986 年她在日本作曲大赏上演唱的名曲《我只在乎你》，让在座的观众叹为观止，创造了独一无二的文化接受体验。

3. 数字内容服务

人工智能技术为人类文化生活打开了许多新的窗口，比如现有的智力游戏机将发展为具有更高智能的文化娱乐手段，让电子游戏更精彩。腾讯 AI Lab 与王者荣耀的联合产品“王者绝悟”是掌握游戏中全部 100 多个英雄玩法的“完全体”版本。要精通王者荣耀这款多人在线战术竞技游戏，“王者绝悟”背后是天文数字级的计算量。一方面，100 多个英雄组成 5 人队伍，就有多达 10^{15} 种可能性；另一方面，AI 要操作拥有不同技能、装备的不同英雄，在对局中面临策略规划、目标选择、技能应用、路径探索及团队协作等大量即时的选择，其操作可能性预计高达 10^{20000} 种。如此庞大的运算空间里，要做高效准确的决策，对算法提出了巨大挑战。AI 背后的技术，主要涉及监督学习和强化学习两大领域。监督学习通过海量有标记的训练数据为基础，推导出行为预测函数；强化学习从构建奖励和惩罚刺激环境的角度出发，优化 AI 行为逻辑。这些都

① 音乐周报：《李小兵：人工智能来了，未来的音乐将是什么样?》，2021 年 12 月 5 日，https：//baijiahao. baidu. com/s? id = 1718300912647083485&wfr = spider&for = pc。

为电子游戏的制作提供了技术支撑。

4. 传统文化保护创新

数字化信息时代，所有的传播技术、内容生产、文化消费快速融合为可被计算机识别读取的数字形式，新兴信息技术赋予文化产业新的内涵，使其日益走向数字化。传统文化产业逐步呈现内容生产数字化、管理过程数字化、产品形态数字化和传播渠道网络化等新型业态演化趋势，赋予传统文化更多个性化元素，让传统文化内涵更丰富、更实用有趣。以综艺节目《汉字风云会》为例，它打破了传统文化的“高冷面孔”，借助人工智能机器人现场出题，全程人机互动，以风趣、幽默的“人机对话”展现传统文化，让公众对传统文化产生新印象。人工智能技术带来的智慧化应用全方位融入非物质文化遗产的传承和保护过程中，计算机识别和图像仿真达成非遗场景的深度模拟，实现非遗“数据化”的智能体验与“活态”展示，整体提升了非物质文化遗产的传播效率。可以看到，传统文化与人工智能技术碰撞，不仅能让传统文化延续生命，也促进了传统文化的“个性化”创新。利用人工智能深度挖掘的能力，注重挖掘那些群众喜闻乐见的、具有特色的、有深厚的时代与文化意义的节日物品与象征物，唤醒人们内心最深刻的情感。

智能机器人创作带来的文化冲击，也存在值得思考的问题。机器在创作的时候不会融入自己的情感，而对于中国传统文化来说，在创作中融入自己的情感才会有最好的作品，比如李白、杜甫、海子等众多的诗人都在自己的作品中融入了自己对于生活的感悟，这才有我们如今耳熟能详的经典。因此，我认为人工智能对于诗歌、文章的发展会起到一定的补充作用，但它绝不可能代替人的创作。AI 要真正创作出蕴含着丰富情感、令读者深陷其中的文学作品，还少不了人类的介入。显然，在艺术创作上，人工智能要走的路还很远。但是，没人能断定，未来不会真像科幻小说家刘慈欣预言的那样，人工智能可以拥有自我意识，产生情感，具备艺术创造性。

（三）创意设计服务

人工智能创意设计就是通过把创意变为数据，使数据形成某种模型

（这种模型带来运算），然后对运算之后产生的结果进行评估，再来迭代这种运算，从而进行创意设计。运用比较多的是机器人创意设计辅助，就是人对机器先提出一个假设，机器给人很多的建议，人再基于这些建议创造出一个作品。油画作品 Edmond de Belamy 2019 年在佳士得拍卖行卖了 43 万美金，右下角的艺术家署名是一段代码，意思是这张画是通过一套算法，主要是对抗生成网络制作而成。这个油画的作者其实是一个用算法来做艺术作品的工作室。人工智能无限的运算力就像无限的生产力一样，让我们拥有更强的创造能力。当下的 gan 技术，已经能够模拟人创作一些具有固定艺术风格的画，如果未来结合阿法狗用到的强化学习，那么说不定能超越简单地模仿大家作品，而是在不同的大家作品里寻找出人类创作的进化规律，去不停地产生新的能够取悦于人的艺术风格。

在游戏开发、影视作品、文学创作、主题乐园等领域，人工智能正发挥丰富的想象力进行创作。

二、人工智能技术刺激了数字文化消费新需求

目前，人工智能才刚刚开始走入人们的视野，并且人工智能企业的创新速度也非常快，因而，人工智能作为新生事物可以保持较长时期的吸引力，会大大激发消费者的好奇心，使消费者乐于尝试一种新的消费形式和消费体验，消费需求将会增加，这有利于文化产业的发展。

智能手机的广泛使用使人们置身于被智能化媒介包围的生活环境中。智能手机具有大量的非通信应用功能，许多日常生活中的需求通过智能手机就能得以满足，比如看网络视频、听网络音乐、手机导航、手机购物、手机银行、手机缴费等等，受到消费者的青睐。围绕智能手机的搭载平台，大量的非通信功能不断得到开发，进一步刺激了消费者的需求。

智能媒体平台的迅速崛起，给受众带来了丰富多彩的感官体验，满足了人们的探求欲和好奇心。例如，可以在智能媒体平台重建虚拟的原生态传统文化环境；可以将记忆型传统文化资源进行数字化保存和活态化再现，并通过人机交互等形式进行符合现代人审美需求的创意开发等。

因此，智能技术在改变人们生活方式的同时，也在文化产品消费方面有着不可比拟的优势。

人工智能创造消费新体验。当前，人工智能技术在文化领域已经向智能化活态体验、个性化场景适配等方向开展应用。人工智能机器人的出现为博物馆和美术馆等文化场馆的讲解、服务方式甚至形象塑造提供了新的可能，人们得以重新体验传统文化的恢弘气势，仿佛穿越时代，置身于另一个世界，感受传统文化，这也为公共文化场所带来更多活力，提高了人们的消费欲望。目前，AR 技术已在我国多个文化旅游景区成功应用，游客佩戴上 AR 技术设备，AR 技术能将计算机影像反射至可穿戴设备当中，实现真实世界与虚拟世界的无缝对接，让参与者从视觉、味觉、听觉、触觉等多方面进行感知，拥有超越现实的虚拟体验。AR 技术与文化景区的融合，将促进传统文化数字化发展。游客开启“历史浏览模式”，通过下载搭载 AR 技术的 APP 软件，配合 AR 技术眼镜，加载当前的文化景点，选择不同的历史朝代，观赏不一样的文化景区。以北京圆明园景区为例，AR 技术使游客能够体验未被损毁的圆明园景区，领略完整的圆明园景区的魅力。同时，AR 技术应用到文化旅游产业，能够增强文化景区与游客之间、游客与游客之间的互动性。游客利用 AR 技术游览文化景区，不仅可以了解景区信息，比如景点详情、交通路线、美食介绍、天气变化，还能让上传自己的旅游攻略、心得，实现不同游客之间的互动交流，以互动交流促进传统文化更好地发展。在 AR 技术的推动下，游客面对同样的文化会产生不同的理解，这有助于带动传统文化发展步入数字化时代。

三、人工智能技术创造了数字文化传播新速度

在 5G、人工智能、大数据等新兴技术驱动下，文化被赋予了全新的智能化传播语境，迎来了前所未有的传播机遇。依托 5G 科技支撑的多种数字技术，在加速信息转换周期、缩短信息传播成本、拓宽信息模式的前提下，直接推动了新型数字文化产业的高速前进。

凭借人工智能技术加快传统媒介与新型媒介的融合，为文化的传播

提供巨大合力。新一代人工智能的优势在于其智能化、数据化的趋向，以及对其跨界融合、语义识别、语音合成等技术的应用。这就为文化的智能化传播提供了可能。在智能时代，借助移动互联网和终端展示设备，不同文化可以通过不同平台实现跨时间、跨地域的传播和推广。可以将传统媒介所传播的文化内容以更加立体化、可视化和动态化的形式呈现出来，再通过新兴媒介的智能推荐方式传播给用户，提高传播效率。比如，可以利用人工智能技术，策划蕴含传统文化内容的影视和动漫作品，然后通过微博、微信、APP、抖音、视频直播等新媒介平台进行传播，推动传统文化的创新性发展。基于智能技术的传播模式，将更加强调以人为本，以用户为中心进行传播。新媒介的互动功能，让广大用户积极地参与讨论与评价，为诠释优秀文化注入新的动力，使优秀传统文化更加具有活力。还可以运用人工智能技术制作历史人物的虚拟视像，在各种平台多形式呈现，使人们能够更加深刻地了解历史文化，强化对历史文化的认同感。同时，各媒体、企业也会利用技术多方位探寻用户需求，力求传播效率最大化，使得智能化传播呈现出多点对一点的传播模式。此外，随着数字技术的广泛应用，越来越多的文化记忆也通过智能媒体得以保留和延续。

四、人工智能技术实现了数字产品推送精准化

在智能媒体时代，原先的大众传播已开始出现分众传播趋式。智能媒体技术是收集数据信息、分析受众需求的人工智能技术，能够根据受众的生活习惯，判断受众的价值观念和需求，从而提供相匹配的产品与服务。基于人工智能技术开发的这种个性化推荐算法已经成为当下推广营销的利器。网络营销自身具有感官性，用户在互联网上每时每刻的行为记录，无论是用户登录浏览访问还是购买商品，都可以被留存下来。人工智能可以根据不同消费者对产品的感官体验，为消费者提供新形态的产品和个性化的定制服务，满足不同类型的消费者的需求。

随着人工智能技术的不断成熟，大数据的采集存储技术与分析方法的不断更新，大众消费中产生的各类大数据已经完全能被收集、组织和

利用起来，人工智能会利用消费者数据及其周边的数据来了解消费者，从而为不同消费者量身制定详细的个性化的推荐内容。文化消费不同于一般商品消费，消费者的文化背景、宗教信仰、价值观念、生活习惯存在很大的差异，在文化产品与服务推广方面，大数据改变了“一刀切”的推广方式，人工智能数据分析与定向推荐技术，通过广泛收集相关数据，以用户为中心，洞察不同文化消费者的心理、偏好，精准分析他们的文化需求，实现推送者与消费者“可沟通”，制定相应的文化推广策略，实现文化产品与服务的精准推送，满足用户的个性化和定制化需求。以百度搜索为例，百度利用大数据技术收集用户浏览数据，分析用户的文化需求，向用户推送符合其需求的文化产品，比如用户长期浏览传统音乐视频，百度分析用户文化需求集中在传统音乐领域，就会向用户推送古筝、扬琴等传统音乐文化，不会选择向用户推送武术、太极等传统功夫文化。现阶段，百度、抖音、哔哩哔哩等平台会根据显式数据，如用户的搜索和评价，以及各种隐式数据，如用户观看视频的时长和浏览记录等建立用户画像，将用户画像与内容标签进行匹配从而实现精准推送。利用人工智能大数据技术进行文化产品的精准推广，其效果远超于传统推广，大大提高了消费者对文化产品的接受度，使文化产品的生产向个性化设计、定制化生产迈进，确保文化产品生产朝着“精准化”的方向发展。智能算法实现文化产品的个性化和精准化传播，从而保持文化生产和文化消费关系的长久黏性，增强用户的积极性和满意度。未来文化产业应根据自身发展特点，多维度合理应用人工智能前沿技术，使经济效益倍速增长。

五、人工智能技术优化了数字文化企业治理结构

人工智能技术与物联网技术融合应用将通过引入新场景和替换升级现有网络，在企业管理领域迅速渗透，提升企业管理能力，助力大企业数字化转型。

随着人工智能技术的日渐成熟，一方面，文化产品生产和应用更加方便、更加广泛、更加低成本；另一方面，人工智能正在逐渐取代人类

来从事那些程式化、高强度、重复性、辅助性的岗位，并带来企业成本的下降。如，博物馆和文化景点的解说和互动、传媒行业的新闻稿编写和播出、出版业的文学作品写作、影视行业的剧本写作、传媒行业的校对与录入、游戏行业的程序编写等，都会迎来人工智能的替代性竞争。文化产业是人工和智力密集型产业，人工智能导入文化产业，产品生产和服务的成本会下降，文化产业的效益将进一步提高。

新一代人工智能以高度自动化和智能化为核心，实现人机协同发展，应用于文化企业之中，能够消除生产障碍，解决预测和决策、财务分析、用户状态分析等问题，促进我国文化产业实现规模化、高速化、精细化、自主化、高质量发展。如黄山市利用智慧文旅大数据平台推动管理精细化实践。黄山市智慧文旅大数据平台根据“1+2+3+N”的总体建设模式，按照“城市大脑数据底座+文旅大数据分析平台+应用场景”的整体架构，开展文旅数据汇集与整理，建设黄山市文旅专题数据库；参照文旅行业相关标准，构建黄山市文旅大数据分析平台；紧贴文旅行业管理业务需求，打造文旅典型应用场景，不断提升文旅行业运行监管能力和公共服务能力。通过全面推进旅游信息资源整合和跨界业务融合，深化旅游品质革命，推动黄山市旅游业从门票经济向产业经济转变，从粗放低效方式向精细高效方式转变，从封闭的旅游自循环向开放的“旅游+”转变，实现旅游发展全域化、旅游供给品质化、旅游治理规范化、旅游效益最大化，助力黄山市打造现代化国际旅游城市。

第四节　6G 促进人工智能新发展

随着移动互联网、物联网、大数据、云计算、人工智能等新一代信息技术的加速迭代演进，人类社会与物理世界的二元结构转变为人类社会、物理世界、信息空间的三元结构，人与人、机器与机器、人与机器的交互越来越频繁。其中即将到来的 6G 网络时代对人工智能的发展的影响将是极其深远的。

一、6G 网络对人工智能发展的影响

2022 年 7 月 24 日，在数字中国建设峰会“5G 应用及 6G 愿景”论坛中，中国信息通信院发布的《6G 典型场景和关键能力》白皮书①指出：从 6G 典型场景看，6G 将在 5G 原有的三大典型场景基础上进一步拓展深化，全面支持以人为中心的沉浸式交互体验和高效可靠的物联网场景，有效融合通信、计算、感知等能力来支持各类智能化服务，创新构建“超级无线宽带、极其可靠通信、超大规模连接、普惠智能服务、通信感知融合”五大典型场景，服务范围覆盖全球，全面引领经济社会数字化、智能化、绿色化转型。

从 6G 发展驱动力看，面向 2030 年及未来，人类社会将进入智能化时代，数字世界与物理世界将无缝融合，社会服务均衡化、高端化，社会治理科学化、精准化，社会发展绿色化、节能化将成为未来社会发展趋势。经济、社会、环境的可持续发展以及技术的创新演进将驱动移动通信技术持续从 5G 向 6G 迭代升级，推进 6G 向泛在互联、普惠智能、超强感知、全域覆盖、绿色低碳、安全可信等方向拓展。

6G 是集合通信、计算、感知、AI 等于一体的全新多维能力服务体系，可提供比 5G 快 100 倍的峰值速率和上亿级连接能力。6G 将助推大数据、人工智能、区块链等技术交叉融合，实现通、感、算一体化，实现空、天、地一体化的全球网络无缝覆盖，满足安全可靠的“人机物”无限链接需求。6G 还会带来一些新的技术范畴表现，例如多维感官信息协同传输进一步数字化和虚拟化。6G 在多个领域数字化效率提升方面具有很大的作用。比如互联网行业、人工智能、金融服务业、新能源、智慧物流、智能制造、数字社会、智慧交通，比如现在很热的“元宇宙”等。又如，6G 可穿戴设备、6G 电子游戏游艺设备、6G 多功能机器人等，满足消费者多元化需求，使数字产业扩大，经济体量扩大，最终带

① IMT-2030（6G）推进组：《6G 典型场景和关键能力》，2022 年 7 月 25 日，https：//view. inews. qq. com/a/20220725A0417X00；边缘计算社区的博客・CSDN 博客：《〈6G 典型场景和关键能力〉白皮书发布!》，2022 年 7 月 25 日，https：//blog. csdn. net/weixin_ 41033724/article/details/125986093。

来的良好基础将推动数字经济快速发展。

未来的7G/8G网络，将会以超出人们想象的影响力，赋能社会经济的发展，为人类造福。

二、强人工智能的技术特征

据有关学者介绍，目前人工智能发展还处于弱人工智能阶段，智能机器人还只会计算、推断，解决具体问题，比如自动拦截垃圾邮件、智能推荐购物、机器人创作与设计、机器人客服等。在不远的将来，随着5G、物联网、区块链、人工智能等技术的快速发展，人类社会将逐渐迈入强人工智能阶段，未来还将到达超级人工智能阶段。

强人工智能即通用人工智能（artificial general intelligence，AGI），是指能够自我感知和理解外部世界，不断地自我学习新知识和实现自我升级的机器智能。在强人工智能阶段，机器人将拥有和人类一样的智能水平，具有意向、意识、意志等智能，智能机器、算法或系统将具备与人类一样的学习和理解知识的能力，能够像人一样具有思维并对复杂理念进行分析，进行思考、计划、自我学习以及借助过去的经验进行总结学习等，即深度学习能力。因此，人类劳动力能够完成的大部分工作任务，强人工智能都能够自主完成，强人工智能不仅能够替代人类的体力劳动，还能替代脑力劳动。

超级人工智能阶段是指基于海量的数据整合和高度的学习与自我学习，能够实现递归式自我能力提升，使智能机器具备远超人类智慧的人工智能，进而实现人工智能指数级爆发和“智能爆炸”。可以这么理解，这一阶段的人工智能几乎在任何领域都比人类聪明，这也意味着生物形态的智慧将不再是世界上唯一的智慧形态。生产生活所需的物质产品将主要由智能系统进行生产。

三、“超级大脑”和“超人体能”的出现

未来人工智能的发展的主要表现是形成“超级大脑”和“体能超人”。

（一）机器人超强的学习能力将形成“超级大脑”

在理想情况下人工智能系统应具有一定的自适应特性和学习能力，即具有一定的随环境、数据或任务变化而自适应调节参数或更新优化模型的能力；并且能够在此基础上通过与云、端、人、物等进行越来越广泛、深入的数字化连接扩展，实现机器客体乃至人类主体的演化迭代，以使系统具有适应性、灵活性、扩展性，来应对不断变化的现实环境，从而使人工智能系统在各行各业形成丰富的应用场景。在强人工智能阶段，智能机器、算法或系统将像人类一样具备学习能力，具有思维并能对复杂理念进行分析，进行思考、计划、自我学习以及总结学习等。新一代人工智能将推动基于工业 4.0 发展纲领，以高度自动化和智能认知为核心的智能工厂的产生，在人机协同发展中，主动消除生产障碍，进一步优化资源配置和使用效率，提高资源、资本、人才全要素生产率。大多数传统的数据驱动人工智能是基于三个要素，即数据中立、算法公平和程序正义，但新一代人工智能侧重于交互能力，抛开“记忆”模块模仿人脑，解决实际问题，真正做到“与时俱进”。

（二）人工智能人体增强技术将形成“体能超人”

人不仅有借助自己身体形成的“自然能力”或“自身能力”，而且能通过自己制造和使用工具来延长或增强自身的能力，这一部分由人借用技术（如机器）来人工地从身体之外获得的能力，可称之为“人工能力”。人类可以利用人工智能来增强自己，甚至是彻底改变自己。如今材料学、机械学、智能学都使得原先人类千万年积累的生物学知识有了新的突破，人工智能在人机交互和协同中实现人体增强。人体增强当前分为四大类：知觉增强（听觉、视觉、嗅觉），生物功能增强（外骨骼、假肢），大脑增强（用于治疗癫痫的植入物）和基因增强（体细胞基因和细胞疗法）。比如通过人机交互技术让身体残疾的人重获新生，让普通人获得更加强有力的身体，以承担更为艰巨的任务。如用人工腿来替代被截肢的腿和增强腿的力量，用智能助听器恢复和增强人的听力，用智能眼镜恢复和增强人的视力，等等。

科幻小说、电影中的“超人”将在人类社会中诞生。然而，要实现超级人工智能必须跨过一个临界点（“奇点”），即机器智能超越人类智能的界限，一旦实现跨越，人类将重新思考自己和机器之间的关系。

第五节　人工智能技术对数字文化产业发展的影响

人工智能是数字化、信息化和知识化的综合体现，人工智能的能源是大数据，动能是云计算，大数据本身是否有价值取决于对云端数据的分析和结构化，即“云计算”，人工智能是对“大数据”的“运算”。人工智能就是要实现数据可视、信息贯通、知识自动推送与部分场景的自动判断。数字经济是指以数据资源作为关键生产要素、以现代信息网络作为重要载体、以信息通信技术的有效使用作为效率提升和经济结构优化的重要推动力的一系列经济活动。云计算、大数据、物联网、工业互联网、区块链、人工智能、虚拟现实与增强现实等，既是数字经济的重点产业，也是数字产业的技术基础。数字经济产业范围按照其内部结构可划分为“数字产业化”和“产业数字化”两大部分。根据中国信息通信研究院发布的《中国数字经济发展报告（2022 年）》，2021 年，中国数字经济规模达到 45.5 万亿元，同比名义增长 16.2%，高于同期 GDP 名义增速 3.4 个百分点，占 GDP 比重达到 39.8%，数字经济在国民经济中的地位更加稳固，支撑作用更加明显①。

数字文化产业是数字经济的重要组成部分，是以文化创意内容为核心，依托数字技术进行创作、生产、传播和服务的新兴产业，具备传输便捷、绿色低碳、需求旺盛、互动融合等特点，有利于培育新供给、促进新消费。当前，数字文化产业已成为文化产业发展的重点领域和数字经济的重要组成部分。数字文化产业涵盖数字游戏、互动娱乐、影视动漫、立体影像、数字教育、数字出版、数字典藏、数字表演、网络服务、内容软件等内容。国家统计局发布的 2021 年全国规模以上文化及相关产业企业营业收入数据显示，数字文化新业态特征较为明显的 16 个行业小类实现营业收入 39623 亿元，比上年增长 18.9%；两年平均增长 20.5%，

① 参见中国信息通信研究院 2022 年 7 月发布的《中国数字经济发展白皮书（2022 年）》中的数据。

高于全部规模以上文化及相关产业企业平均水平 11.6 个百分点。

随着数字化和智能化时代的全面降临，文化产业也必然会经历前所未有的深刻变革，面对新的机遇与挑战，2021 年 6 月发布的《“十四五”文化产业发展规划》强调“坚持以创新驱动文化产业发展，落实文化产业数字化战略，促进文化产业‘上云用数赋智’①，推进线上线下融合，推动文化产业全面转型升级，提高质量效益和核心竞争力”，为我国科技为文化赋能进一步加速发展指明了方向。数字文化产业与人工智能之间具有非常高的产业关联度，数字文化产业将成为服务产业中使用人工智能最多的产业，数字化和智能化时代的数字文化产业发展将体现出以下特征。

一、数字化促进了文化产业传播的平台化

数字化、智能化作为新资本的增值路径，驱动文化产业创新效率，全面推进文化产业新业态的产生和产业链的结构化重整。原本需要通过非电子化物理介质或非数字化手段提供的产品和服务转化为借助数字化技术来提供的产品和服务，促进了数字文博、网络文学、数字影音、电子竞技等种类繁多的文化内容产品和服务的创新发展，有力推进了中国电影、动漫、游戏、电子竞技等内容产业的长足发展，极大地丰富了文化产品和服务市场的种类，提升了产业规模。互联网时代，经在线、大数据、人工智能三个发展阶段成长起来的互联网本身就是一种数据资源。近年来，在网络文学、音乐、视频、创意设计等领域出现一批互联网平台，一头连着生产者，一头连着消费者，形成文化生产消费的新生态，赋能传统业态转型升级。新冠肺炎疫情期间，云演出、云直播、云录制、云展览、云综艺、云拉歌等纷纷涌现，大量文化活动搬上“云端”。这种看似无奈的应急之举，其实是文化技术融合的结果，数字文化产业异军突起、逆势上扬，用丰富优质的线上内容供给，满足人民群众精神文

① “上云用数赋智”行动中的“上云”指的是推行普惠云服务支持政策；“用数”则是指更深层次推进大数据的融合运用；“赋智”指的是对企业智能化改造加大支持力度，尤其要推进人工智能与实体经济深度融合。

化需求。《“十四五”文化产业发展规划》提出：“线上演播：构建线上线下融合、演出演播并举的演艺产业创新发展格局，推动文艺院团、演出场所上线上云，鼓励剧场数字化提升，促进文艺院团与互联网平台合作，培育100个以上线上演播项目，完善线上演播商业模式，打造舞台艺术线上演播知名品牌，引领全球演艺产业发展变革方向。”

案例：线上京剧《龙凤呈祥》5G+4K超高清演播

国家京剧院联手中国移动咪咕公司，以“云大戏、过大年”为主题的演播方式，线上演播京剧《龙凤呈祥》。2022年2月12日（大年初一）到2月26日（正月十五），该项目以线上付费点播模式上线，售票3万多张。在咪咕各端累计观看用户数达到59.7万，观看次数达150万；剧目正片在咪咕平台累计观看用户数为28956，观看次数为36万。宣传视频在梅兰芳大剧院的快手号、国家京剧院的快手号、国家京剧院的抖音号上观看人数达1883.7万，点赞量达13.5万次。售票收入共计30余万元。此次云演播不仅创造了京剧4K超高清制作、呈现的新纪录，同时以连接、智能、沉浸、互动为特征，以多视角、云互动、云导赏、跨界传播为实施要点，拉近了观众与国粹艺术的距离，吸引更多Z世代青年关注戏曲。《龙凤呈祥》5G云演播具有四大特点：一是互联互通，首次以5G+4K超高清呈现；二是多维互动，融入多种云演播实时交互形式，家人一起在“云包厢”云看戏，边看边聊，通过云呐喊、云打赏等功能为艺术家们云喝彩；三是智能应用，此次云演播创新使用了大师“专宠”视角、琴师鼓师视角等五大视角，让观众可以零距离地领略于魁智、李胜素两位艺术家的精彩表演；四是沉浸体验，用户可通过手机、电脑、电视等多终端观看，仿佛置身现场。

二、交互化推动了文化产业场景的生动性

交互，也指交流互动。交互设计往往是指设计用户和某一对象之间的互动行为，从而为使用者带来更好的体验。交互化是很多互联网平台追求打造的一个功能状态。通过某个具有交互功能的互联网平台，让用

户在上面不仅可以获得相关资讯、信息或服务，还能使用户与用户之间或用户与平台之间相互交流与互动，从而产生更多的创意、思想和需求等。

人类获取的信息 83% 来自视觉，人类认知记忆的 70% 来自交互。大屏小屏、屏内屏外、人与内容的跨屏交互，将取代传统的单向内容呈现，成为万千文化数字化场景的重要特征。基于人工智能的创意助手，特别是网络文学、音乐、视频、创意设计等领域的一批互联网平台，连接生产者和消费者，改变传统线性的文化生产模式和专业机构的供给模式，实现生产、分发和消费的双向互动和开放链接，用户生产内容（UGC，或衍生的 XGC）成为文化内容生产的主要形式，开启“产消一体”的文化共创时代。《“十四五”文化产业发展规划》提出：“数字艺术展示：推动数字技术与艺术创作、传播、展示更好结合，培育 100 个以上数字艺术体验场景，在重点领域和场景扩大提升数字艺术展示产品应用，开发全息互动投影、无人机表演、夜间光影秀等产品，生动展示中华文化。”

案例：网络游戏中的“超级数字场景”

网络游戏本不是孤立发展的，它始终与前沿科技相互驱动、共生发展。从 2018 年《荒野大镖客》呈现的美国西部景色，到 2031 年《黑客帝国：觉醒》中拟真的城市、车辆和人物，以及真实的物理碰撞过程，这些游戏画面和视听技术等方面的发展，得益于计算机算力、图形学、AI 等前沿技术的推动。游戏正成为一个“超级数字场景”。超级数字场景有四大特点，即大规模、高交互、高智能和高拟真，这也是游戏技术未来发展的必然趋势。近年产生的这些新技术，已足以让我们在虚拟世界中“还原一个逼真的小世界”。网络游戏正是通过设计使用者（玩家）与游戏世界（虚拟世界）之间的交互，让玩家在虚拟的世界中获得不同于现实的更丰富的体验和感受。

三、沉浸化带来了文化产业体验的丰富性

在人们对美好生活的向往中，“显示”已不可或缺。在信息获取的

需求得到满足后，人们正在通过 5G+8K、XR、AI、IoT 等技术，推动寻求实体世界与数字世界的无感切换、无缝衔接的沉浸式物联网融合体验。沉浸化依托虚拟现实、增强现实、全息投影、智能交互等技术，结合文化 IP 营造出虚实结合的空间，让置身其中的人与文化作品发生互动，甚至参与作品的创作，体验到感官震撼和思维认同。一方面，AR、VR、人工智能等技术的不断发展，使沉浸式娱乐产品营造的交互感、场景感、代入感更强，克服了传统娱乐产品中的环境限制；另一方面，在“新基建”“中国制造 2025”等发展战略推动下，中国底层科技和应用科技将实现迅猛发展，未来或将有更多硬核科技融入沉浸式娱乐产品中。如，沉浸式演艺借助 VR、AR、MR 等先进技术，通过场景感营造、故事线构建、互动活动设计等，极大地拉近了观众与演员的距离，将观众带入故事情节中。与传统旅游演艺方式相比，沉浸式旅游演艺在细节安排、仪式感设计、故事线设计、场景感营造等方面优势突出，能真正使游客浸入剧情中。整体来看，沉浸式体验产品日趋多元化，产业边界不断拓展，具有互动感、私密感、体验感、叙事感、参与性等众多发展特点。沉浸化要将文化 IP 的挖掘、体验和价值转化为核心，防止单纯秀科技、秀声光电而忽略文化内涵及价值体现。《“十四五”文化产业发展规划》提出：“沉浸式体验：支持文化文物单位、景区景点、主题公园、园区街区等运用文化资源开发 100 个以上沉浸式体验项目，丰富体验内容，提升创意水平，发展沉浸式演艺、沉浸式展览、沉浸式娱乐体验等业态，鼓励沉浸式体验与城市综合体、公共空间、旅游景区等相结合。”

案例：武汉《夜上黄鹤楼》光影演艺

《夜上黄鹤楼》以黄鹤楼公园为载体，围绕特有的历史文化，采用声、光、电、舞、美、化结合的手法，通过高科技光影技术，打造“夜武汉”新的地标。不同于传统的夜游或演艺模式，《夜上黄鹤楼》采用“光影+演艺”的方式，打造出辛氏沽酒、崔李题诗、岳飞点兵、仙子起舞以及黄鹤楼变迁等沉浸式故事场景。游客既可深入体验黄鹤楼文化，在多个场景中拍照“打卡”，也可登楼赏月或纵览长江灯光秀，从全新的视角体验“大江、大湖、大武汉”的雄奇隽美。

2022年1月，国务院印发的《“十四五”数字经济发展规划》全面分析了国家数字经济的发展情况，从顶层设计的高度指明了未来国家数字经济发展的方向，制定了系统化的推进工程，这标志着我国数字经济发展进入了一个全新的阶段。2022年5月中共中央办公厅、国务院办公厅印发《关于推进实施国家文化数字化战略的意见》，数字文化产业的重要性不断凸显。这些都为中国数字经济创新发展描绘了宏伟蓝图，提供了强有力的政策支撑。未来，随着6G、人工智能、工业互联网、物联网等新型基础设施建设的不断推进，适应数字经济与实体经济融合发展需要的信息基础设施体系将逐渐形成，最终向“万物智联”演进发展，数字化和人工智能将有力推动文化与其他行业的融合，将从内容、载体、形式等方面的融合向生产方式、生活方式、价值理念等方面的融合迈进，这必将深度影响数字文化产业的发展，甚至改变数字文化产业的发展轨迹。我们必须密切关注发展动态，迎接以人工智能为代表的数字文化产业发展新时代的到来。

第十章　产业链视域下数字文化产业高质量发展*

数字新时代，科技与文化是驱动人类社会进步的双轮。数字文化产业以文化创意内容为核心，依托数字技术进行创作、生产、传播和服务，呈现出技术更迭快、生产数字化、传播网络化、消费个性化等特点，有利于培育新供给、促进新消费①。产业链是各个产业部门之间基于一定的技术经济联系而客观形成的链条式关联形态，是由企业链、价值链、产品链、技术链和空间链等五个维度有机组合而形成的产业链条。它涵盖了产品生产或服务提供全过程，包括原材料生产、技术研发、中间品制造、终端产品制造乃至流通和消费等环节，是产业组织、生产过程和价值实现的统一②。基于产业链相关理论研究数字文化产业，可以揭示数字技术、知识经济和文化价值导向等为数字文化产业带来的产业链形态演变和创新。因此，本章从数字文化产业链的产品链、企业链、价值链、技术链和空间链等五个维度探讨数字文化产业发展的新内容、新技术和新业态，分析数字文化产业链新形态对文化产业高质量发展的驱动

---

* 本章原题《论双循环新发展格局下的数字文化产业链现代化》（与郝挺雷合作），原载《江汉论坛》2021 年第 4 期。本处有修改。

① 文化部：《关于推动数字文化产业创新发展的指导意见》，2017 年 4 月 11 日，http：//www.gov. cn/gongbao/content/2017/content_ 5230291. htm。

② 盛朝迅：《推进我国产业链现代化的思路与方略》，《改革》2019 年第 10 期，第 45—56 页。

作用，提出产业链视域下数字文化产业高质量发展的路径。

产品链是指原料及其生产单位按照上下游关系运行并最终形成可支付的产品或服务的过程，是产品功能形成和资源加工深度的表达①。随着数字技术的深度应用与全球创意市场的进一步拓展，数字文化产品（包括服务）生产过程中的纵向分离、众包、中间产品外购和中间服务规模越来越大，产业内分工更加细致，产业分化更加明显，使得数字文化产品的生产在线化分工体系日趋完善，形成数字文化产业产品链新形态，提升了数字文化新产品研发、文化精品供给、科技成果产出与转化、附加值提升和新市场占有等方面的能力，优化了数字文化产业供给结构，增强了中华传统文化向数字文化产品精品化转化力度，从而契合了文化产业供给侧结构性改革的需求，为文化消费品市场提供日益多样化的高质量数字内容产品。

第一节 数字文化产业产品链的转型与升级

一、数字文化产品生产分工在线化

传统的产业链分工制度安排方式包括纵向一体化、纵向契约关系和市场分工等三种形式②。数字文化产业应加大 5G、IPv6 等网络技术的应用与数字内容产品制作技术的创新，降低外生交易成本，使原来由单个数字文化企业掌控的产业链通过众包等形式变成由多个企业、工作室甚至个人负责，使得以数字化为主要特征、以网络化传输与服务为主要渠道、区别于普通物质商品的数字文化产品的生产分工制度安排整合的趋势也由企业分工向市场分工转化，从而更有利于数字文化产业链的各个环节进行个性化、网络化、定制化和专业化生产。

第一，数字文化产品生产能力提质增效。数字文化产品网络化生产

---

① 廖喜生、李扬萩、李彦章：《基于产业链整合理论的智慧养老产业优化路径研究》，《中国软科学》2019 年第 4 期，第 50—56 页。

② 杨蕙馨、纪玉俊、吕萍：《产业链纵向关系与分工制度安排的选择及整合》，《中国工业经济》2007 年第 9 期，第 14—22 页。

的市场分工是在交易契约的基础上通过价格进行分工协调，内生交易成本较高，需要数字文化产业链上各单位充分发挥协同效应。因此应通过与文化生产相融合的技术和知识集成数字文化产品链创新的各环节，从总体上进行控制和协调，实现分工制度安排不断整合优化，同时也通过技术溢出效应为数字技术进步、数字文化产品制作能力提升和数字文化产业增长提供更大的空间。

第二，促进数字文化产品生产环节优化升级。数字文化产品生产分工在线化特征使其生产工作主要以信息流和知识流为主导，因此应通过相关数字技术和网络传输技术的进步来减少生产和流通的中间环节，大大缩短产品生产周期，提高数字文化生产要素利用效率，以较低的资源耗费实现数字文化产业结构优化和转型升级，为高质量的数字文化产品生产提供坚实支撑。

第三，推动数字文化产品生产模式协同创新。应借助人工智能、虚拟现实、云计算和大数据等技术在生产过程中的深度应用，促进数字文化产品生产模式逐渐向智能制作、虚拟交互、云平台和全产业链质量大数据控制等转型，主导企业通过行业标准和核心技术掌控等形式，组织和协调各节点单位的协同创新，识别竞争优势明显的生产单位并将其逐渐发展成为产品链中的核心成员，而生产能力较弱或中间产品质量不高的单位将逐步被淘汰，形成数字文化产业产品链生产模式的转型升级和协同创新，推进数字文化产业的高质量发展。

二、数字文化产品供给结构高端化

习近平总书记指出，要以高质量文化供给增强人们的文化获得感、幸福感[①]。在数字文化产品生产分工新形态和文化产品社会经济“双效统一”的指导下，应借助以数字化、网络化、智能化和服务化为特色的数字文化产品供给结构呈现出的高端化、精品化、品牌化、新业态化的趋势，推动传统文化产品转型升级，以适应新时代数字化和在线化文化产品消费需求，培育和催生新型文化产品，实现高质量数字文化产品

---

① 黄永林：《推动新时代文化产业高质量发展》，《中国社会科学报》2019 年 5 月 21 日。

供给。

第一，高质量文化产品供给。应加强数字文化产品高质量生产能力的提升、生产环节的优化升级和生产模式的协同创新，推动数字文化产品的高端化、高技术化、个性化、精品化和多功能化，实现数字文化产品升级和产品结构优化，带动数字文化产业供给侧结构性改革体系的健全。利用5G、VR、AR、超高清等技术以及短视频、直播、虚拟现实等平台，促进数字文化企业推出能够自适应转换为适配各种智能终端、传播平台的产品形态与作品形式，实现“技术+平台+内容”数字文化服务现代化①，如抖音竖屏动漫、5G+8K直播、交互电影、多屏共播、影游联动等。通过区块链技术的深度应用，促进数字文化产品的供给方式从单项弱反馈形式转向多向互动整合，实现数字内容权益的数据化、资产化和货币化。

第二，传统文化产品转型升级。以出版发行、影视制作、印刷、广告、演艺、娱乐、会展等为代表的传统文化产业在新时代遭遇发展瓶颈，受到原有管理体制和产业链模式束缚，其产品形式很难适应互联网时代用户的数字化消费需求，面临着文化市场优胜劣汰的选择。数字技术应用和数字产品研发为传统文化产品注入新的元素、功能和文化表现形式，应深化线上线下资源整合、活动延伸和产业链重组，推动传统文化产业向数字文化产业转型，实现传统文化产品的网络化提升改造、现代化升级和高质量化供给，如全媒体出版、VR电影、5G数字演艺、智慧会展等。数字文化产业的一个典型特征是为消费者提供衍生服务的边际成本很低②，如电影的网络视频平台和电视台版本制作与发行即是如此，因此，应紧抓传统文化产品改造升级为数字文化产品的边际成本较低的特征，一方面推进产品的高精尖转型，占领新兴文化消费市场，提高边际利润，另一方面通过增值服务和衍生品IP授权等获取更多收益。

---

① 张立波、陈少峰：《文化产业的全产业链商业模式何以可能》，《北京联合大学学报（人文社会科学版）》2011年第4期，第94—98页。

② C. Higson, O. Rivers, M. Deboo, “Creative Financing”, *Business Strategy Review*, 2007 (4): 49-53.

第三，新型文化产品创新培育。随着重要数字技术的进步和新兴文化消费的出现，企业须及时应用这些技术并根据新的消费需求，创造出新的数字文化内容产品，培育出一批新兴文化业态[①]，如短视频、vlog、直播等。数字文化产品制作分工的深化和数字技术的进步使资产专用性提高，产品链上的文化企业应外置部分经营活动，从而使中间产品生产过程中对相关服务的需求也显著增加[②]。文化企业还应进一步积极拓展高端业务和新型服务，提高中间产品和新型服务的创意性和附加值，从而推动链上各数字文化产业的新兴服务业高质量发展。

三、中华传统文化数字产品精品化

数字经济时代，中华传统文化的保护、传承与传播既面临千载难逢的历史机遇，又必须迎接市场经济带来的挑战。数字文化产品创新创意的重要源泉与素材正是中华传统文化资源，中华传统文化数字化、产品化和精品化是数字文化产品链上重要的一环，既有利于中华传统文化资源的保护性开发，又能够发挥其在数字文化产品链中的宝贵价值和独特作用。

第一，加快中华传统文化特色数字文化产品深度挖掘。数字文化产品是中华传统文化资源的新时代内涵和表现形式，是中华优秀传统文化内涵和社会价值的形象化补充、拓展和完善[③]，是推动中华传统文化资源创造性转化和创新性发展的重要产品和服务形态。中华传统文化资源既包括了与地理、政治、历史等背景相关的物质和非物质载体，又内含了艺术、历史人物等相关的文化和知识内容，资源数量庞大，数据分布广泛，数据类型多样，数据价值密度低，知识来源渠道多。应深挖数字化、可视化、大数据、知识管理和人工智能等技术的应用潜力，实现中华传统文化资源的数字化分类采集梳理、大数据挖掘、知识挖掘和智能

① 邓向阳、荆亚萍：《中国文化产业新业态创新模式及其发展策略》，《中国出版》2015 年第 16 期，第 78—81 页。

② 游杰、龚晓：《产业分工深化及其协调问题》，《学术论坛》2006 年第 3 期，第 75—78 页。

③ 黄永林、纪明明：《论非物质文化遗产资源在文化产业中的创造性转化和创新性发展》，《华中师范大学学报（人文社会科学版）》2018 年第 3 期，第 72—80 页。

化挖掘，提取并分析属性数据和知识之间隐含的关联规则，获取中华传统文化资源之间的关系、分布规律及时空演变规律，建立中华传统文化基因数据库和知识库，将能够转化为高质量数字文化产品的资源深度识别并挖掘出来，为中华传统文化特色高质量数字产品及优质 IP 的创意、研发和消费提供坚实的资源基础和知识支撑。在将挖掘出来的中华传统文化资源转化为特色数字文化产品创意的过程中，人人都可能成为文化创意及内容的提供者①，应促进“互联网+”思维、4G/5G 通信技术、大众创意形式的普及和应用，使得创意设计师、产品研发师、文化资源专家和 AI 创作系统等利用众创平台实现在线协同共创共享，尽可能降低相应产品需求的不确定性和 IP 价值的难预测性，打造具有鲜明区域特点和民族特色，兼具社会价值和经济价值，注重现代设计与传统工艺，具有较低需求风险和收益波动性、较高边际偏好和服务可扩展度的数字文化产品，保证中华传统文化数字产品的高质量创意与开发。

第二，扩大中华传统文化特色数字文化精品生产。在进行中华传统文化特色数字文化产品挖掘并形成创意时，后续的研发和制作过程包含众多流程和工序，但是像传统技艺类非物质文化遗产等中华传统文化特色数字文化产品就有一定的产能瓶颈。应通过构建与完善数字制造云平台、基于数据智能的自适配生产平台、VR 和 AR 虚拟制作平台、全产品链质量大数据控制等中华传统文化特色数字文化精品的生产模式来突破瓶颈②，通过标准化生产流程、模块化外包、模块接口技术平台、智能化压缩人工资源占比等方式，组织和协调产品链上各节点企业（工作室、个人）协同创新，围绕自身传统文化项目的 IP 核心产品，打造其数字文化产品的供应链体系和商品化体系，增强产品延展性和产品线多样性，扩大自己的产能和产品衍生性，促进传统文化 IP 变成更具传播性的优质品牌，解决跨区域发展的问题，实现中华传统文化数字文化精品高质量生产、连锁化经营和规模化服务供给。

---

① 谈国新、郝挺雷：《科技创新视角下我国文化产业向全球价值链高端跃升的路径》，《华中师范大学学报（人文社会科学版）》2015 年第 2 期，第 54—61 页。

② 熊磊、胡石其：《制造业与互联网融合发展的路径研究——基于产业链重构的视角》，《当代经济管理》2018 年第 9 期，第 65—71 页。

第三，增强中华传统文化数字文化产品 IP 全链服务化。一些数字文化产业领军企业已创新了发展模式，加大中华传统文化数字文化产品占比，以传统文化 IP 为纽带贯通数字文化产品链各个环节，通过数字技术使得小说、影视、电竞游戏等原来相对独立的产业相互渗透融合，不同细分领域的企业间相互协作与整合，构建以 IP 为核心的全产业链。如腾讯基于中国历史人物等 IP 打造手游《王者荣耀》，彩条屋影业基于封神演义人物等 IP 打造系列动漫电影《哪吒之魔童降世》《姜子牙》等。数字文化产业链主导企业应通过中华传统文化 IP 数字化挖掘和打造，向影视、衍生品、电竞等下游产业链进行 IP 授权、二次创意、增值、赋能，其间再次提高 IP 的知名度、丰富 IP 的创意，使得 IP 又以创意为始端从上游开始循环拓展以 IP 为核心的产业链，既有利于提炼和升级中华传统文化的当代价值和世界意义，又能促进高质量中华传统文化数字文化产品和服务供给。

第二节　数字文化产业企业链的协同与延伸

企业链是企业之间满足彼此供应和需求形成的契约关系，是产业链存在与发展的载体①。数字文化产业链的上游企业通过文化创意、信息、物质和知识交换将中间产品和服务输送给下游企业，形成并创新了企业链上各市场主体上下游契约关系、市场主体关系、供需关系等。

一、数字文化企业上下游契约关系创新

以在线化、网络协同和数字化平台等方式关联的数字文化产业链上的企业之间分工协作越来越多，企业间应通过知识产权关联、准市场关联等契约方式实现供需关联，并通过契约方式围绕主导企业将产业链上、中、下游的社会化协作配套企业连接起来，形成动态的产业链企业间合作关系，这些契约关系主要包括改进的纯粹市场供需交易、IP 授权合

① 廖喜生、李扬萩、李彦章：《基于产业链整合理论的智慧养老产业优化路径研究》，《中国软科学》2019 年第 4 期，第 50—56 页。

作、准市场式和混合式等①。

第一，丰富数字文化企业 IP 授权合作契约形式。由于互联网上市场主体间的关系相对松散，纯粹的市场供需交易的上下游渠道选择较为自由，众创、众包等这种松散的纵向协作关系会增大生产经营风险，而数字文化产品本来就存在较大的需求不确定性和消费市场易变性。因此，主导企业应采取 IP 授权合作形式，将相关利益主体通过产权关系连接起来，形成风险共担、利益共享机制，通过将技术含量更多的生产环节外包出去，对链上企业有更大的技术溢出效应，带动数字文化产业价值链逐步攀升和产业更高质量发展。

第二，健全数字文化企业准市场式和混合式契约形式。根据博弈理论，网络众包等契约形式的主导企业和加工企业的交易行为是有限次数的、非零和博弈过程，更容易出现“敲竹杠”问题和知识产权纠纷，应更多采用准市场式和混合式契约关系，推动主导企业通过大数据和区块链技术选择并保护产业链节点上的企业，从而更具生产灵活性，更能适应消费者日益多样化的数字文化产品需求。

第三，创新数字文化企业供需交易定价模式。产业链上分工企业在契约基础上通过价格对分工进行协调，数字文化产业链上企业间以协调的均衡价格机制为中心，越来越少实施竞争性的直接定价方式。面向新时代日新月异的数字文化市场，各数字文化产业市场主体应采用以市场为导向的动态交易定价制度，缩短产品周期，提高生产效率，从总体上降低交易费用，促进中间产品生产过程中劳动分工优化，保证社会文化资源的配置效率，缓解互联网时代产品周期普遍较短带来的市场压力。

二、数字文化产业市场主体关系创新

数字经济时代，数字文化产业发展进步的核心主体是企业，以企业为代表的数字文化产业各市场主体应在满足社会数字文化产品消费需求中实现多元发展与相互动态依存，为数字文化产业转型升级和高质量发

---

① 吴金明、邵昶：《产业链形成机制研究——“4+4+4”模型》，《中国工业经济》2006 年第 4 期，第 36—43 页。

展提供市场主体基础与生态平台支撑。

第一，引导数字文化产业市场主体多元化发展。数字文化产业市场主体应充分利用数字技术、文化创意、生产要素、政策环境和市场竞争等驱动要素，着眼于整个产业链或某一环节，构建各具核心竞争力的合作模式、技术模式和商业模式，同时引导互联网及其他领域领军企业超前布局数字文化产业前沿领域，形成竞争能力强、经济效益好、社会效益优、社会地位高、多元化发展的数字文化产业市场主体。数字文化产业市场主体间应利用互联网和数字技术，通过上下游生产协作、技术溢出、共享平台、共享资源等方式，打破行业垄断和地区封锁，既有利于行业领军企业进一步发展壮大，又能支持上下游中小微企业发展，实现互为补充、充满生机的数字文化产业多市场主体多元发展和产业结构优化。

第二，完善数字文化产业市场主体动态依存机制。数字文化产业市场主体之间是动态依存的，上下游企业间应在信息共享的基础上，通过制度创新和契约关系来进一步增强技术创新能力、动力和可持续性，提高企业链组织效率和规范化程度，巩固投入与产出主体间正向依存关系，促进供需链协同的真正实现。数字文化产业链上企业作为主体应开展项目合作、产业并购和联合经营等市场活动，深化产业间和企业间的开放合作和互利共赢，完善数字经济动态协调发展，为推动数字文化产业提质升级并成为区域国民经济支柱型产业提供坚实支撑。

第三，构建数字文化产业市场主体新型生态平台。以 IP 为核心的数字文化产业正从内容融合向产业生态融合迈进，文化企业作为科技创新主体，应牵头构建具有个性化定制、精准化服务和智能化推送等特征的公共数字文化资源服务支撑与共享平台，完善数字文化产品的制作技术公共服务平台，使数字文化产业核心要素在平台中能够得到新的组合与延展，推动数字文化产业的数字新技术引领、生态化运营和协同化发展，最终通过 4G/5G、大数据、云计算和人工智能等技术将这些平台在线统一起来，实现广泛链接、融合协作、系统发展的数字文化产业市场主体创新型生态平台，为数字文化产业高质量发展提供平台支撑。

三、数字文化企业上下游供需关系创新

数字文化产业上下游企业间是一种合作式的供需关系。企业应共同面向消费市场，按照市场需求协同调整创意成果、生产方式、协作形式和商业模式等，并根据消费主体和消费需求的变动而动态调整供需关系，以在供需链上共担风险、共同获利，最终达到双赢的目标。

第一，深化以消费主体为驱动的数字文化企业上下游供需关系。数字文化产品的最终消费目的是满足人民日益增长的美好文化生活需要，数字化时代的文化产品处于消费周期短和消费喜好变化快的市场之中，一旦位于产业链终端的市场消费主体的消费特点发生变化，企业链上销售商、生产商、供应商将会依次获悉，从而带动供需链上分工制度和企业关系的重新安排，以适应新形势下的数字文化产品消费主体。数字文化企业应积极进行文化产品创意创新、研发技术升级、新媒体与大数据传播分销应用，压缩原创产品研发周期，为广大消费者供给更多的科技含量高、创意性强且满足新型文化需求的数字文化精品，有效脱离低端重复性商品的不良竞争市场，引领和培育以增值服务为导向的新型数字文化消费结构与市场，扩大数字文化产品和服务的受众范围，推动数字文化产品高质量供给。

第二，深化以消费需求为驱动的数字文化企业上下游供需关系。数字技术的发展带动了国内外巨大的数字文化消费市场，同时也带来新时代数字文化消费需求的异质性和变化的多样性。应用大数据技术动态追踪、采集、分析、挖掘这些消费需求异质性和变化性数据并提供决策支持服务，通过数据关联的强弱来预测数字文化消费行为发生的可能性，实现对消费需求的精准定位，并结合人工智能技术的智能消费需求模拟结论，驱动数字文化企业上下游供需关系、分工制度和企业关系的重新安排，最终向用户进行精准的知识传播和数字文化产品营销，满足用户多样化和个性化的消费需求，有效提升企业技术创新能力、产品创意创作针对性、全链价值增值和产业升级。

第三节　数字文化产业价值链的拓展与提升

价值链是指在企业创造价值的过程中，相关环节为实现一定的价值目标而形成的动态过程①。随着数字技术越来越深入地支撑与嵌入，数字文化产业价值链，链上各个环节加快了数字化和智能化升级，如内容创意环节的 IP 众创、大数据需求分析、AI 创作，开发制作环节的众包、众筹、智能生产，营销推广环节的新媒体、大数据精准营销、智能推送，传播分销环节的全媒体、物联网化、智能传播，消费服务环节的 O2O、知识服务、增值服务等，促进数字文化产业价值链横向产业链拓展、纵向附加值提升和向全球价值链高端跃升，带动价值链上各分工企业价值增值和各环节转型升级，推动数字文化产业价值链全方位升级，实现数字文化产业价值创造能力提升、产业利润空间扩大、产业经济效益提升、产业结构优化和产业可持续发展。

一、数字文化产业价值链横向延伸与拓展

随着“互联网+”和工业 4.0 等支撑与嵌入数字文化产业价值链，主导企业的生产与经营活动也应加快逐步实现产品与服务、实体产品和传统生产环节的“互联网+”思维化、数字化、智能化②，使得数字文化产业的专业分工越来越细，链上的价值创造环节越来越多，价值链越来越长，即实现数字文化产业价值链横向延伸与拓展。一是向数字文化产业价值链的创意设计与标准制定等上游方向拓展，二是向 IP 授权与品牌运作等下游方向拓展，三是向智能制造与高端外包等中游方向拓展。

第一，推动数字文化产业向创意设计与标准制定方向拓展。数字文化产业价值链上游为产业附加值较高的资本和技术密集型生产活动，如数字内容产品创意、数字文化行业标准制定、数字内容产品设计研发、

① M. E. Porter. *Competitive Advantage*. New York：The Free Press，1985：11-15.

② 詹晓宁、欧阳永福：《数字经济下全球投资的新趋势与中国利用外资的新战略》，《管理世界》2018 年第 3 期，第 78—86 页。

新技术产品创新等，是数字文化产业最重要的资产，是降低文化市场需求不确定性和市场风险的核心环节，事关整个数字文化产品的成败，同时也是附加价值最高的环节之一。应通过数字技术、产业组织结构、分工模式、业务流程、价值传递方式等方面的创新和应用，引导越来越多的数字文化领军企业将业务核心逐步向附加值较高的价值链上游环节转移和拓展，并通过协议生产和协议研发等方式将其他生产环节外包出去，同时利用低端锁定和吸收门槛效应保持其竞争优势和领先地位，完成对数字文化产业的行业标准制定、文化创意和技术应用等价值链核心环节的控制，实现创意产品的内容创作、IP 资产形成、品牌价值巩固等，摆脱单一和分散的文化创意形式与消费形态的限制，加快数字文化产业价值链的横向拓展，集中优势力量设计并引领数字文化产品和服务的高端化、精品化和品牌化。

第二，推进数字文化产业向 IP 授权与品牌运作方向拓展。数字文化产业价值链下游为产业附加值较高的知识与管理密集型生产活动，如 IP 授权、衍生品开发、增值服务和品牌运营等。受互联网和新兴文化业态的冲击，数字文化产品的生命周期不确定性加大，而优质 IP 与创意品牌的打造与运作可以降低困扰数字创意企业的需求风险、渠道中介的风险和收益波动性。数字文化企业应通过 4G/5G 实时在线服务、体验价值升级、智能平台化服务、IP 品牌化运营，面向国内外消费市场实现规模报酬递增，利用区块链技术构建数字文化产品可信证据体系①，创造有形的利润价值和无形的 IP 价值，最终推进数字文化产业消费结构调整、利润增长和产业可持续发展。

第三，深化数字文化产业向智能制造与高端外包方向拓展。传统意义上的产业价值链中游为承接外包和代工的劳动密集型生产活动。数字文化企业应利用 5G、VR 仿真、大数据、人工智能等技术，改造传统的数字文化产品生产方式，打造标准化、定制化、在线化、数据化、自动化和智能化生产体系和平台，实现对战略性新标准化生产的关键环节核

---

① 张路：《区块链技术应用对产业链协同创新的作用机理》，《学习与实践》2019 年第 4 期，第 16—23 页。

心技术的把控，提高数字文化产品生产效率和智能化水平，提升承接的高端外包制作服务附加值。企业在实施智能制造与高端外包生产活动中还应利用技术溢出效应和知识溢出效应，进一步提升其数字文化产品制作技术水平和产业创新能力，反过来通过价值链外溢效应正向影响数字文化产业相关知识创新和产品创新的效率，开拓数字文化产品质量型、集约式和精品化生产。

二、数字文化产业价值链纵向附加值提升

数字文化产业价值链的网络化、信息化、知识化，引导链上价值和资本以数字的方式传递，提高价值链传输效率，降低交易成本，扩大数字文化产业利润空间，提升价值创造能力，健全产业分工体系，最终促进链上价值增值环节由低端向中高端转移，实现价值链纵向升级，从而提高数字文化产业经济效益。

第一，提升数字文化产业价值创造能力。产业价值链突出强调的最终目标是“价值创造”，分工企业在数字文化产业价值链中的位置、竞争力和比较优势取决于其专业化深度、价值的创造和获取程度①。产业互联网和数字经济时代，数字文化产业应通过文化价值延伸效应、数字产业整合效应、产业集群效应②，带动产业价值链上的价值创造、价值转移、价值传递，促进产业核心技术提升、数字与文化资源高集约度整合利用、数字产品与服务高附加值化，最终实现数字文化产业整体价值的提升。数字文化产业价值链上的主导企业应通过制定标准、规则，增强对数字产品创意和品牌运营等价值链核心环节的控制能力，实现价值链上相关生产要素、资源、利润最终流向的优化，拓展产业价值链的价值创造空间，保持价值链高端锁定并获得更多的价值增值收益，促进数字文化产业市场主体健全与壮大。

推动数字文化产业主导核心技术实力与竞争力的增强及其在该领域

---

① 宋晶、陈劲：《全球价值链升级下中国创新驱动发展战略的实施策略》，《技术经济》2016年第5期，第6—9页。

② 刘友金、周健：《“换道超车”：新时代经济高质量发展的新机遇与新路径》，《社会科学文摘》2018年第4期，第42—44页。

的注入，制定与创新相关技术标准与规范，才能对数字文化产业的创意、研发、传播、营销和消费产生影响，也能通过技术关联和技术扩散效应对数字文化产业全产业链上的生产函数产生内生支撑和影响，驱动数字文化产业领域的高新技术全方位嵌入、竞争力提升、产业链升级和科技创新能力提升。

第二，促进数字文化产业利润空间扩大。数字文化产业依靠数字技术和文化创意在国内外市场中占据领先地位，特别是现如今中国数字文化产业相关核心技术如5G、人工智能和数字消费等在国际上处于领先地位，因此，应开始引导产业价值链的横向整合①，进一步提高自身技术创新能力并在价值链上外溢这些知识和技术，实现数字文化产业规模经济，降低成本，提高生产效率，带来数字文化产业价值链更大的利润空间和经济效益。

第三，健全数字文化产业分工体系创新。数字文化产业主导企业在实现价值创造能力提升和利润空间扩大后，应开始培育、构建和创新自身主导的数字文化产业分工体系，引导其他企业阶梯性软嵌入数字文化产业价值链条高端环节，使得价值链参与企业具有很强的行业关联效应，构建我国“全产业链”生态系统，带动体系内数字文化中间品生产与再投入，并通过众包、众筹和创客等数字文化产品创作形式打造多主体化和大众化的产品生产与贸易参与者，实现迂回的数字文化产业价值链高端跃升和产业升级②。

第四节　数字文化产业技术链的创新与升级

技术链是指产业链的主导核心技术构成的链接③，这些主导核心技

① 韩红丽、刘晓君、李玲燕：《基于产业价值链的产业升级机制解剖》，《技术经济与管理研究》2012年第2期，第97—101页。

② 黄光灿、王珏、马莉莉：《全球价值链视角下中国制造业升级研究——基于全产业链构建》，《广东社会科学》2019年第1期，第54—64页。

③ 廖喜生、李扬萩、李彦章：《基于产业链整合理论的智慧养老产业优化路径研究》，《中国软科学》2019年第4期，第50—56页。

术的应用与创新是实现数字文化产品和服务创意、生产和供给的核心驱动环节，数字文化产业技术和知识链条升级和创新驱动产业转型升级，本质是新发展理念下数字经济范式向整个经济社会体系的扩展。

一、数字文化产业主导核心技术应用与创新

第一，促进数字文化产业技术标准和规范的制定与创新。数字文化产业技术链以数字技术为核心，并涵盖数字设备、通信网络、数字制作、网络营销、智能传播、数字展示等技术，所涉及的技术必须要有个统一的标准和规范，才能有利于上下游企业快速和精准实现数据、信息与知识对接，实现数字文化产业技术协同应用与产品规模化创作。数字文化产业界应凭借我国在5G、人工智能和数字消费等方面的国际领先优势，立足数字经济巨大潜力和本土市场优势，从数字文化产业5G+AI综合基础设施、数据编码体系、数字内容集成平台、数字产品结构化生产工具、数据共享体制、智能传播体系等领域入手，研究制定相关技术和产业标准，获取产业链上技术、信息和知识流向，掌握数字文化产业链话语权，有效掌控数字文化产品的生产和流通，降低数字文化产品研发风险，形成核心层稳固的数字文化产业链开放式战略联盟，提升数字文化企业创新合作能力。

第二，带动数字文化产业创作和传播技术的应用与创新。移动通信、互联网、智能技术和高技术等产业领域的技术进步迅猛，数字文化企业应积极开展与这些行业更加广泛的交流和互动，推动相关关键技术在数字文化产业领域的引进与应用，促进文化科技相关产业间融合发展与科技创新共融共通。各市场主体要构建政产学研协同创新联盟和平台，带动文化与科技产业互动，形成更加完善的创新型生态系统，解决数字文化产品创意、制作、传播与服务质量提升相关的核心技术问题，引导创新资源和创新成果广泛地被应用、渗透和扩散到产业中，实现数字文化行业关键要素的科技注入和驱动升级，推动文化和科技的深度融合和发展，有效提升数字文化产业的核心技术应用创新和核心竞争力提升。

二、数字文化产业技术链演化与升级

当今互联网和数字技术发展日新月异，技术更新换代越来越快，数字文化产业技术链的演进和升级也相应加快。一方面，应促进数字文化产业创新边界的拓展；另一方面，应催生更多产业细分领域和新业态，更加深入践行将创新排在第一位的新发展理念。

第一，加快数字文化产业技术链动态演进。数字文化产业技术链演进路径可分为纵向和横向两种：从纵向看是深度开发与应用产业相关技术，催生技术含量更高、性能更好的数字文化产品和服务，并形成产业技术簇群和等级序列；从横向看是产业相关技术的产业链横向扩散和溢出，促进数字文化产业技术链条横向拓展，实现技术链生命周期拓展和延续。推动数字文化产业技术链遵循一定技术范式进行渐进性、持续性动态演进，并通过产业引导机制、资源优化配置、技术创新激励和产业合作竞争等加快更高层次技术链的进化与升级。

第二，推动数字文化产业技术链创新升级。数字文化产业技术链创新升级主要是通过技术创新及扩散实现的，因此应通过原创性创新的技术溢出效应和模仿创新产生的乘数效应，推动技术链条内的不同节点间的移动，促进技术链上的企业都获得更高层次的技术能力，使得数字文化产业达到新的生产水平。同时，应加快数字技术的不断注入，使得技术创新资源和创新成果越来越多地被应用、渗透和扩散到数字文化产业中，实现技术的跨业跨界扩散，对数字文化产业技术链进行科技注入和驱动升级，促进技术链上的技术积累、效率提高和资源再配置，推动数字文化产业结构优化和技术升级。此外，重大技术进展和技术发明创造的突破，能够急速推动技术链的跳跃式升级，应通过创造“竞争断层”而重塑数字文化产业技术链，为链上企业获得垄断性竞争优势提供技术支撑。

三、数字文化产业知识链升级与创新

广义的数字文化产业技术链不但包括技术创新，也包括知识创新。

知识扩散效应是产业实现增长的必要条件①。应通过知识传播和知识溢出等渠道，利用技术、生产、产品及管理创新等知识外溢方式，促进产业内的知识再造和升级，包括显性知识溢出、隐性知识溢出和整个知识网络的创新升级。

第一，增强数字文化产业链显性知识溢出效应。IP、设计专利、发明专利和著作权等知识产权是数字文化产业链上的显性知识，可以通过编码和解码的方法在链上交易、流通、传播和共享，既实现数字文化产业链的知识传递和注入，又在产业链上下游分工过程中实现知识的扩散、外溢和转移。应用大数据等技术对知识进行挖掘、汇总、整理和分析，促进链上知识的进一步整合和应用，为数字文化产业带来进一步的知识创新和增殖，实现数字文化产业链显性知识溢出，为产业高质量发展提供知识支撑。

第二，增强数字文化产业链隐性知识溢出效应。数字文化创意和创新管理等知识是数字文化产业链上的隐性知识，是数字文化产业人才在长期的从业实践中积累起来的，因此促进隐性知识溢出的最佳途径是数字文化产业人才的流动。从业人员在同一区域和产业领域内的良性流动有利于知识溢出渠道的形成，可使各数字文化企业的科技创新知识流通和扩散的速度加快，从而带来更多的熟练劳动力，促进专业化分工，加速现有产业知识的共享与创新知识的产生，保证数字文化产业创意和管理知识的交流、创新与增长。

第三，推动数字文化产业链知识网络创新升级。知识网络侧重于外部知识源体系②，应利用数字文化产业链知识网络将链上知识构成的集合体和统一体，形成知识体系平台化转化，引导链上企业通过平台获取、清洗、传播和融合知识，提高企业自身知识搜索能力、知识鉴别与提炼能力、知识传播与共享能力、知识协同与整合能力，扩大和优化企业自

---

① 刘仕国、吴海英、马涛等：《利用全球价值链促进产业升级》，《国际经济评论》2015 年第 1 期，第 64—84 页。

② 余琨岳、赵长轶：《后发企业技术链升级研究——基于知识网络演化视角》，《软科学》2017 年第 2 期，第 1—4 页。

身的知识积累和知识扩散，为数字文化产业的创新、协调和共享发展提供知识网络和平台支持。

第五节　数字文化产业空间链的聚合与优化

空间链是指产业链上市场主体的地理空间布局。多元市场主体生态聚落形成产业集群，数字文化产业集群内和集群间科技要素配置优化、成果转化、技术活动集中与服务共享，推动形成产业集群内的知识溢出和技术交流渠道，实现数字文化产业内企业间的相互促进、相互平衡、共同发展，进一步促进新时代数字文化产业布局的优化和完善。

一、数字文化产业集群空间优化

要优化数字文化产业集群式空间链的集群式结构、集聚区产业分工和要素资源集聚，应加快数字文化产业集群的整体发展、技术支撑发展和高质量发展的巩固和壮大。

第一，实现数字文化产业空间链集群式结构布局完善。数字文化产业空间链集群式结构布局有利于创意创新资源密集区域作用发挥，促进形成各具特色、各有侧重的优势产业集群和产业链，应培育专业化、特色化、集聚效应明显的集群式结构布局，加强创新创意资源联动，扩展产业链空间，实现产业集聚区的核心竞争力的增强，避免出现产业园区空心化现象。同时，应用5G、云平台、物联网和人工智能等技术，建设线上线下结合的数字文化产业集聚区信息、知识和技术服务平台，为集聚区市场主体提供互联网众创、智能化生产、网络化协同、个性化定制服务，形成线下线上有机结合的数字文化产业集聚服务平台，完善产业空间链集群式结构布局。

第二，推进数字文化产业空间链上产业分工布局优化。数字文化产业集群有助于健全区域性产业协同，5G等网络通信技术可以打破产业链上企业受到的地理位置限制。数字文化产业链应紧抓纵向集群效应，通过线上线下结合的方式把链上的上下游企业集聚起来，推动企业间形成不受地域限制的集群内部专业化分工和协作；数字文化产业链应紧抓横向集群效应，将产业链上某一环节的多家企业集聚起来，激发同一种分工类型的企业间竞争合作关系，通过完善的、高效率的产业圈人才流动机制，促进集群内知识溢出渠道的形成，提高集群企业整体技术水平、议价能力和品牌知名度，推动区域数字文化产业分工布局优化和价值品牌效应壮大。

第三，推动数字文化产业空间链上要素资源聚集优化。科技创新需求和科创优势要素可以促进数字文化产业的集聚区域特色发展路径和特色产业集群发展体系的形成。应用大数据和云平台等技术来挖掘、引进并开放各种数字文化科技要素资源，培育和刺激数字文化产业创新与消费需求，利用“互联网+”文化产业普及和大数据云平台发展带来的优势，打破人才、资金和资源的地域限制，使优势科技和文化要素资源得到更优化的集聚和更高契合度的使用，使要素在数字文化产业空间链中能够得到新的组合、延展、创新和优化集聚，为数字文化产业高质量发展提供坚实的资源支撑。

二、数字文化企业聚集形态创新

数字文化企业间的合理竞争和文化科技市场需求能有效激发产业实力提升与文化产品供给侧结构性改革。数字文化企业应通过聚集协同发展推动企业联盟、区域协调、产业融合、竞争能力提升和产业结构持续优化的步伐。

第一，巩固数字文化企业间集聚竞合关系。数字文化企业集聚不可避免会带来竞争合作关系，企业应该在竞争和合作两种力量之间进行权衡，借助数字文化企业间的科技活动集聚效应，促进产业集群内各种创新要素流通、数字技术应用集中和核心技术服务共享；通过企业集聚带来的创新资源可得性效应和企业合作带来的风险降低效应，促进行业的整体进步，提高企业间数字文化项目创新创意合作、核心技术成果转化和技术交流反馈力度，打通技术溢出和知识溢出渠道，实现共同发展，并在实践中进一步完善数字文化企业间集聚竞合组织模式，最终实现数字文化企业集聚区持续自主创新。

第二，健全数字文化企业的跨界集聚合作。数字文化产业与相关产业的良性互动发展和跨界融合集聚在产业生态平台构建、资源良性流通、技术与知识扩散等方面对数字文化企业空间链的创新与产业协同创新发展能力的提升有重要支撑作用。数字文化企业应与信息、通信、互联网、高技术、旅游、教育、广告、康养、制造等相关产业进行融合、集聚与创新，强化文化对相关产业的文化支撑、创意提升和服务化转型作用，促进“文化+”产业集群的形成与巩固，引导数字文化产业与相关产业协作，形成更加完善的创新型生态系统，最终形成相互促进、有序竞争、结构合理、稳定增长的经济新常态下数字文化产业协同创新发展格局。

第三，促进数字文化企业的技术聚集进步。数字文化上下游企业在合作和竞争中形成以技术和知识为纽带的产业聚集区，区内技术溢出和知识溢出效应又推动企业整体技术能力的增强、自主技术轨道的升级和技术创新模式的构建。产业集群内的数字文化企业应利用技术溢出效应在技术应用过程中形成自主型技术轨道，并利用技术轨道引领产业集群技术创新的发展空间与方向，构建集群内技术标准与技术体系，通过“报酬动态递增”效应提升群链企业的自主创新能力①，促进数字文化产业核心技术升级和产业核心竞争优势持续。

① 严北战：《集群式产业链、技术轨道与自主创新能力提升研究》，《科技进步与对策》2014年第1期，第65—70页。

下编

互联网络与新媒体

XIABIAN

HULIAN WANGLUO YU XINMEITI

第十一章　新技术发展引发的媒体革命

第一节　媒体革命：从“新媒体”到“新媒体平台”

一、新媒体的特征

“新媒体”是一个在不断推陈出新进程中演化发展的概念。马克·汉森在《新媒体》一书中特别指出：“人类进化可以用一长串‘新媒体’革命来定义，它与技术紧密关联；那长长一串‘曾经新的’新媒体就是这一共同演化的明证。”① 新媒体的“新”是相对的，是在新的技术体系支撑下出现的“新”的媒体形态，而当下的新媒体总是会被技术发展推动下不断涌现出的、更新的媒体所取代，成为旧的媒体。一种新媒体的出现是媒体技术延续性发展进程中由量变到质变引发的传统媒体转型与新媒体迭代更新。

进入21世纪后，移动互联网技术的深度应用与智能手机的广泛普及，标志着新媒体在全面变革人类信息传播与认知方式上迈入新阶段。从传播形态上看，新媒体能够在新的平台融合各种传统大众媒体，实现复合型的传播；从传播范围上看，新媒体进行的是无边界传播；从传播

---

① Mark B. N. Hansen, “New Media”. In W. J. T. Mitchell & Mark B. N. Hansen, eds, *Critical Terms for Media Studies*. Chicago & London: University of Chicago Press, 2010: 177.

形式上看，新媒体强调传播的互动性，突出高度综合性特点；从传播内容上看，新媒体内容丰富且呈现多样化[①]。列夫·曼诺维奇总结了新媒体的五大原则：数值化（numerical representation）、模块化（modularity）、自动化（automation）、多变性（variability）、跨码性（transcoding）[②]。数值化强调的是内容的数字化呈现；模块化强调不同内容呈现形式的可组合性；自动化强调不同程度地实现人工替代，在当下则具体体现为人工智能的实现；多变性强调内容和形式的多样性、非恒定性；跨码性强调新媒体由“文化层”和“电脑层”两个层面组成，并具有互相转换的可能性。列夫·曼诺维奇并没有将新媒体置于一个孤立的技术语境中进行分析，而是敏锐地捕捉到新媒体具有的“文化跨码性”，即新媒体对于文化生产、文化传播，乃至文化生态的影响与作用。

新媒体正在以一种前所未有的深度与广度，对社会、文化和艺术的方方面面进行重塑。新媒体的使命，当然绝不仅仅只是建构一种新的信息生产与传播渠道，或单纯实现对原有产品功能架构的技术迭代与优化更新，而是围绕着它所依托的介质和载体所产生的组织性、结构性的活动，重新建构社会性的生产关系，通过对社会生活的深度介入，对公众进行一场彻彻底底的、由行为到思维的重塑。在新媒体技术的拉动下，人类的信息传播方式变得更为多元化，传播速度与效率得到大幅提升，新媒体建构起了人们多样化的文化生活空间，对文化生产、文化传播，乃至文化生态都在产生积极的影响与作用。新媒体依托于网络化，实现了跨越时空的彼此关联；依托于数字化，实现了线下线上的多维呈现；依托于互动化，实现了供需双方的活态反馈；依托于社交化，实现了信息传递的无限延伸；依托于智能化，实现了个性诉求的人本关照。

二、新媒体平台的意义

平台化是新媒体对于传统媒体最根本的颠覆，是飞速发展的网络

① 陈刚：《新媒体传播的特点及对营销传播的影响》，《国际广告》，2006 年第 10 期。

② ［俄］列夫·曼诺维奇：《新媒体的语言》，车琳译，贵阳：贵州人民出版社 2020 年版，第 27—47 页。

技术、数字信息技术和人工智能技术作用于新媒体结果的综合体现。如社交媒体平台的发展经历了从最初的BBS论坛到后来的博客，再从微博到微信，各类平台不但向我们展现了新媒体在中国的持续发展逻辑，更体现了新旧传播方式在技术层面与观念层面的不断革新与接力。这种新媒体平台具有比以往任何传统媒体更强的号召力、包容力、拓展力与优化力。比如微信，就是这样一个兼具高度整合性、便捷性、实用性的公众服务平台。其发展经历了三个阶段：核心功能实现阶段、人际关系建构阶段、服务平台打造阶段。第一阶段立足于新媒体技术应用，第二阶段聚焦于新媒体思维导入，第三阶段着眼于新媒体生态建立，最终以公众平台的形式实现了对于几乎所有用户群体的全域覆盖。今天的新媒体平台已不再仅仅是一个信息传播渠道，而是集生产、分发、消费于一体的具备融合、升级、创新效应的新媒体生态综合体。首先，平台为内容到达用户提供了多元路径，也是聚合用户、产生用户黏度、实现用户间关联的最有效手段。同时，平台将内容生产者与内容使用者集聚于一体，催生二者间的相互转化。因此，平台在用户层面就已具有复合生态关系。其次，平台作为内容生产、分发与消费的主导方，通过制定生产、分发、消费规则，在使用平台的个人与组织、媒体与自媒体间建立起复合生态关系，促使各方在有效互动与协同联动中参与平台服务。

社会化是新媒体思维的关键要素，是网络与信息传播等新媒体技术以不断渗入式姿态作用于人类社会的必然结果。互联网这样一个庞大细密的信息体系将每一位个体用户都串联包容进来，而层出不穷的社交媒体平台、工具则在潜移默化中，将原本存在于现实世界中互相牵连的社会关系网逐步移植进了虚拟世界中。借用新媒体所提供的虚拟空间的流动性来建构虚拟共同体，使得社会学意义的参与感和依赖感有了新的信息支点[①]。从某种意义上讲，社交媒体平台就好似一座城市的基础设施，“历史上所有基础设施都包括通信媒介、动力源和逻辑机制三个部分，它们相互影响，共同确保基础设施的整体运行。在这个意义上，基础设

① 陈卫星：《新媒体的媒介学问题》，《南京社会科学》2016年第2期，第114—122页。

施可以看作是一种扩大社会机制的手段"①。数字符码和互联网络便是平台这个基础设施的通信媒介，包括个人用户在内的信息各方成了动力源，而具有实时交互性的各项使用规则与操作方法便成了逻辑机制。社会化已成为新媒体时代个体存在的普遍状态。其一，现实世界中的个人社会关系被全盘投射在互联网端，并成为网络构建的基础；其二，依托于新媒体信息体系建构起的虚拟社会关系对于信息生产与传播具有关键意义；其三，虚拟社会关系较之现实世界社会关系更具可塑性与实时变通性，可根据信息生产与传播的实际需要来进行社会关系的自我调配与重建。人们每天通过智能手机、电脑等终端设备穿梭于不同的微信群、QQ 群以及其他各类聚合性的网络平台之间，进行不同主题的信息传播与交流。当用户置身其中，其社交能量与社会化拓展空间便会因为时空限制的打破以及去中心化的运作而被无限提升。以不同性质的社会关系形成的节点成为个人用户在虚拟世界中进行信息生产与传播的轨迹，"网络建立在节点以及它们之间互相关联的基础之上。这些节点可以根据新的任务与目标进行重构，可以随着它们获取或失去知识和信息的多少来增加或减少自身的重要性"②。此时的社交媒体，已然成为个人用户通过自我媒介化实现社会化交往的宏大装置。

第二节　中国实践：从"网络媒体"到"媒体融合"

一、互联网的发展

从 20 世纪 90 年代末我国正式开始接入互联网至今，回望这过去 20 年我国互联网建设与普及的历程，其发展之快、成绩之大，举世罕见。据中国互联网络信息中心（CNNIC）2021 年 8 月 27 日发布的第 48 次

① [美] 杰里米·里夫金：《零成本社会》，赛迪研究院专家组译，北京：中信出版社 2014 年版，第 14 页。

② [英] 曼纽尔·卡斯特、马汀·殷斯：《对话卡斯特》，徐培喜译，北京：社会科学文献出版社 2015 年版，第 32 页。

《中国互联网络发展状况统计报告》显示，截至2021年6月，我国网民规模达10.11亿，互联网普及率达71.6%，手机网民规模占比99.6%，网民人均每周上网26.9小时。十亿用户接入互联网，形成了全球最为庞大、生机勃勃的数字社会。我国IPv6地址数量达62023块/32，移动电话基站总数达948万个。截至2021年4月，我国光纤宽带用户占比提升至94%，固定宽带端到端用户体验速度达到51.2Mbps，移动网络速率在全球139个国家和地区中排名第4位。另外，工业互联网“综合性+特色性+专业性”的平台体系基本形成，具有一定行业和区域影响力的工业互联网平台超过100家，连接设备数超过了7000万台（套），工业APP超过59万个。我国5G商用发展实现规模、标准数量和应用创新三大领先。其中，已累计开通96.1万个5G基站，覆盖全国所有地级以上城市；5G标准必要专利声明数量占比超38%，居全球首位；5G应用创新案例已超9000个，5G正快速融入各行各业。“5G+工业互联网”在建项目已超过1500个，覆盖20余个国民经济重要行业①。互联网特别是移动互联网通信技术的快速发展，为新媒体的普及应用开创了新局面，提供了强支撑。以智能手机为主的各类移动设备、社交媒体、大数据、传感器技术、地理信息定位等新媒体技术，几乎将我们工作、学习、娱乐以及生活日常的方方面面全都囊括其中。近年来，我国5G网络建设进入快车道，网络信息技术的发展，引动传播技术的更新迭代。截至2021年4月，在“5G+媒体”的融合应用模式推动下，新媒体技术有了更为广阔的应用空间，如超清视频直播、大数据同步传输、多场景实时交互、VR/AR深度运用等，体现了新媒体技术在应用形式与产品样态上的多元化发展。5G、物联网、大数据、云计算、人工智能等新兴业务带来全新赋能，为新媒体功能的实现提供了载体。

二、智媒体的兴起

技术引领发展，智能重构传播。伴随着人工智能等技术不断突破，

① 李政葳：《我国网民规模超10亿——解读第48次〈中国互联网络发展状况统计报告〉》，《光明日报》2021年8月28日。

各类移动应用发展势头迅猛。人工智能与移动互联网相结合的应用场景日趋丰富，自动驾驶汽车、智能语音、虚拟现实和增强现实等正越来越广泛地应用在社会生活领域。整体来看，技术一直在传统媒体与新兴媒体融合进程中扮演着引领作用。作为最能展现新媒体“智能化”的重要技术支撑与核心功能要素，人工智能已开始被广泛对接到各类新媒体工具、平台、应用的迭代升级中，并衍生出新一代“智能化”新媒体。2017 年 12 月 26 日，新华社在成都发布媒体人工智能平台——“媒体大脑”。紧接着，在 2018 年两会期间，“媒体大脑”便向社会公众展现出了其强大的智能生产能力，在 15 秒内快速生成发布了全球首条关于两会内容的 MGC（机器生产内容）视频新闻，瞬间引爆媒体圈①。“媒体大脑”融合了云计算、物联网、大数据、人工智能等多项技术，包含了“2410”（智能媒体生产平台）、新闻分发、采蜜、版权监测、人脸核查、用户画像、智能会话、语音合成等八大核心功能，为媒体机构提供线索发现、素材采集、编辑生产、分发传播、反馈监测等基于各类新闻场景现实需求的智能化服务。其中，“2410”通过摄像头、传感器、无人机、行车记录仪等智能采集设备，采集生成新闻实地多维数据，实时描绘新闻事件，协助记者发现一手新闻线索，有效提升新闻报道的深度与广度；专业级录音应用“采蜜”可将录制音频信息转为文字，并可与移动端和 PC 端进行无缝衔接，提升记者采编效率；人脸核查功能可在海量图片与视频素材中进行精准对象认定，在源头上杜绝虚假新闻出现；用户画像功能可以通过大数据准确描绘读者阅读习惯、地理位置、行为偏好等详细信息，新闻分发功能则基于用户画像为读者进行新闻资讯的精准推送；版权监测功能通过对全网近 300 万个站点进行监控，精确打击各种抄袭、洗稿等侵权行为。更值一提的是，该平台具有高度开放性，国内各媒体机构均可在认证后使用其各项功能和产品。总的来说，“媒体大脑”是一个智联的平台，它的出现，意味着内容生产与传播进入一个提档升级的新时代，它向我们展现的，只是未来全新 AI 内容生态系统的“冰山一

①《网络传播》杂志：《独家专访：新华社“媒体大脑”背后的算法机制》，2018 年 5 月 29 日，https：//www. sohu. com/a/233270467_ 181884。

角”。2019 年 11 月，中央广播电视总台“央视频”5G 新媒体平台上线，该平台率先采用了 5G、4K/8K、AI 等一系列新技术，带来全新视听体验①。作为国内主流媒体中首个“视频社交新媒体平台”，“央视频”在通过云服务技术消解传统媒体物理空间阻隔与生产环节壁垒的同时，更是在新媒体技术的集成应用方面展示了极具创想性与实用性的功能架构，将短视频、长视频、移动直播、点播直播关联、数据共享、4K 投屏等集于一身，以账号体系为内容聚合逻辑，以开放共建机制整合社会创作资源，围绕“增强用户视听与社交体验”做足文章，受到广大用户与社会各方的广泛好评。

新媒体技术的普及应用，引发的不仅仅是信息生产与传播方式的变革，更是对于大众思维模式的更新与重塑。2018 年 11 月第五届世界互联网大会在乌镇召开。在大会的“媒体变革与传播创新”论坛上，新浪董事长兼 CEO 曹国伟发表了题为《共赢：新媒体生态的演进》的演讲，引发了舆论普遍关注与公众热议。他提到，当下几乎所有新媒体平台正在不断走向社交化、视频化和智能化。无论是基于强社交关系的微信，还是基于弱社交关系的微博，无论是基于智能推荐的新闻客户端今日头条，还是基于推荐+社交的短视频平台抖音，都已趋向于成为兼具社交、视频和智能推荐三重属性的综合体②。社交化指向了传播关系，智能化和视频化则分别对应了“社交关系实现”的功能架构与呈现形式。

三、媒体融合发展历程

随着信息技术和社会经济的发展，使“媒体融合”成为一种历史的必然选择。一方面，随着网络技术、大数据、人工智能、5G 技术的发展进步，以及这些技术在广电、通信领域的全方位渗透与应用，传统媒介的界限逐渐模糊，新媒体形式层出不穷，媒介终端可实现功能逐渐强大；另一方面，社会经济及文化潮流的发展与进步引发社会阶层的“碎片

① 《我国首个国家级 5G 新媒体平台正式上线》，2019 年 11 月 21 日，https：//baijiahao. baidu. com/s？ id = 1650766179114245987&wfr = spider&for = pc。

② 曹国伟：《共赢：新媒体生态的演进》，2018 年 11 月 8 日，https：//www. sohu. com/a/274120317_ 505891。

化”，并由此延伸到市场的“碎片化”和受众的“碎片化”，大众时代向分众时代转化，媒介受众由以往的单向受众的角色转变为需要为其定制娱乐、资讯服务的用户。媒介与消费者的互动更加充分，传媒产业正以专业新闻和自媒体内容相结合的方式满足消费者的需求。在这样的背景下，“媒介融合”应运而生，它包括媒介互动、媒介整合、媒介大融合三个层次。

（1）媒体互动：提出“全媒体”概念

2000 年 9 月《国家“十一五”时期文化发展规划纲要》和 2007 年《新闻出版业“十一五”发展规划》等文件中就确定了“国家数字出版系统工程”发展规划，工程中就包含了“全媒体资源服务”“全媒体经验管理”“全媒体应用整合平台”等项目，这是“全媒体”首次以官方文件的方式被提出。

（2）媒介融合：推动传统媒体和新兴媒体融合发展

从 2014 年媒体融合元年开始，我国媒体行业进入了以先进技术为支撑、以内容建设为根本、内容渠道经营管理多点全方位创新的大转型、大融合、大发展的新阶段，正式跨入了融合 3.0 时代。2014 年，习近平总书记在中央全面深化改革领导小组第四次会议上多次提到“融合”，他指出并强调“推动传统媒体和新兴媒体融合发展，要遵循新闻传播规律和新兴媒体发展规律，强化互联网思维，坚持传统媒体和新兴媒体优势互补、一体发展……”，将媒体融合提高到国家战略的高度。此后，“融合”成为主流媒体转型的新关键词。2015 年，我国“十三五”规划建议提出，“推动传统媒体和新兴媒体融合发展”，加快媒体数字化建设，打造一批新型主流媒体。从此，在外部新媒体冲击与内部改革创新双重压力之下开启了媒体融合与转型的发展之路。

2016 年 2 月，习近平总书记明确提出，媒体融合要从“相加”到“相融”，打造新型主流媒体，巩固主流舆论阵地，对媒体融合发展提出了更新和更高的要求。2016 年 7 月，国家新闻出版广电总局发布《关于进一步加快广播电视与新兴媒体融合发展的意见》指出，要构建集采编、制作、存储、发布、安全管控、运营于一体的广播电视制播云平台，提出九项重点任务，分别为树立深度融合发展理念、加快融合型节目体系建设、加快融合型制播体系建设、加快融合型传播体系建设、加快融合型服务体系建设、加快融合型技术体系建设、加护融合型经营体系建设、加快融合型运行机制建设、加快融合型人才队伍建设。2018 年，中央全面深化改革委员会第五次会议审议并通过了《关于加强县级融媒体中心建设的意见》，指出组建县级融媒体中心，有利于整合县级媒体资源、巩固壮大主流思想舆论。2019 年，中宣部和国家广电总局联合发布《县级融媒体中心建设规范》，明确了县级融媒体中心是“整合县级广播电视、报刊、新媒体等资源，开展媒体服务、党建服务、政务服务、公共服务、增值服务等业务的融合媒体平台”①。2014 年至今，媒体融合经历了从中央媒体层面的媒体融合，再到省级媒体层面的媒体融合，近年又开始了县级媒体层面的媒体融合。

（3）媒介大融合：建设“全媒体传播体系”

2019 年 1 月 25 日，习近平总书记在主持中央政治局第十二次集体学习时指出，推动媒体融合发展，要坚持一体化发展方向，通过流程优化、平台再造，实现各种媒介资源、生产要素有效整合，实现信息内容、技术应用、平台终端、管理手段共融互通，催化融合质变，放大一体效能，打造一批具有强大影响力、竞争力的新型主流媒体；要抓紧做好顶层设计，打造新型传播平台，建成新型主流媒体，扩大主流价值影响力版图。2019 年 10 月，党的十九届四中全会审议通过的《中共中央关于坚持和完善中国特色社会主义制度、推进国家治理体系和治理能力现代化若干重大问题的决定》指出，建立以内容建设为根本、先进技术为支撑、创新管理为保障的全媒体传播体系。2020 年中共中央办公厅、国务院办公厅印发了《关于加快推进媒体深度融合发展的意见》，意见指出要“推动传统媒体和新兴媒体在体制机制、政策措施、流程管理、人才技术等方面加快融合步伐，尽快建成一批具有强大影响力和竞争力的新型主流媒体，逐步构建网上网下一体、内宣外宣联动的主流舆论格局，建立以

---

①《〈县级融媒体中心省级技术平台规范要求〉〈县级融媒体中心建设规范〉发布》，2019 年 1 月 15 日，http：//media. people. com. cn/n1/2019/0115/c14677-30541139. html。

内容建设为根本、先进技术为支撑、创新管理为保障的全媒体传播体系”。这些都明确了我国全媒体传播体系建设中的工作重心和未来发展目标，也为打造中国特色的国际一流新型主流媒体和构建全媒体传播体系提供了根本遵循原则，指明了正确方向。

在这样的背景下，媒介融合使得媒介变革体现在多个层面，从发展历程来看，媒介融合主要经历了四个阶段：首先是传播手段融合，即媒体利用新技术发展新媒体，改造传统媒体，通过不同传播手段在大传播平台上进行整合，实现媒介之间的内容相互推销和资源共享；其次是媒介形态融合，随着不断发展的新技术，所有的媒介信息会汇聚在一个平台之上，出现一个完全具有兼容性和包容性的新型媒介，集文字、音频、视频于一体，集报纸、广播、电视的特征于一体，这被称为“全媒体”，质变发生后就会产生一种新的媒介形态，这也是各种媒介深度融合的结果；再次是资本的融合，具有不同媒介的传媒集团可以在资本市场完成对其他媒介集团的收购或者兼并，从而实现价值链的整合，使不同的媒介直接获得接口，进而发生媒介融合；最后是组织的融合，随着上述融合，在资本或者行政的推动下，不同的媒体结合成一个共同体，进而拥有了报纸、广播、电视、网络和手机等多种媒介形式，拥有了全媒体的价值链和产业链。

四、媒体融合的成绩与不足

我国媒体融合在体制机制改革、平台建设、内容创新、技术创新等方面取得了一定成绩。

在体制融合上，我国传统媒体与新兴媒体融合发展过程中，传统媒体在组织模式、人才结构、考核机制、管理机制等方面进行了不断改革，从互联网企业学习扁平化管理机制，激发了采编工作者的创作活力，更是通过资源统筹的方式构筑了以新媒体为核心的传播生态，以此更加贴合时下新的传播格局。如 2016 年 8 月，广电行业媒体云技术产业联盟成立，联盟由中广联合会技术工作委员会与中国国际广播电台、中国广播电视网络有限公司、上海广播电视台、江苏省广播电视总台等单位共同发起。当前，我国媒体融合正逐渐从“相加”变成“相融”，从“自上而下融合”过渡到“深度融合”。自2014年媒体融合从报（台）网互动的网络融合1.0阶段，不断更迭升级至“两微一端”“中央厨房”建设的移动融合2.0阶段，目前正走向“报（台）网端融合”“省市县融合”的区域（市场）融合3.0阶段，逐步完成了媒体内部资源优化重组、业务流程再造等相关建设，更将媒体融合实践深入到城市的“神经末梢”，实现以点带面的社区乡镇覆盖和联动。

在平台融合上，作为媒体融合的主流趋势之一，平台化已经成为当前媒体业发展的重要战略选择。我国的网络平台建设经历了从最初的三大门户网站（新浪、搜狐、网易），到后来的社交平台（博客、微博、微信、QQ等），再到基于场景的应用平台（美团、滴滴等），此外，还有通过内容聚合与算法推荐相结合的方式打造的内容推送平台（今日头条、抖音、快手等），平台建设一直持续你方唱罢我登场的局面。在传统媒体和新媒体融合创新方面，人民日报“中央厨房”建设取得了较为突出的成果。首先，“中央厨房”使过去报网分离、部门独立运作、资源分散的现象，通过实行内部资源、平台整合得到改善；其次，“中央厨房”既是硬件基础和技术平台，也是大脑和神经中枢，具有集中指挥、统一调度、高效协作等功能，为资源的合理利用节约了人力成本，同时采编发一体化的流程再造大幅提升了新闻的生产与传播效率；此外，“中央厨房”为主流媒体平台，通过整合媒体、政府资源，借由“报网端微”四级媒体形成全媒体舆论传播阵地，特别是在弘扬主流重大议题、党的领导方针政策方面，让传统媒体与新媒体优势互补形成合力。在此基础上人民日报推出了“全国党媒信息公共平台”，开启了平台化运作的步伐，联结人民日报系各类党媒端口，构建内容共享、渠道共享、技术共享、数据共享的公共平台，形成舆论引导合力。

在内容融合上，平台为内容到达用户提供了多元路径，也是聚合用户、产生用户黏度、实现用户间关联的最有效手段。同时，平台将内容生产者与内容使用者集聚于一体，催生二者间的相互转化。由于技术和平台优势，传播内容更加多元，更加丰富、更加能满足个性化需求。如

“中央厨房”式全媒体融合采编发为一体的中心的建立，为平台生产多样化内容产品、实现良性运作起到了积极作用。当今的自媒体平台，由于向移动端转移，既注重内容、形式、手段的创新，又考虑移动端适配性，生产出许多受到用户欢迎的产品；主流媒体平台以内容建设为抓手，结合传统媒体自身强大的内容生产能力，借力 H5、全景视频、360 度影像等新媒体手段打造了一批具有特色的融媒体产品。例如湖南红网新媒体集团搭建“云上系列”以提升对外传播声量，打造国内最大互联网评论基地“红辣椒评论”等；再比如上海报业集团整合集团力量推出“上海观察”“澎湃”“界面”等多个新媒体项目。

在技术融合上。在新媒体时代，每一位用户都成了技术这个“虚拟大脑”的“思想投射端”，二者的有效对接才构成了“新媒体”的完整内涵。技术是无形的，借助于产品、服务等有形载体得以实现，用户在使用产品与服务的同时，也通过各种形式的有效应答与反馈机制形成对于产品与服务的客观评价，并以此推动着技术的发展。例如，央级主流媒体凭借自身政策、技术、资源等压倒性优势，与业内互联网强势企业进行强强联手，抢占云平台建设高地。例如，2014 年，光明网应用微软 Azure 云计算技术建立中国首个“媒体云”平台，帮助增强光明日报和光明网的传播力和影响力，同时顺利向新媒体领域过渡；2015 年，新华社全媒体报道平台启动运行，这一举动被视为国家通讯社推进媒融合里程碑式的一步；2016 年，人民日报与腾讯云联合发布我国首个媒体融合云服务平台——中国媒体融合云，一站式解决“策采编发”甚至是盈利分成的全流程瓶颈。随后各地根植自身土壤相继打造属于自己的媒体云，出现了一批独具特色的媒体云。最为典型的代表有江苏省广电总台“荔枝云”、湖南广电“芒果云”、湖北广电“长江云”、贵州“7+N”朵云、天津津云新媒体“津云”、江西日报“赣鄱云”等。新华社近年来频频出招，通过推出“智能化编辑部”、“现场云”新闻直播、“媒体大脑”智能视频生产系统、AI 合成主播生产等，形成了多功能一体化的新媒体平台，为媒体业的新闻生产提供了强大的后台服务体系。2019 年 2 月，新华社客户端 V6.0 正式上线，这标志着新闻生产平台与用户端直接接轨，一个全新的集新闻生产与传播于一体的平台架构正破土而出。

尽管当前媒体融合势头发展良好，但从整体发展情况来看，仍停留在技术层面的初级阶段，尚未对原有的组织架构和业务流程进行全方位的改革，出现了“传媒倒融合现象”（即互联网企业掌握融合主动权收购兼并传统媒体，传统媒体面临着融合平台的内容“供应商”的危机）[①]。尽管目前形态各异的平台的迅速崛起，改变了以传统媒体为主导的内容生产和传播格局，媒体融合的范畴和边界发生了变化，但平台运营主体的多样化导致利益格局的动态裂变与分化，从而进一步增加了媒体融合的复杂性。尽管近年来随着国家投入力度的不断加大，各级各地公共文化服务平台建设深度化持续推进，平台服务功能日臻完善，但无论从平台规模体量来看，还是从文化资源总量来看，都还较为不足，从平台辐射力与覆盖面来说，也还比较有限。这些都需要我们深入研究，寻求解决之策，以确保新媒体融合的健康发展。

① 赵华：《媒体融合大势下的媒体云现状与思考》，《传媒观察》2017年第1期，第48—49页。

第十二章　大众传媒与大众世界*

随着报纸、杂志、广播、电视、电影等大众传播媒介的发展，特别是人造通信卫星在传播事业上的广泛应用，大众传媒以其先进的科学技术制造和传播信息，对人类的社会环境、生活方式、思维模式、价值观念、文化结构、教育发展、精神世界等方面产生了巨大的影响。

第一节　大众传媒改变了人类的社会环境

一、信息的范围从封闭到开放

在文字尚未产生之前的漫长的历史时期，人与人之间是通过面对面的语言交流而获得各种信息，这种交流一般都是在田边、地角、街头、巷尾、家庭、邻里进行的，这种信息交流具有私密性和社区性、封闭性特征。当文字产生之后，特别是印刷媒介出现之后，人们使用特殊的符号和手段来进行信息交流，开始摆脱人与人之间交流的封闭性局限，信息传播的空间也有所扩大。现在高度发展的大众传播媒介以其先进的科学技术传播信息，使川流不息的各种信息跨越时空向世界的每个角落传播出去，充斥人们的视觉和听觉。大众传媒打破了传统社会的封闭状态，

* 本章原题《大众传播与当代大众世界——论大众传媒的社会功能》，原载《华中师范大学学报》1999 年第 2 期。

使彼此孤立、隔绝的社区群体联系在一起，使全世界各个地区的人群之间的时空距离大大缩小，整个世界仿佛如麦克卢汉所形容的那样变成了“地球村”。

二、信息的数量从单一到复杂

传统的人际传播信息量一般较少，也比较单一。而大众传播媒介以太快、太多、太复杂的信息交流，让人应接不暇。报纸、刊物、广播、电视、电影等大众媒介昼夜不停地为人们传送着越来越多的信息。当代人所面临的是数量不断膨胀着的信息持续涌入，世界如同一个喧嚣兴奋的群居所，人们在其中躁动地面对来自四面八方的信息，因而，人们又用“信息爆炸”这个形象的说法来形容当代“地球村”村民所处的社会文化环境。

三、信息的流动从单向交流到多向增殖

大众文化传播是一个信息的开放体系，是无数群体和个体参与传播的过程，在这个过程中，传播者、接受者、媒介是相互作用的，无数群体、个体凭借不同的大众文化传播媒介不断交互感知，信息传播者、接受者的不同社会文化背景及其经验、见解和知识等相关因素不断发挥功能，各种大众文化传播永远处在不断增量和减量的过程中。大众传播不仅改变了文化传播单向流动的性质，而且跨越了时空的障碍，克服了区域文字的局限，可以使文化传播的效果成倍提升。

第二节　大众传媒改变着人类的生活方式

大众媒介以其“无处不在处处在，无时不有时时有”的普及机制渗透到我们的日常生活之中，对我们的日常生活发挥着巨大的影响。

一、大众媒介成为人们生活中不可缺少的重要方面

当今人们接触大众媒介的行为已经日常化，读报刊、听广播、看电

视成为人们日常生活中的重要内容。比如在我国大部分家庭中，成年人下班以后，换上便服，舒舒服服地坐在沙发上，边品香茗，边阅读杂志、报纸，或是听广播、看电视，体验着家庭生活的安逸；孩子们放学后，做完功课，就围到电视机旁，尽情观赏那些生动有趣的少儿节目。吃过晚饭全家人聚集在一起，边看电视边聊天，已成为我国城乡居民固定的一种生活方式，也成为增进全家人情感的一种手段。

二、大众媒介成为人们对生活的第一感知空间

人们通过媒介了解信息，进而确认媒介所描绘的生活方式，正是自己的生活方式。在西方发达国家，由于社会变迁巨大，城市化的速度加快，城市和乡村的差别越来越小，大众传播无疑对此起到了巨大的影响作用。在我国，电视广告及各类电视节目大多以城市生活方式为题材，向受众展示具体化的城市生活方式。人们在观看洋溢着现代化城市生活气息的节目时，感受到现代生活的美好，并努力去追求这种现代化的生活，模仿现代人的姿态。这样大众媒介不仅提供了一种人们愿意接受的生活方式，而且使人们对此产生了普遍的认同。生活方式的同一性在各个地区和国家都可以明显地看到，这很大程度上应归功于大众媒介的作用。

三、大众媒介迫使人们认同，并形成“流行”

在社会的一切领域，从日常生活中的行为方式、生活方式等较浅层次的领域，到某种思考方式、思想观念、艺术特征等较深层次的领域，我们都可以发现“流行”，如“流行歌曲”“流行色”“流行衣服”“流行语”“畅销书”等等。人们把某种新的行为方式、思考方式在一定的社会成员中普及开来的现象称之为流行。在现代社会，流行是一种群体行为，大众传播对它的形成、普及和发展都产生了很大的作用。大众传播媒介大量地、同时地向不特定的无数对象提供有关这一新行为、新产品、新思想出现的信息，使人们形成共同认知，迅速适应它们。如流行歌曲，是由于电视、广播等各种大众媒介将其提供给广大的听众，使之

成为流行。当今的产品广告，通过反复提供有关信息，制作有关形象，并加以推荐、评说，从而引导人们采用之。高小康在《大众的梦》一书中说道："在混沌的（信息）状态下，常常会出现扰动，即某个信息在一定条件下会突然'放大'，破坏这种无序状态，从而导致宏观平衡的破坏，出现一种统一的趋势，即'流行'行为。"他还说："当一个信息被'放大'时，就意味着它引起了共鸣，即无意识的认同，它因此而产生了一种新的意义：成为大众心理归宿的符号。只有认识到信息传播的这种作用，我们才明白为什么当代大众的消费行为会成为符号性的，为什么这种符号会成为心理依附的对象。"① 可以说大众传播是流行产生的基础。

四、大众传媒使人们养成对媒体的依赖性

大众媒介由于某种需要，有时也会对大众产生误导。沃尔特·李普曼在其经典著作《舆论》一书中写道：人们对自身所处世界的认识往往不是来自直接观察和亲身体验，而是依赖他人或大众媒介提供的有关情况，因而，在个人与现实环境之间就出现了"伪环境"，人类的行为通常只是对"伪环境"作出反应。据介绍，意大利一家电视台在一个节目中，多次提及一种臆造的巧克力粉，没过几天，人们竞相去商店里购买。不久一家公司灵机一动，推出了电视反复宣传的这一假想的巧克力粉，结果赚了一大笔钱。这充分说明大众日益依赖大众媒介提供的信息，并在它的反复传播中不自觉地相信它。有的学者看到了这种"伪环境"对年轻人的危害性，并指出："大众传播媒介以摇滚乐故弄玄虚的闹剧以及电视广告伪装起来，向年轻人传播文化，而年轻人靠这种文化长大成人。……摇滚乐、牛仔裤和百事可乐一代——由传播媒介传播下去的——不仅进入了美国家庭，而且也进入了世界各地。"② 对于大众传媒所造成的依赖性，要引起重视，不要让大众传媒把人变成它的奴隶。

---

① 高小康：《大众的梦》，北京：东方出版社 1993 年版，第 14 页。

② 引自［英］巴勒特：《媒介社会学》，赵伯英、孟春译，北京：社会科学文献出版社 1989 年版，第 13 页。

第三节　大众传媒改变着人们的思维方式

一、从叙事的文字文化到复制的图像文化

现代社会正处在一个重大的历史转折期，由手工劳动社会向信息社会转变，具体表现在传播方式的变化上。手工劳动社会中，人与人之间的主要传播方式是叙说，与之对应的是以叙事性为主的古典艺术。而现代信息社会中，人与人之间的传播方式则由叙说变成了信息，与之对应的则是以机械复制为特点的艺术，如摄影艺术、电影艺术和电视艺术等图像艺术。当代科学技术的迅速发展使得图像文化更为普及，如电视的出现，计算机的发展，尤其是多媒体电脑的发展进一步强化了图像文化。

二、从抽象思维到形象感知

文字文化和图像文化是两种不同的文化，它们对应的思维方式完全不同。当我们阅读文学作品时，我们用文字思考时，常把对象与整体的具体事物割裂开来，从变化的动态中固定下来，使无限变成有限，使过程变成片段，使具体变成一般，它们抛弃了对象存在的丰富性与运动的多变性。语言文字抽象的结果使符号与实物之间发生错动，产生“假言”现象。而图像文化是直观的、瞬间的、形象的、具体的，有人称之为“短路符号系统”，因为图像文化与它所指的那个事物或现象几乎是重叠的，能指和所指是重叠的，因此，它的思维形式是形象感知。麦克卢汉认为，口说的、能听见的语言对经验的描述要比书写或印刷的文字要充分得多，文字把活的语言的自发性限制在一个狭窄的范围内，把色彩斑斓的、万花筒般的经验世界变成一种单调的、刻板的、没有生活气息的逻辑，造成了具体意识内容的抽象化，但它同时也使读者获得了自律的思想范畴和表达的方式。采用了电子技术的电影、电视等，融听觉和视觉媒介于一炉，效果优于单调的印刷符号的表达方式。对感觉印象接受的同时性取代了顺序性，复合感觉的丰富性取代了线性表达的单调

性。它既是把具体的视觉印象从抽象思维的统治下解放出来的一种手段，也是把富有诗意的表达方式从以阅读为目的的书面文字中解放出来的一种手段。当代科学证明，图像文化有利于开发人的右半脑。

三、从冷视觉通道到热视觉通道

大众传媒的视觉通道可分为冷热两种。报纸、杂志的视觉通道是冷通道，它的特点是通过视觉所感受到的符号大多为语文符号，即非感性的符号，不像通过电视感受到的是直感性的形象符号；读者通过视觉所感受到的符号，从感受反应来说，是间接的。所谓“间接”就是读者掌握的信息必须经过对信息的编码和解读的过程。文字符号要经过读者的抽象思维接受，转换为形象思维，然后再呈现形象或图像，冷的视觉呈现的状态是静态的。电视和电影是热的视觉通道，它的特点表现为读者通过视觉所感受到的符号，大都为感性的形象符号，伴之以抽象的语文符号；读者感受的符号是直接的，无需大脑的再创造。热的视觉通道所呈现的状态是动态的。视觉艺术的特点常常是非逻辑性的、直观的、感性的、被动的。

四、从“看的文化”到“读的文化”，再到“看的文化”

有人把文化分成为“看的文化”和“读的文化”，匈牙利出生的著名电影美学家巴拉兹在他著名的《电影美学》里，对人类从“看的文化”转变为“读的文化”，又发展到“看的文化”的演变过程进行了有趣的论述：“在古老的视觉艺术的黄金时代里，画家和雕刻家并不单纯地用各种抽象的形状和形式来填满空白的空间，而人在艺术家的眼睛里，也不仅仅是一种形状而已。……艺术家能够通过手势或表情等外形动作来朴实地表现人的心灵。但是，自从印刷术发展成为人们在更遥远的距离外交换思想的主要工具以后，人的心灵便更集中地表现为文字，因而就不必再利用身体器官这一更精巧的表达工具。由于这个原因，我们的身体就愈来愈没有表情，就愈来愈空虚，日久不用，机能便退化了”，“现在，电影将在我们的文化领域里开辟一个新的方向。每天晚上有成千上万的人坐在电影院里，不需要看许多文字说明，纯粹通过视觉来体验事件、性格、感情、情绪，甚至思想。因为文字不足以说明所通向的精神内容，它只是还不很完全的艺术形式的一种过渡工具。人类早就学会了手势、动作和面部表情这一丰富多彩的语言。这并不是一种代替说话的符号语，而是一种可见的直接表达肉体内部的心灵的工具。于是，人又重新变得可见了”①。这种从“看的文化”到“读的文化”，再到“看的文化”的过程绝不是简单的重复，而是人们认识和思维上的飞跃。

第四节　大众传媒改变着人们的价值观念

一、个性的失落

大众传播凭借技术的优势来实现对大众日常生活过程的参与，并以其开放性使当代生活的形式与内容被放大或缩小在由传播媒介过程所控制的共时范围内，进而消解了人对历史感的痴迷，使日常生活价值追求平面化。大众传媒不断重复、复制大众信息为大众所经历或体验、认同或拒绝，个人的生活开始失去绝对的特殊性。这正如豪泽尔所说：

> 个人对于公共行为方式不可避免的——假定在很大程度上是无心和无意识的——适应性，使人们倾向于群体的思想方式，并且通过报纸、无线电、电影院、广告牌，实际上是通过眼睛所看到的，耳朵所听到的一切东西，使得这种倾向不断强化。②

二、价值的重构

大众传播不断强化着对当代大众日常生活发展的现实操控力量，直

---

① ［匈］巴拉兹：《电影美学》，何力译，北京：中国电影出版社 1982 年版，第 28—29 页。

② ［美］阿诺德·豪塞尔：《艺术史的哲学》，陈超南、刘天华译，北京：中国社会科学出版社 1992 年版，第 327 页。

接影响了人对自身活动规范的评价，也影响了当代大众生活的价值趋向和现实实践形式，使得人们有可能通过大众传播而超越自身有限的生存活动。人的价值观是社会中的人们所共同具有的关于好与坏，正确与错误，符合或者违背人们欲望等的观念。它通常是充满感情的，为人的行为提供充足的理由。个人价值观的形成是在社会化的过程中完成的，而大众传播媒介早已被视为社会化的重要因素，大众传媒所传播的观念和行为方式对受众起着直接的或潜移默化的影响。大众传媒形成一种特殊的文化环境，文化环境不是一个冷漠的世界，而是一个积极作用于自我心理生物机制的世界，它通过各种各样的语言、符号及其他操作工具讲授、解释、传播、评价文化世界的意义，引起自我心理生物机制的注意、兴趣、意向。总之，它作为一个外部世界要把各种文化的意义灌输给自我的心理生物机制，就像信息输入电脑一样，使它储存、类聚、积累，建构起自我的文化心理结构。个人的思想、见解、意识、观念是从广阔的社会文化生活中抽象出来的，是从他生活时代的整个社会文化生活中抽象出来的，是从他生活时代的整个社会文化发展规律中所获得的人生价值和意义。大众文化传播造成了一种信息密集型社会，各种文化价值信息川流不息，较之传统社会大大强化了人们的价值意识。

三、价值的趋同

如果说传统社会中人们的价值意识是很单纯的，那么现代大众文化传播所构建的价值意识则很少是非常单纯的，各种文化信息聚集在人们的心理生物机制中，常常使得价值意识具有非常复杂的层次；特别是当某种价值意识一再被强化时，常常会出现特殊的价值取向，表现出变态的价值心理和价值观念，这是大众文化传播带来的价值意识的偏颇。大众传播越来越使人们共享对彼此都有价值的文化，特别是科学技术、知识一类的文化。这种孤立隔绝状态的被打破，可以使人们的价值意识越来越出现同构，即价值思维方式的同构化，这是一种价值意识的更大整合。尽管现在还存在着民族、社区、国度的价值意识隔阂，存在着意识形态差异，但是随着整个地球大众文化传播的发展，随着科学技术、文化等有共同价值的文化的普及，我们可以断定，人类的同构价值意识会越来越发展、越来越扩大。这是一种世界文化价值意识、地球文化价值意识、全人类的文化价值意识。大众文化的出现和发展正在给人类共同的价值意识的构建提供越来越现实的基础。

第五节　大众传媒整合着世界的文化结构

阿尔温·托夫勒在《第三次浪潮》一书中指出：从报纸到广播、电视、电影等大众媒体的出现、发展，将一种前所未有的画面在人类面前展开，“所有这些传播工具，打上了完全相同的印记的信息，传入千百万人的脑际，正如工厂铸造相同规格的产品，销售给千百万家庭一样……没有这种广泛强大的情报服务通讯系统，工业文明不可能具有今天这样的规模和发挥如此有效的功能”①。大众媒介不仅在推动工业文明的发展方面发挥了重大作用，而且对整个世界文化也造成了巨大冲击，使之向同一性方面发生着极大的变化。

一、民族精神和习俗的整合

英国人素以保守、严肃、比较刻板而著称。当美国人使用电报通讯时，英国邮电大臣在一次会议上发言说，我们有的是信差，不需要电报。这成了一桩笑事。但今天的英国人在接受新生事物方面毫不逊色于其他民族，媒介所造成的信息迅速流通不能不说是影响他们的一个重要的因素。中国是一个传统的农业国，几千年的日出而作、日入而息的规律性农业文化造就了中华民族循礼蹈仪、安贫思稳的民族心态。而今天百万农民进城所流露出的不安于现状、躁动的群体心理，同样也受到了大众文化的影响。由于大众传播的影响，不同地区有许多风俗习惯开始趋同，如中国原本没有圣诞节，可是随着近些年国门的开放，各种媒介对西方

① [美] 阿尔温·托夫勒：《第三次浪潮》，朱志焱、潘琪、张焱译，北京：生活·读书·新知三联书店1984年版，第81页。

这一重大节日的介绍和渲染，越来越多的中国青年逐渐接受了这一节日，他们虽然还没有完全像西方那样庆祝圣诞节，可是圣诞期间互寄贺卡致以问候已蔚然成风。

二、社会文化和艺术的整合

让我们来看一个文化整合的现实例子：自从甲壳虫乐队将印度西塔弦琴的音乐和节奏与摇滚乐结合以来，世界流行音乐就逐渐增加了来自西方以外的乐器和风格。目前，一支美国爵士乐队——杜阿乐队（Doah）正极好地体现了这种趋势。在演奏会上，这支五人乐队经常轮流使用70种以上来自世界各民族的乐器。除了传统的爵士乐器，如吉他、钢琴、萨克斯和鼓之外，还有中国的月琴、印度的班西里短笛、玻利维亚的沙兰戈、喀麦隆的摇荡器、巴西的巴洛丰等等。其音乐虽是以现代美国爵士乐为基础，却与来自非洲、加勒比海、南美洲以及东方的旋律融合共鸣。在谈到灵感的来源时，乐队领队阿姆斯朗先生（Mr Armstrong）说：“……我们了解到我们是与极为不同的文化和民族共同生存在一个星球上。而当我们学会怎样放弃自己的无知和偏见时，就会发觉被带进了人类所创造的千百种乐器所演奏出的多彩声音的美妙世界里。”

三、群体观念和行为的整合

大众媒介可以把不同群体的心理动机、思想观念、目标追求、行为规范等协调为一个整体，对此我们称之为社会整合。社会整合要求其成员在文化规范、价值意识、目标取向等方面顺从和适应群体价值。在一个国家的文化、经济和社会形态的形成方面，大众传媒往往起到助推剂的作用，如协调行动，寻求思想和精神上的统一，特别是在传统生活方式转变为现代生活方式、改变人的意向和态度、稳定社会前进的方向等方面影响极大。大众传媒使人与人之间频繁沟通，密切交往，使社会成员心理更接近，行为趋于一致，从而逐步抛弃孤独、自我观念，产生群体感、社会感。人们彼此加深了解，对社会关心，责任感增强，从而促进社会的改变。大众传媒进行舆论引导，使社会朝有利方向或预定方向发展。大众对大众传播力量的观念性肯定，表明人的具体生活意念、判断被整合进大众传播所控制的意识形态氛围中，大众传播的意识形态利益与当代大众日常生活观念的非自觉性，构成一种模式运动，其间的不平衡性已是人们无力反抗的事实。这也就是豪泽尔分析电视这一大众传播媒介时所说的："大众媒介的受众与其他艺术形式的受众不同，首先在于他们只能接受不能选择。在任何情况下，节目都是根据同一个原则组织的，受众选择的余地很小。"① 人类文明史的发展已经证明，文化从地区化走向世界，这是人类精神发展的基本走向。

第六节　大众传媒推动着人类的教育发展

大众传媒在教育中被广泛利用，它以先进的科技手段，改变了人们的教育观念，推动了教育的发展。

一、教育权力的均等性

无论是东方还是西方，传统的教育观念认为，受教育的人，必须有良好的背景和经济条件，知识总是掌握在少数人手中，受教育成为一种特权，有机会接受教育的人，常被视为高人一等。在大众媒介的普及和影响下，教育已不再是少数人的特权了，现在，人们拥有均等的受教育的机会，受教育对于每一个人来说不仅是一项权力，而且还是一项义务，人类文化从少数人手中扩展到"大众"的手中。

二、教育途径的多样性

传统的教育认为，教育必须在学校中实施，学校是教育事业的承担者，因而实施这种教育，需要大量的经费。对于经济贫困的家庭来说，要承担高额的教育经费是不可能的。电子媒介时代到来之后，大众传播成为富有潜力的新的教育手段。现在，除了学校教育之外，还出现了刊授、函授学校，目前不少国家的许多报纸、杂志竞相办学，他们聘请一

---

①「匈」阿诺德·豪泽尔：《艺术社会学》，上海：学林出版社 1987 年版，第 288 页。

些学者为报刊执笔，传授知识。还出现了空中学校，如广播电视大学，它们通过广播、电视传送教学内容，人们无须进入学校，而是在家中或旅途中，打开收音机或电视机，无论是专心听讲还是做其他事情，都可以接受知识信息。尤其是广播电视信息经过卫星传播之后，其覆盖面极广，甚至极偏远的地区都可以接收到所传播的教育信息，利用大众传媒进行教学的学校因此被称为“没有围墙的大学”。这种利用大众媒介进行的多层次和多种形式的教育，降低了教育成本，使教育日常化，大大扩大了受教育者的范围。

三、教育手段的先进性

大众传媒应用于教育，能以其先进的手段使教学形式多样、内容生动，提高了教育的效果。它不仅可以采取课堂教学，也可以采取非课堂教学；它不仅可以采取传统的静态教育形式，还可以通过声音、画面把信息带入真实的环境之中，增强了教学的形象性、生动性、感染力。

四、教育趋势的全球性

当代社会正向信息社会过渡，以电脑、电视和卫星为主体的现代化网络，已将全球联结成一个整体，形成了全球性的信息一体化趋势。信息一体化导致了全球性的信息同步，从而打破了国家和区域文化的界限，把全球置于同一个信息起点和信息背景之下，从而为教育的国际化提供了广阔的发展前景。

第七节 大众传媒丰富着人们的文化生活

一、大众传媒与闲暇

随着生产力的发展，劳动生产率的提高，人们的工作条件有了很大改善，人们的劳动强度也进一步降低，加上家务劳动的现代化，人们的闲暇时间越来越多，而且闲暇时间的精力也比较充沛。如何安排闲暇时间，已成为社会普遍关注的问题。日本学者竹内郁郎在《大众传播社会学》一书中指出："现代日本人的日常生活，就是这样，由这四个行为领域及与之相关联的'家庭'、'单位'、'传播'、'余暇'这四个要素构成的。人们从形式上将'单位'和'家庭'对立起来，与'公'相比，更倾向于'私'的生活领域。人们又从内容上越来越强调'传播'和"余暇'的关联。……迄今，在人们的日常生活中，接触大众传播媒介的行为——特别是看电视——与其他各种余暇相比，占了较大的比重。"在该书中，他还将日本同余暇活动有关的财产的家庭普及率按高低顺序做了如下排列：彩色电视机（95%）、收音机（91%）、照相机（87%）、自行车（75%）、立体音响设备（67%）、收录机（67%）、轿车（51%）、钓具（41%）、吉他等弦乐器（40%）[①]。在我国大众传媒的情形与日本差不多，如根据河北省的调查结果，到1991年末，百户城镇居民家庭拥有彩电75.79台、收录机74.21台、照相机22.13架。在美国，成年人把除睡觉以外的近四分之一的时间用在各种传播媒介上，特别是用在看电视。成年人平均每天看电视约3小时，儿童平均4小时。调查资料表明，读者阅读报刊的目的在于了解时事和获取知识，而收听广播特别是收看电视的目的在更大程度上是为了享受文化娱乐，尤其是在农村地区和文化水平较低的听众和观众中，他们收看电视和收听广播的主要目的在于娱乐和消遣。由此可见，大众传媒确实是大众娱乐的重要手段。

二、教育与娱乐

人们在工作之余读报刊、看电视、看电影，常常不是为了受教育，而是在于享受闲暇时光。人们在忙碌之后，坐在电视机前，一般是为了消遣。麦克卢汉说"媒介即按摩"，就是这个意思。然而我们不能把传播媒介的娱乐功能仅仅理解为休息和消磨时间，其实大众传媒传播的文化娱乐内容不可能是"纯中性"的，传播的内容在供人娱乐的同时，往

---

① [日] 竹内郁郎：《大众传播社会学》，张国良译，上海：复旦大学出版社1989年版，第163—164页。

往寓学习于娱乐之中。传播媒介可以满足人的好奇欲望，并引起人的自炫、满足及认同，刺激审美、情爱、求知的动机，最终满足人性的基本需要。我国传播媒介在提供娱乐时，十分注意选择健康有益的内容，发挥大众传媒寓教于乐的作用，促进精神文明建设的发展。

三、形象性与生动性

大众传媒具有绝对的刺激作用，电影、电视、音像制品等所拥有的无与伦比的形象直观性、生动丰富性，更是在数量巨大的听众、观众中间形成了一股综合感染力。大众传播以其直接性、形象性、生动性、丰富性及其综合感染力，短暂而强烈、频繁地刺激着大众的感知活动和判断能力，在大众日常生活需求的实现过程中带来当下情感体验的满足。艺术利用大众传播的力量，通过对光、声、色、形等结构因素进行最大限度的组合或分解、转换或改制，对大众形成了有效的吸引力。

以上所论述的主要是大众传媒对社会的积极作用，不可否认，大众传媒也会给社会带来了一些不可忽视的负面影响。由于大众传媒有着社会覆盖面大、时效迅速的特点，它一旦被歪曲地利用，给社会造成的影响将是不可低估的。对此，我们也应高度重视，采取有效措施加以控制，防患于未然。

第十三章 网络社区与网络社交*

在社会学界，社区的构成要素包括地域、特定的人群、相应的社区组织，以及各种社会活动中的互动关系和共同文化维系力。在传统社会中，社区是人类生活的基本区域，人从出生到成长直至终老，始终生活在一定的社区范围内，并在长期的社区生产生活实践中构成了各种关系，形成了一些共同的生活方式、行为规范，以及价值观念等社区交往特征，以至于形成了一种特定社区的交往文化。

随着互联网技术的发展和网络行为的扩展，人类社会活动出现了一个新型空间，即网络空间。这是一个与实体空间相对应的虚拟空间，在这一虚拟空间中人们通过网络建立起各种新型的社交空间，这种社交空间人们常称之为网络社区，网络社区的构建必然会导致一种新的社交方式，这种社交方式就是网络社交。

第一节 网络社区新型社交空间的形成

毫无疑问，网络社交已然成为现代人类的一种新型交往方式。目前这种全新的生活方式正对人类社会传统的思维方式、行为方式与生活方式产生深刻影响，网络社区也日益成为人们生活的重要空间。网络社交

* 本章原题《网络社区社交的新特征、面临的社会风险及其防范》（与盘华合作），原载《社会主义研究》2021 年第 3 期。

打破时空的阻隔，使人们社交的效率显著提升，满足了人们对社交的渴求。在多个网络社交平台上，人们在不同的网络社区结识新朋友，交流自己的见闻，表达自己的观点，展示自己的才华，塑造自身的形象。

一、网络空间：人类生活的新空间

中国互联网络信息中心（CCNIC）发布的第44次《中国互联网络发展状况统计报告》显示，截至2019年6月，我国网民规模达8.54亿，我国手机网民规模达8.47亿，与五年前相比，用户月均使用移动流量达7.2GB，为全球平均水平的1.2倍；移动互联网接入流量消费达553.9亿GB，同比增长107.3%[①]。易观发布的《2019中国数字用户行为年度分析》数据显示，到2019年底中国数字用户规模达10.17亿人，占总体人口比重达到72.6%[②]。尽管两者之间发布的数据有所差异，但都说明了一个事实，互联网已经渗透到国民生活的方方面面，成为民众生活不可或缺的重要组成部分。

美国国家安全54号总统令和国土安全23号总统令对“网络空间”的定义是：“网络空间是连接各种信息技术的网络，包括互联网、各种电信网、各种计算机系统，及各类关键工业中的各种嵌入式处理器和控制器。在使用该术语时还应该涉及虚拟信息环境，以及人和人之间的相互影响。”[③] 网络空间虽然不是一个实体的物理空间，只是采用IP地址连接起来的事物集合的虚拟空间，但它却是一个在一定程度上可以满足人们物质需求与精神需求的双平台。比如，虽然网上支付的不是具体实在的现金，但它却与实体现金具有同样的购买意义，获得相同的物质；网络交友、网络言论等网络行为，尽管不是现实空间中面对面的直接交流，但能令我们同样能获得与实体空间中一样的高兴、恐惧等情绪。

---

① 中国互联网络信息中心（CCNIC）：《第44次〈中国互联网络发展状况统计报告〉》，2019年8月30日，http：//www. cac. gov. cn/2019-08/30/c_ 1124938750. htm。

② 易观：《2019中国数字用户行为年度分析》，https：//wk. askci. com/details/7549a630570b4fa6bb3a1d9a00cab82d/。

③ 转引自罗军舟等：《网络空间安全体系与关键技术》，《中国科学：信息科学》2016年第8期，第939—968页。

据2007年10月9日新华网北京专电报道，在世界各地，对于那些可接触电脑的13岁至24岁的青少年来说，他们的社会关系是通过网络建立的，在网络上进行社交远远超出了他们亲身交往的范围。法国《世界报》文章援引法国社会学家茜尔维·奥克托布尔的话说："男孩和女孩之间的交往如今都不如网上交友重要。年轻人正在学习如何能与地球上所有的人联系。"新的网络概念"将持续改变各种关系习俗"，"随着虚拟群体的出现，每个人都明白自己是数百万人群中的一个个体，但同时能够与整个世界接触，这就给予这些青少年在家中和学校都找不到的一种新的合法地位"①。

二、网络社区：人们社交的新空间

社交是人的内在需求，甚至可以说是人的本能。社交是人类作为社会性群体的基本属性，从人类诞生起，人的社交活动从来不曾停止过。从远古时期的面对面手势，到后来面对面的口语，再到依靠文字载体的书信往来，一直到近代的电报、电话通信，以及现在的网络社交，虽然人们社交的方式在不断变化，但人们渴望社交的热情不但没有降低，反而更加强烈。

网络社交是基于互联网社会性网站（SNS网站）进行的社交活动，全称social networking services，专指旨在帮助人们建立社会性网络的互联网应用服务。网络社交实质上是一种联结不同网络终端的人脑思维的虚拟化、数字化的交流和互动。从网络社交模式来看，QQ成为互联网初期最成功的网络社交的新空间。随着移动互联网的到来，空间限制进一步打破，微信成功崛起，凭借"熟人社交"模式成功地彰显了优势，成为目前网络社交的核心工具。继熟人社交之后，陌陌和探探把握陌生人社交机会，快速拓展市场，也成为当今人们网络社交的重要工具。从内涵上讲，网络社交就是现实社交关系的网络化，它将现实中的社交行为运用到互联网络上，再根据不同的情况建立不同的社交圈子；从公共人

---

①《法国媒体称网络将改变社交习俗　世人均有新地位》，2007年10月10日，http://news.sohu.com/20071010/n252569037.shtml。

际交往视角看，网络社交创造了人际交往的新模式，产生了人际交往的新特征，网络社区已成为一种全新的人类社交空间。

易观发布的《2019 中国数字用户行为年度分析》数据显示：2019 年，中国数字用户规模已超过 10 亿，日人均活跃用户达到 9.8 亿人，用户单日启动时长达到 6.29 小时，同比增长 29.12%；日均启动次数达到 56.62 次，同比增长 18.62%。其中社交 42.72 分钟，仅次于视频 55.59 分钟。移动社交已成为数字时代主流沟通方式，用户个性化的社交需求逐步得到满足①。2019 年社交领域，微信用户达到 9.7 亿人，同比增长 4.66%，继续领跑全网；QQ 用户突破 7.6 亿人，同比增长 11.34%。2019 年，我国最受欢迎的网络实用社交平台 APP 有：微信、QQ 、新浪微博、陌陌、百度贴吧、探探、QQ 空间、触宝电话、多闪、知乎等。2019 年社交通讯类用户排行榜见图 13-1②。

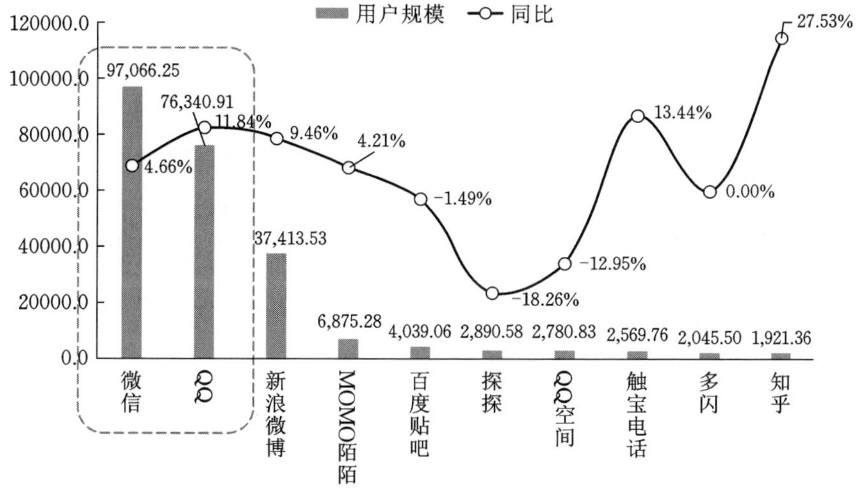

图 13-1　2019 年社交通信类应用 TOP10（单位：万人）

据第 44 次《中国互联网络发展状况统计报告》分析，截至 2019 年

① 易观：《2019 中国数字用户行为变迁专题分析》，2019 年 11 月 7 日，https：//www. analysys. cn/article/detail/20019539。

② 易观：《2019 中国数字用户行为年度分析》，https：//wk. askci. com/details/7549a630570b4fa 6bb3a1d9a00cab82d/。

6月，我国网民仍以中青年群体为主，其中20至29岁年龄段的网民占比最高，达24.6%。在网络社交中，年轻群体无疑是主体与中坚。这些95后出生的年轻人是伴随互联网“一起长大”的一代人，相比其他年龄段的网民来说，他们具有外向活泼、自信张扬、兴趣广泛以及勇于接受新事物、大胆展现自我的特点。数字互联网科技的快速发展，为他们搭建了一个功能丰富且高效的交流互动平台，新媒介技术的赋权，满足了他们的社交需求，提供了发展独特精神文化的空间。

第二节　网络社区社交的新特征

网络社区社交的出现与人们现代生活现象息息相关，尽管人们不一定能意识到自己在日常生活生产中所展现的文化对整个社会具有多大的意义，但是有关人类日常活动中包含和传达着的重要文化信息，无疑应该成为文化学者的重要研究对象。如前所述，随着互联网终端的普及化和移动化，人与人之间在网络虚拟空间的社交活动正迅速扩展，作为建立和维持“真实人际关系”重要空间的网络社区，它和传统人际交往空间文化相比有许多相同之处，更有许多不同之处，换句话说，网络虚拟空间的人际交往在遵循某些现实社会传统人际关系文化的同时也在建构新的网络社区社交文化，呈现出网络社区社交行为的新特征。

一、网络社区社交身份的平等性

中国传统社会结构是以“己”为中心的“社会圈子”，这种圈子凸显地缘关系、血缘关系、社会关系在社会交往中的重要性。从地缘关系来说，在传统思维中，对于外来的不同种族和地域、拥有不同文化和生活习惯的人总是抱有复杂的心理。直至今日我们仍有“美不美，故乡水；亲不亲，故乡人”的说法。从血缘关系来说，宗族与宗法血缘关系是中国传统社会结构的基本构成要素，整个社会的组织系统是家族—村落—国家，文化精神的生长路向是家族—宗族—民族，是以血缘关系远近来区分亲疏的圈层社会结构。因此，在现实社会的人际交往中，人们往往会受到传统的地缘意识、血缘意识和等级观念等社会显性因素的限制，难以在交往中获得一种平等的地位或话语权。

网络社区是一个“虚拟实在”的社交平台，网络社交是以虚拟技术为基础，个体是网络世界中最重要的行动主体，每一个人都是互联网中的一个“节点”。人与人之间的交往是以间接方式为主，以符号化为其表现形式。与现实世界面对面的社交方式相比，网络社区的社交具有匿名性特征。个体在网络空间里可以隐匿自己的个人特征以及现实社会中的诸多个人身份特征。比如姓名、性别、年龄、种族、阶层、职业、社会关系、外貌特征，甚至人格倾向等都被淡化，地缘约束在网络空间中也难以奏效。个体在网络空间中不仅可以随意改换自己的个人特征，而且还可以控制介绍自己真实信息的时间和程度。这给现代公民提供了更具自由选择余地的社交的空间。这种新的网络社区的人际交往的社交互动方式，在某种程度上改变了现实社会差序性的公民身份，重塑了公民人际交往格局，使现代公民获得了一种同过去地缘结构、血缘关系、等级制等交往方式完全不同的认同感、民主性和平等性。在虚拟网络社交空间，人们不仅可以在网络社区发表言论、娱乐休闲，甚至还可以结交天涯海角的朋友，体验虚拟空间自由的生存状态和网络化时代的民主表达，这是互联网世界赋予公民的话语权力，这对于人类文明与进步具有重要的意义。

二、网络社区社交表达的自由性

现实中的人际交往是面对面的互动，其交际活动基本上是同步进行的，它的优点是可以让人们坦诚而开放地面对某些问题，直接表达自己的观点和情感，并能及时获得对方的反馈。然而有些问题受现实生活中的责任、道德、情感和环境等因素的制约，在面对面交流中可能无法直接交流。有些人由于在面对面交流中存在尴尬、紧张甚至是恐惧心理，他们在现实交往中一般都保持沉默。因此，现实生活交往中面对面直接表达和呈现的不一定是真实的自我，表达方式的直接性在一定意义上约束了自我的自由表达。

网络时代，人们通过网络间的混合纤维、同轴线缆、数字系统及通信卫星等信息传播媒介连接起来，通过微信、QQ、博客等网络平台进行交流，这是一种非同步性的交流沟通。相对于传统面对面的人际交往，这种独特的网络社区的交往方式虽然在表达的及时性和反馈的互动性方面有所不足，但是却为人们的交流提供了更多的灵活性、自主性和可控性。网络社区社交不仅允许个体在同一时间内开展多重社交，在不同的网络社区空间扮演多重角色，而且还可以随时开始或者终止沟通，在沟通之前能自由选择沟通的方式，沟通之后，能有足够的回旋余地。由于不是面对面交往，不存在实际的肢体接触，一般都不会直接对对方产生身体上的伤害，且又是匿名的，因而不担心承担现实生活中的种种麻烦和责任。在网络社交空间，人们可以更加自由轻松地表达自己，比较真实地表达自己的观点和情感。比如，有些人在现实生活中看起来不怎么爱说话，但他们到了网上却敢于大胆表达，这与网络社区社交的非直接、非同步特性的优势有关，是网络社区社交表达自由性的充分体现。

福柯认为，话语即权力，话语和权力是一种辩证同构关系，话语是表现权力的工具，同时通过话语特有的实践形式又可以赋予权力以新的内容。在现实生活中，公共社会被主流叙事所影响，因此威权的话语体系就掌握了支配地位①。与现实社会中人的交往相比，网络社会具有更为广阔的自由空间，传统的监督和控制方式已无法适应它的发展。对一些网络用户而言，在线活动为他们提供了机会，使他们从面对面互动的束缚中解放出来并自然真实地表现自己的个性②。因此，由于网络社区社交表达方式的间接性，人们表达的有可能是真实的自我。

三、网络社区社交展示的独特性

在网络化的大背景下，人们会随着网络信息的流动不自觉地加入网络社区社交的群体，通过这些网络空间，我们与更多的人保持着更加广

① [美] L. 德赖弗斯、保罗·拉比诺：《超越结构主义与解释学》，张建超、张静译，北京：光明日报出版社 1992 年版，第 272 页。

② 黄永林、张武桥：《社交网络媒体的传播方式考量》，《重庆社会科学》2016 年第 1 期，第 89—96 页。

泛和直接的联系。网络社区社交的发展逐渐缩短了人与人、人与区域之间的距离，社会接触范围将成倍增大，不同地域、不同民族、不同信仰群体的人出现在相同的网络社交“圈”中。越来越多的人发现互联网已经与我们的社会生活密不可分，而这种紧密联系促使网络空间的社交新形式层出不穷，但对于大多数网络社区的网民来说，其主要功能还是展示自我与分享信息。

美国社会学家欧文·戈夫曼借用对戏剧表演的观察而获得的灵感，提出了自我呈现理论或者印象管理理论。他把社会中的人看作是舞台上表演的演员，利用各种道具、符号（语言、文字、非语言肢体或者表情等等）预先设计或者展示自己的形象来进行表演，并努力获取好的效果①。网络社区社交平台就像一个个舞台，成为公民展示自我的重要场所，为他们提供了更多空间来展示自己生活中最精彩、最个性的一面，这与个人的存在感有关。比如网络上的各种“晒”和“秀”的展示性已经成为网络行为的一个新特征，其目的是获得他人的关注，刷自我存在感。在网络社区社交平台，人们往往将自己塑造成某一种不一定与自己真实的形象完全相符，但是自己认可和欣赏的形象。比如智慧的、善良的、天真可爱的、诙谐幽默的、具有批判精神等的形象。人们都希望通过这种方式输出自己的独特个性和美好形象，以获得人们对自己身份的认同，从而建立新型的社会关系，提升自己的社会影响力。在网络社区空间，用户自主生产内容、自治社区秩序的模式让大多数网民第一次有了向全网发声的可能，每个人都有表达权，每个人的表达也都能获得较为广阔的传播，这些都是在现实世界里进行社交所无法达到的。

四、网络社区社交信息的共享性

如前所述，网络社区为人们的社交活动带来了前所未有的超越时空、超越身份、超越规制的更为快捷、自由、平等、民主的新型社交空间，这对于广大网民来说是一个极具诱惑力的空间。但网络社区社交也是一

① 参见王胜利、伍明：《浅析欧文·戈夫曼的印象管理技术》，《社科纵横》2012 年第 3 期，第 30—32 页。

柄双刃剑，在给人们的社交带来积极影响的同时，也会带来诸多风险与挑战。我们要正确认识网络社区社交的积极作用和消极影响，扬长避短、防范风险、大力化解各种消极影响，让网络社区为构建新型现代人际关系、建设和谐社会服务。

网络化时代的人类面临着两个世界，一个是虚拟的世界，一个是实体的世界。实体世界中的时空是可触摸的，并与人的存在共存的；虚拟世界是人的精神世界的存在物，发生在人的情感世界中。以互联网为基础的人际交往，其精神层面的内在交往与真实世界一样有温度、有情感、有体验，只不过它不能给人的肉体以直接的滋养和伤害，它只是通过精神的力量作用于人的肉体。精神空间实际上是一个虚拟空间，只有肉身存在的时候，这一空间对于人来说，才是有意义和价值的。从文化感知世界来说，网络的出现导致了现实空间和虚拟空间的结合，十分活跃的网络虚拟空间的成熟与发展，也推动了现实公共空间的成长。

网络社区社交同样具有精神内在化特质，除完全私密的个人信息之外，网络社区里所流行的那些具有普遍价值的知识、经验的共享已成为网络社交活动的新特征，这种共享特征使信息发布者和信息分享者都能获得一定的精神满足。比如，有很多人在网络社区里主动地发布自己的知识和劳动成果，介绍自己热爱的事物；还有些人在网络中叙述自己独特的生活经历、人生遭遇、爱憎情感等；甚至还有些人在网上与人探讨一些“奇思妙想”。总之，他们是围绕某些自己感兴趣的人与事在网络社区里进行交流，希望大家在网络社交互动的过程中共享由于信息而带来的内心的满足感。

人的生命与精神是有限的，当人在精神虚拟空间中的时间越长，其在现实空间中的存在感将会越小，这是一种相互挤压的关系。现代社会中的人，通过网络向虚拟空间拓展，通过网络社区社交来寻求精神的欢娱与享受，为肉身带来快乐，这似乎已成为一种时尚，这种社交形式的共享满足与快乐在网络化时代之前是无法想象的。

五、网络社区社交工具的智能性

随着现代社会的转型发展，以及交通工具的方便快捷，人们得以在更大的范围内进行流动，现实社会交往的圈子也变得越来越大。现实社会空间的扩大和网络生活空间的拓展，为人们建立起更大和更多的交际圈。以网络为空间，以个人兴趣爱好为出发点，人们组建了各种各样的网络小团体，即所谓的朋友圈，从而形成了各种网络社区。但作为网络的个体如何在众多网络社区中很快地选择适合自己的社交社区和自己喜欢的信息内容，这成为网络社区的社交者们十分关心的问题。

网络化的社会完全不同于以往任何形态的社会，它是由众多个体组成的“网”环环相扣、错综复杂地交织而成的，每个人都成为这个网上的一个“节”点。通过网络社区我们与更多的朋友保持广泛的社交联系，建立起更大的交际圈。网络作为社交活动的传播载体，其提供的利用人工智能搜索寻找用户的工具，可以帮助用户寻到失去联络的朋友们，寻找到更多志趣相同的用户群组。比如，匿名社交工具 Soul 不允许使用自身头像，它通过算法，将“灵魂契合”的用户进行匹配，对用户进行灵魂测试，贴标签，接着会根据算法为用户推荐三观吻合、最有希望成为知己或灵魂伴侣的聊天对象，测试的话题往往与价值观、消费观、爱情观等有关系，相对于其他网络社交平台而言，Soul 让用户跳脱出以颜值、财力、职业等硬条件为基础的社交，回归到精神社交。可以说网络化时代的虚拟空间是一个广阔无垠的可以让人驰骋思想与灵魂的空间，智慧工具又为身在其中的人们精准定制网络社区，还为推送个性化的信息提供了可能，这极大地提升了网络社区社交的吸引力。

第三节　网络社区社交面临的社会风险及防范

一、网络社区社交面临的社会风险

（一）信息爆炸与信息同质——信息选择失向

一是面对海量信息选择的迷茫。在信息爆炸的时代，作为互联网用户，无论你身处何时何地，只要连接到移动网络，每天都会接收到来自网络推送的各种信息，面对海量信息，许多用户一方面抱怨垃圾太多，另一方面又害怕错过有益的信息，以至于不知道如何筛选，在浩如烟海的信息面前人们面临信息选择的迷茫。

二是面对推送信息选择的失向。智能网络具有广泛搜索和个性化推送信息的功能，当用户长期只接触到由网络推送的某些自己感兴趣信息时，就会沉浸在智能分发平台为他们编织的“信息茧房”中，会在不自觉中忽略、屏蔽掉自己不感兴趣的内容，造成信息接触面越来越窄，从而失去了宏观全面地了解和认知整个事物的机会，导致视野狭窄、思想偏激，陷入过往经验的狭隘境地，从而使原本偏激的立场和观点进一步固化，达到固执己见的程度。

三是对同质网络信息选择失衡。网络是现实生活的延伸，现实世界中的人们因具有相似兴趣、相同爱好而形成网络社区。网络平台为了迎合网络社区的用户共同的兴趣爱好和需要，不断向相同社区推送几乎完全一致的信息，每个人的视野和价值观被这些共同的信息强化，从而造成“很多人都有这种价值取向”的印象，使得人们的价值和情感进一步趋同。如果遇到不正确信息的不断影响，很有可能令越来越多的人迷失方向、丢失正确的价值观，甚至有可能形成同一群体范围内成员的强烈“抱团”意识，个体在行动上向“大多数”人靠近，这样很容易激发相同网络社区用户的群体性行为，为现实社会带来不安定因素。

（二）网络狂欢与内心孤独——现实交流失语

一是强化了人的情感孤独。网络空间中的交往主要是以网络终端为中介的交流，每个人在其中社交的频繁程度与自己的内心强大程度、自恋程度和孤独感等成正比。虚拟的互联网络世界，给人际交往留下了广阔的想象空间，人们可以不用承担现实生活中的压力和责任，在其中尽情地与熟悉的陌生人神交。因此，不少人宁可整日沉溺于虚幻的网络环境而不愿面对现实生活，他们忽视与现实身边的人交往，逃避现实生活中的人际关系，因此变得情感内向。现代社会的人们虽然被一个又一个网络社区所接纳，但在网络空间的狂欢中，人们看到的只是表象，无法真正理解身处其中的人最真实的情感。由于在网络社区的交流缺乏深度，缺乏亲近感，人们的内心依然很孤独。网络社交虽然有助于拓宽交际的广度，但是在提升交际深度方面作用却很有限。“解释水平理论”认为，当人们在时空上接近时，人们会更关注到具体的细节，而当时空上没有这种接近感时，我们会剥离地、抽象地去看待一件事物，要培养深厚的感情更需在细微处下功夫①。

二是弱化了现实交往能力。人们在网络社区与他人交流时，并不知道对方的表情、环境，只是单纯地打字聊天，没有太多的直接语言对话。特别是在图形化话语的浪潮下，人们利用形象直观的表情图使意义的表达一步到位，这在一定程度上降低了人们的思考能力和语言表达水平，使得网络社交正与交流逆行而“失语”。在某些情况下，文字和图像的表达强度比不上语言的表达强度，网络社交习惯使用文字和图像，会导致语言思维缺陷，从而影响到人们在现实交往中的随机应变。网络毕竟是虚拟空间，不是现实生活，不管你在网络社区里营造出何种形象，人终归是要回归现实生活的。一旦从网络社区社交回到现实社会社交，一部分人面对现实人际关系社会不知如何与人沟通，甚至错误地将网络空间的规则现实化，用网络空间的游戏规则对待现实空间的生活，从而形成了网络虚拟空间与现实实体空间的巨大反差与冲突，这会带来许多新的严重的社会问题，直接影响现实空间社会秩序的稳定。

（三）语言自由与语言暴力——社交语言失范

德国哲学家恩斯特·卡西尔认为：人是符号的动物，“符号化的思维和符号化的行为是人类生活中最富代表性的特征，并且人类文化的全部发展都依赖于这些条件，这一点是无可争辩的”②。所谓“社交”，是指社会上人与人之间的交际往来，而语言是人类社会最重要的交际工具，因此，社交的进行必须以语言为载体，而语言之所以存在也正是为了实现高效的社交。然而，网络社交中符号使用的非理性、非规则性和随意性等特点，对社交语言产生了很大的影响。

一是网络社交容易产生语言暴力。由于网络空间的虚拟性，人们脱

① 李贺、余璐等：《解释水平理论视角下的社交网络隐私悖论研究》，《情报学报》2018 年第 1 期，第 1—13 页。

② ［德］恩斯特·卡西尔：《人论》，甘阳译，上海：上海译文出版社 1985 年版，第 35 页。

离了现实空间社会许多规制的束缚，可以畅游自由的网络空间，可以匿名发表自己言论，可以抒写自己的内心世界，将自己最想表达的想法通过社交网络平台传达出去，以突显自己的存在①。虽然这种网络表达能较为真实地表现被压抑后释放的自我，使个性得到强化与张扬，但同时也使一些网民利用这种“自由表达”的便利宣泄自己情绪化的却令他人不快的言论。比如使用一些贬低性、侮辱性的语言，辱骂、讥讽和威胁他人，使网络社交空间呈现出语言暴力倾向。特别值得注意的是，面对语言暴力很多人往往使用更暴力的语言去反击。人们在现实空间里面对的社会性压力越大，虚拟空间内的语言暴力就会越多。语言暴力的本质是网络社区的群体暴力与网络社交媒体结合产生的新变种。研究发现，语言暴力多发生于不擅长说理的人群中，他们往往“以暴制暴”，并且在网络空间得不到及时有效的干预，如果任由语言暴力在网络空间中泛滥，其结果必然会妨碍人们在网络空间的自由表达。

二是网络语言使人在现实交往中失语。现实社会生活中人们使用的语言是在人们长期交流中约定俗成的，具有固定规则和使用规范，而网络空间中使用一些新创的流行语，往往是临时、即兴、个性的语言与符号，它们具备现实语言连续性和规则性的特征，而且很多网络流行语还违反语言规则，标新立异，这些网络流行语大多随着网络空间的环境变化很快被更新鲜的话语所覆盖。快节奏的网络时代可以让一些流行语红极一时，但很快便无人问津。在现实社会人际交往过程中，人与人之间交流的口头语言往往是经过认真思考、精心组织，并在情绪和行为的辅助下完成的，这样的过程确保了自己的意识与情感的精准有效的表达。然而网络空间中的社区社交往往是通过文本化、图形化语言进行的，这在一定程度上消解了人们在现实中的语言表达和沟通能力，网络社交正与沟通、交流逆行而“失语”，即在现实生活中人们逐渐丧失说话能力。

（四）价值多元与娱乐至上——理想道德失落

在现代技术的支持下，网络社区提供的是一种虚拟的、数字化、符

① 黄永林、张武桥：《社交网络媒体的传播方式考量》，《重庆社会科学》2016年第1期，第89—96页。

号化、动态化的人际交流模式，尽管这为网络社交创造了空前宽松的环境，使网上交流具有身份的平等性、表达的自由化、展示的独特性以及信息的共享性等特征，但人与人之间的现实“距离感”，导致人们对现实生活中的他人和社会漠不关心，使人产生精神麻木和道德冷漠的问题，并失去现实感和有效的道德判断力，严重时会导致人性的丧失和异化①。网络社区社交开放自由和高度隐蔽性的特点，也让网络社区中充斥低俗、暴力、色情等负面信息，有时还会触及道德的边界和法律的底线，给社会安全带来隐患。

由于在网络社区人们可以隐藏自己的真实身份，这为现实生活中身心受到压抑的人提供了在虚拟网络社交畅快发泄的空间，客观上造成了少数人在网络上表现出人性中劣根性一面的可能。这对于那些原本就缺乏社会责任意识和伦理道德约束的人来说，一旦处在缺少“制度在场”“他人在场”无约束的状态中，他们在个人欲望和“快乐原则”的驱动下，很容易放纵自我，甚至是迷失自我。有学者甚至指出：“此（网络）空间所给予的‘自由’与其说是道德生活的福音，毋宁说是道德生活的‘陷阱’。道德生活的相当一部分主体则会淹没在这‘陷阱’中，迷失自我。而其人格也会出现一定程度的人格危机，具体表现为‘三失’，即传统人格的‘失效’、现实人格的‘失范’和理想人格的‘失落’。”②由此可见，缺乏价值主导和伦理约束的网络社区社交，有可能对主流价值观的建构和主体性道德人格建设带来巨大冲击。

二、网络社区社交的社会风险及其防范

互联网的迅速发展和普及，极大地改变和影响着民众的生存和生活方式，网络社区社交已成为广大民众生活的重要组成部分，但现阶段网络社交还没有形成统一的管理规则和监督体系，亟待加强网络社交规则建设和管理。关于网络社区社交监管问题笔者另文做了专门研究，这里

① 魏爱棠、郭锦星：《“网络社会”对大学生思想政治素质的负面影响及其教育对策》，《理论与改革》2000 年第 3 期，第 111—114 页。

② 转引自孟亚、李慧玲：《网络德育：道德自律的觉醒与道德人格的重塑》，《河南职业技术师范学院学报（职业教育版）》2003 年第 2 期，第 4 页。

仅择其要点述之。

（一）加强网络法规建设，依法管理网络社区

政府和相关组织要进一步完善网络相关法规和制度，将网络言行失范纳入法治化轨道，引导网民依法上网、理性表达、文明社交。网络社交空间并非是完全的“自由乐土”，网络社交法则是对人类现实社会社交法则的模仿与运用，是通过技术设计而对人的网络社交行为予以限制。如果网民不遵循这些活动规则和处事原则，将无法在网络社交中生存。

（二）完善网络道德体系，增强网民文明自律

完善网络道德体系，规范上网行为，强化网络文明自律，自觉抵制网络社交不道德行为。网络社交要坚持以人为本、真诚待人、相互尊重、平等相处、文明交往。在网络社交中，网民需遵守社会公德和网络社区规则，发表个人观点和意见时要心平气和、以理服人，不要恶语中伤、人身攻击；更不要信谣传谣、散布虚假信息；要自觉抵制黄色、暴力、邪教等信息；不任意传播个人隐私或商业秘密；守护指尖文明，争做中国好网民。

（三）构建网络监管体系，维护网络信息安全

建立政府行政管理与社会自我调节、网站管理与网民自律良性互动的综合网络监管体系，构建起“纵横联合，上传下达”的网络监管联动机制，形成政府、企业、媒体之间的网络监管信息互动联通。提高政府对于违法违规以及不文明网络信息的技术制约与实质监控，落实网络信息监管数据分级责任制，建立监管数据信息上传下达的联通系统，根据不同监管级别授权相应部门或机构使用相关网络监控数据查询系统，构建起中央和地方、上级部门和下级部门、全国各省市之间、各部门之间上传下达以及协同互动的网络监管格局，维护网络信息安全，营造健康、文明的网络环境。

第十四章　论网络游戏暴力与暴力指数的构建*

近年来，随着网络游戏在我国的迅猛发展，网络游戏及其伴发的社会问题也逐步增多。据中国互联网络信息中心的统计数据显示，截至2012年底，我国网络游戏用户数已经达到3.36亿，其中18岁及以下网民数量已经达到1.5亿。Buchman和Funk的研究表明，大部分流行的电子游戏都带有暴力成分，暴力电子游戏成为大多数玩家的偏好，青少年偏好的电子游戏中带有暴力的占50%①。资料显示，目前在中国市场销售的网络游戏大约有95%是以刺激、暴力和打斗为主要内容的，而且游戏越“刺激”，参与的人数就越多，由此引发了一系列的社会问题，比如学生逃学、校园暴力和青少年犯罪等②。正是由于网络游戏对玩家特别是未成年人的巨大影响，以及对社会和网络文化的冲击，网络游戏中的暴力问题日益受到社会公众的关注，急需对其进行研究、引导和管理。中国社会科学院发布的《中国新媒体发展报告（2010）》指出，中国网络游戏市场规模2009年达310.8亿元，预计到2012年可至686.2亿元，全球市场占有率为46.9%③。市场规模的快速增长，意味着网络游戏的社

---

*本章原题《论网络游戏暴力与暴力指数的建构》（与佐斌合作），原载《华中师范大学学报（人文社会科学版）》2014年第1期；《中国社会科学文摘》2014年第5期全文转载。

① D. D. Buchman, and J. B. Funk, “Video and Computer Games in the ’90s: Children’s Time Commitment and Game Preference”, *Children Today*, 1996 (24): 12-16.

② 陶宏开：《网络游戏的暴力与现实社会的血腥》，《新京报》2008年10月29日。

③ 俞岚：《社科院蓝皮书：网络游戏暴力成灾，青少年首受其害》，2010年7月7日，http://www.chinanews.com/it/2010/07-07/238775.shtml。

会影响面也相应扩大，同时，有些网络游戏的暴力程度持续升级，网络游戏的暴力问题已经成为一个必须严肃面对的社会问题。

第一节　我国网络游戏中的暴力泛在化

网络游戏也称“在线游戏”，是依托于互联网、移动通信网、无线通信网等信息网络进行，具有一定规则，通过人与人之间的互动达到交流、娱乐和休闲的目的，可以多人同时参与的游戏产品或服务。依据文化部《2011 中国网络游戏市场年度报告》，2011 年中国网络游戏市场规模（包括互联网游戏和移动网游戏市场）为 468.5 亿元，其中，互联网游戏为 429.8 亿元，移动网游戏为 38.7 亿元。网络游戏富有娱乐性、挑战性以及教育性，但是过分的挑战或娱乐也会对人产生消极的影响。有关调查表明，中国现有网络游戏玩家中 25 岁以下的青少年占八成，青少年使用互联网娱乐功能超过其他任何一种功能，成为直接受害者[①]。调查显示，在青少年上网的人群中，出现网络成瘾症的比例高达 10% 以上，远高于成年人的比例，而上网成瘾的青少年主要就是在玩网络游戏[②]。佐斌和马红宇基于对十省市的小学生、初中生、高中生（中专生）和大学生的大规模问卷调查和访谈发现，我国青少年中有 79.3% 玩过网络游戏，成瘾比例为 3.2%[③]。

网络游戏中的暴力已成为导致青少年违法犯罪的重要诱因之一，并引发了一系列现实暴力行为。暴力游戏引发青少年犯罪的新闻早已屡见不鲜，一些研究也认为长期暴露在媒体暴力下可能强化已经存在的反社会倾向[④]。与非暴力电子游戏相比，玩暴力游戏更容易引发攻击性思维，

---

① 燕道成：《暴力网游：远离那个“江湖”》，《中国教育报》2010 年 8 月 16 日。

② 陶宏开：《网络游戏的暴力与现实社会的血腥》，《新京报》2008 年 10 月 29 日。

③ 佐斌、马红宇：《青少年网络游戏成瘾的现状研究——基于十省市的调查与分析》，《华中师范大学学报（人文社会科学版）》2010 年第 1 期，第 117—122 页。

④ 曾凡林、戴巧云、汤盛钦：《观看电视暴力对青少年攻击行为的影响》，《中国临床心理学杂志》2001 年第 1 期；C. P. Barlett, O. Branch, C. Rodeheffer, and R. Harris, “How Long Do the Short-Term Violent Video Game Effects Last?”, Aggressive Behavior, 2009 (35): 1-12.

唤醒攻击性情绪，诱发攻击性行为和减少亲社会行为[①]。长期接触暴力视频游戏也会对青少年产生诸多负面影响，如引起青少年不良的生理反应，使青少年对暴力产生“脱敏效应”[②] 和使青少年的同情度降低等[③]。

2012 年 3 月，中国青年网组织专家抽测了流行的 117 款网络游戏，专家初步认为，适合小学生及以上年龄用户使用的游戏仅 6 款，仅占全部测评游戏的 5%。而被抽测的网络游戏有近七成由于传播低俗信息、鼓励恶意 PK 等原因，被专家认为不适宜未成年人使用[④]。

我国网络游戏中的暴力泛在化问题，主要表现在以下几个方面：一是网络游戏中普遍存在暴力问题；二是缺乏对网络游戏暴力的评价与分级标准；三是网络游戏暴力对玩家特别是青少年的负面影响的案例不断增加，因为网络游戏直接或间接导致的违法犯罪、异常发展等情况真实存在，媒体对此多有报道；四是网络游戏生产者普遍将暴力性竞技成分视为吸引玩家的主要手段之一。

第二节 网络游戏暴力的实质与影响

网络游戏中为什么存在暴力？没有暴力成分网络游戏还行不行？回答这些问题需要对网络游戏中的暴力进行恰当的认识。

一、现实暴力、网络暴力和网络游戏暴力

“暴力”是一个十分通俗又非常复杂的概念。不同学科对暴力的定

① ［美］戴维·迈尔斯：《社会心理学》，侯玉波等译，北京：人民邮电出版社 2006 年版，第 301 页；C. A. Anderson, et al,“Violent Video Games: Specific Effects of Violent Content on Aggressive Thoughts and Behavior”, *Advances in Experimental Social Psychology*, 2001（36）: 199-249.

② F. Staude-Müller, T. Bliesener, and S. Luthman,“Hostile and Hardened? An Experimental Study on（De）Sensitization to Violence and Suffering Through Playing Video Games”, *Swiss Journal of Psychology*, 2008（67）: 41-50.

③ 刘桂芹、刘衍玲、张大均：《暴力视频游戏对青少年的负面影响及其应对措施》，《教育探索》2010 年第 5 期，第 126—128 页。

④ 王帝：《中国孩子能玩的网络游戏，原产国并非供给所有未成年人玩》，《中国青年报》2012 年 8 月 7 日。

义并不完全一致，但是其强迫性、伤害性是共同的。乔治·格伯纳认为："暴力是指身体力量的公然表达，拥有或不拥有武器、反对自我或他人、使个人接受被伤害或被杀害痛苦的违背其意愿的强迫行为，或真的伤害或杀害。"[①] 布洛克威尔则认为，暴力是一种有意的企图造成对方身体上伤害的行为，偶然的伤害并不属于暴力[②]。世界卫生组织（WHO）关于暴力的界定是，蓄意运用躯体的力量或权利，对自身、他人、群体或社会进行威胁或伤害，造成或极有可能造成损伤、死亡、精神伤害、发育障碍或权益剥夺的行为[③]。不管暴力如何界定，现实暴力通常具有下列特征：（1）以身体动作为表现方式；（2）表现出强度或极度的力量；（3）行为人常失去理智；（4）导致他人受到伤害的结果[④]。显然，暴力是不好、不提倡、不许可的社会行为，在正常的文明社会中，暴力行为应该是被禁止的。

源于网民在网络上的激烈言辞、恶意攻击、人肉搜索等行为产生的令现实社会中的他人受到伤害或感到受威胁的情形，"网络暴力"的概念逐渐被人们认识和分析。网络暴力也是现实暴力的一种形式，实施网络暴力给他人和社会带来不良后果之后，实施者也需要承担相应的法律责任。在主张净化网络、文明上网、构建和谐健康网络的当代中国社会背景下，人们对网络暴力的危害性有着一致的认识。

但是，"网络游戏暴力"不属于网络暴力的范围。虽然人们对游戏中的过分暴力给予批评，网络游戏中的暴力对人们的现实生活也产生了一定的影响，但是，网络游戏中的暴力和现实生活中的暴力行为及后果是不同的，前者具有其自身的特殊性：第一，暴力的虚拟性；第二，暴

---

① 转引自［美］迈克尔·辛格尔特里：《大众传播研究现代方法与应用》，刘燕南等译，北京：华夏出版社 2000 年版，第 283 页。

② ［英］格莱尼斯·布洛克威尔：《应对攻击行为》，王新超译，北京：北京大学出版社 2002 年版，第 14 页。

③ 世界卫生组织：《世界暴力与卫生报告》，唐晓昱等译，北京：人民卫生出版社 2003 年版，第 6 页。

④ 许春金、谢文彦、周文勇：《学校暴力行为学生个案辅导》，《教师天地》1996 年第 80 期，第 29—37 页。

力的随意性；第三，暴力的直接性；第四，暴力结果的及时反馈和强化。此外，与电视电影相比，网络游戏中的暴力还表现出内容的逼真性和极端性、玩家对游戏角色的认同性、对攻击行为进行强化的直接性、游戏者的参与性和互动性、道德标准与现实生活的相悖性等新特点①。

二、网络游戏暴力的根源是游戏设计者的暴力观

网络游戏中的暴力，虽然表现形式是打打杀杀的动作、血腥场面等，但是因为这些表现暴力的行为与场景功能系统是游戏本身设计和提供的，因此，网络游戏中的暴力在游戏中具有“合法性”。如果网络游戏中的规则不许可打杀或不开放，玩家的暴力就不可能发生。正是这种“合法性”与合规性的存在，使得现实生活中不被允许甚至违法的暴力行为在网络中变成“正常”。网络成为人们发泄、施暴但是不必承担法律后果的时空场所。从这个意义上说，网络游戏中的暴力，不是玩家能够真正控制与实现的暴力，而是网络游戏设计与提供者的暴力模式通过玩家来动作化和现实化。因此，控制网络游戏暴力，本质上是控制游戏设计的暴力。

三、网络游戏暴力违背了人类的基本价值观与行为准则

暴力是使用自身的力量违背他人意愿对他人造成伤害或者威胁伤害的行为。在人人平等、生命至上、和平友善的人类公认的价值理念系统中，暴力是违反人类基本价值观、违背人类本性的，是一种恶的行为。文明社会普遍禁止暴力，惩戒暴力实施者。网络游戏暴力，虽然是在虚拟时空场景中表现的对其他角色或物品的伤害与破坏，其实质也属于暴力，也是违背人类价值观念的，和现实生活中人们公认且普遍遵守的行为准则也是相冲突的②。

---

① 刘桂芹、张大均：《暴力网络游戏对青少年心理发展的影响及干预措施》，《教育科学研究》2010 年第 7 期，第 65—67 页。

② 佐斌：《网游是社会文化暴力会影响青少年》，2012 年 3 月 30 日，http：//www. chinadaily. com. cn/micro-reading/dzh/2012-03-30/content_ 5574146. html。

正是因为网络游戏暴力和人们的文化价值观的不一致和冲突，人们对于网络游戏中的暴力活动自然会产生担忧，对于游戏中的过度暴力更是不能够容忍。网络游戏活动也是人的经验的一部分，过多的或者单一的游戏暴力经验，会造成人们价值观的混乱与冲突，对于认知体系尚未形成的未成年人来讲，网络游戏暴力对价值观的这种消极影响会更加突出。

四、网络游戏暴力对玩家心理与行为的影响

玩暴力游戏在实际生活中会不会增加暴力？一些研究获得了两种相反的结论。第一种观点认为玩网络暴力游戏可以增加暴力脱敏，发泄消极情感，从而会减少现实生活中的暴力行为，因为通过网络游戏上暴力的活动、打斗，在实际生活中看到这个的时候已经没有兴趣了。第二种观点是，通过玩暴力游戏中的打斗、杀人等等，玩家玩的频率多了则启动了玩家在现实生活中的攻击认知①，如李婧洁等研究表明暴力电脑游戏会导致个体攻击性行为增加，启动攻击性认知②，促进形成攻击行为的习惯化和心理与行为定式，从而可能导致在现实生活中有较多的攻击暴力行为。我们也认为长期玩暴力游戏会增加暴力。网络游戏的“暴力”能潜在地激发出一种“暴力娱乐”，让青少年在获得心理“快感”的同时，扭曲了社会暴力的本来面目，大量事实证明，网络暴力游戏是引发社会暴力的潜在因素③。如魏谨、佐斌、温芳芳和杨晓采用单类内隐联想测验（SC-IAT）也发现与对照组相比，暴力网络游戏组在内隐层面更倾向于将攻击与不愉快相联结④。还有一些研究获得了一致的发现，

---

① 陈美芬、陈舜蓬：《攻击性网络游戏对个体内隐攻击性的影响》，《心理科学》2005 年第 2 期，第 458—460 页。

② 李婧洁、张卫、甄霜菊、梁娟、章聪：《暴力电脑游戏对个体攻击性的影响》，《心理发展与教育》2008 年第 2 期，第 108—112 页。

③［美］迈克尔 · 埃默里等：《美国新闻史》，展江、殷文主译，北京：新华出版社 2001 年版，第 588 页。

④ 魏谨、佐斌、温芳芳、杨晓：《暴力网络游戏与青少年攻击内隐联结的研究》，《中国临床心理学杂志》2009 年第 6 期，第 715—717 页。

喜欢或者经常玩暴力游戏的人，大多是跟负性的情绪体验有关联①。青少年玩家在得不到父母的肯定、老师的表扬、同伴的接纳以及社会的关怀的时候，负面情绪特别强烈，这时候他们会过多地玩网络游戏，特别是带有攻击性、发泄性的游戏。

虽然说人们玩暴力网络游戏不一定会在现实中滥用暴力，但是网络游戏对玩家特别是未成年人的心理和行为影响也是客观存在和不容忽视的，网络游戏中的暴力问题对人的心理和行为会产生综合性的影响，而对玩家的消极影响是我们的社会及文化管理部门、游戏设计与生产者应予以充分认知与高度重视的。

五、网络游戏中暴力存在的客观性

既然暴力是不好的，那么是不是在游戏中应该完全禁止暴力呢？我们认为，全面禁止网络游戏中的暴力既是不可能的，也是不必要的。

在现实生活中，暴力虽然是不好的，人们也旗帜鲜明地反对暴力、预防暴力、制止暴力、惩罚暴力，但是由于人类个体与群体认识的不足、缺陷或不一致性，暴力一直是人类社会生活中的一种客观存在，是社会现实的一个组成部分。真实世界并不是全部由具有美好价值的事物和事件所构成的，理想的社会是善多于恶，文明社会是善可以制约恶。对于人类社会的暴力，我们已经知道要如何认识、如何引导以及如何合理转换，使人们认识暴力及其后果，从而更好地预防暴力和控制暴力。在网络游戏中，玩家通过角色之间的互动乃至竞争、对抗活动来认识自己、表达自己和实现自己，这一过程和现实社会中的情形是一致的。

网络游戏虽然是娱乐性的文化产品，但也是人们创作与设计的，其主题和内容都不是脱离社会生活就能够创作的，虽然虚幻虚拟，但也是

① 刘桂芹、刘衍玲、张大均：《暴力视频游戏对青少年的负面影响及其应对措施》，《教育探索》2010 年第 5 期，第 126—128 页。

对现实生活的一种反映。现实生活中的真善美与假丑恶，也会反映到游戏中。因而，网络游戏中的暴力，也是网络游戏中可以存在的成分。

此外，网络游戏的互动竞技性，也决定了暴力元素不能够完全被禁止。网络游戏是任务游戏，可以是个人扮演角色来完成个人任务，也可以是玩家组成团队来完成任务。无论在哪种玩法中，竞技性都必不可少。从文化价值观的角度来讲，竞技是很多网络游戏中必需的，竞技或竞争是合理的，但是暴力是应该被禁止、被惩罚的。在网络游戏中，暴力成分或活动的存在并不是表示我们对暴力的认可和强化，而是通过让人类认识、体验到游戏中暴力的恶，从而预防暴力，防止暴力文化在人类现实社会生活中出现。

第三节　评估网络游戏暴力的国内外探索与启示

由于网络游戏中的暴力是一种违背人类价值观的行为，网络游戏暴力会对玩家产生复杂的影响，在分析网络游戏的时候，就有必要对游戏的暴力性质与程度进行科学评估。发展和建立一个以网络游戏暴力指数为指标且简便易行的评价系统，是一项重要工作。针对网络游戏暴力程度的评估及引导控制，国内外已有一些有益的探索，值得我们参考借鉴。

一、国外网络游戏暴力分级的主要做法

1. 泛欧洲游戏信息组织（PEGI）

PEGI 根据涉及的内容、产品来评估游戏适合的玩家年龄等级，将年龄等级分为 3+、7+、12+、16+、18+。该系统采用了自我评估表格，设置的是一系列答案为“是/否”的问题，共包括 48 个题目。前 15 个题目由英国电影审查局（BBFC）审核，有关暴力的项目审核通过后才能向 PEGI 提出申请。PEGI 中有关暴力分级的描述包括如下：只适合 18+玩家玩的游戏为“描绘严重的暴力事件，或是对死亡和受伤的可怕刻画，

过多清晰描绘对无辜人员的无意杀害，描绘对弱者或无力抵抗人员的暴力行为”；适合 16+玩家玩的游戏为“针对人或动物的逼真暴力描写，不断描绘人类或动物的死亡，描写出血或受伤的体育运动类行为，崇尚暴力”；适合 12+玩家玩的游戏为“对幻想出来的个体施加真实的暴力，对类似人或者动物的个体施加不真实的暴力，对类似人类的个体施加低级攻击，但并没有导致可见的伤害”；适合 7+玩家的游戏描述为“对幻想出来的个体施加真实的暴力，不详细、不真实地描绘了对人物的无细节暴力行为”；适合 3+玩家的游戏为“针对卡通形象的暴力描写”①。

2. 美国娱乐软件分级委员会（ESRB）

ESRB 中有关游戏暴力的描述如下：“卡通化鲜血——游戏中出现卡通或动画鲜血画面；真实鲜血——游戏中存在真实鲜血的描写；血腥——游戏中存在真实鲜血与肢体部分毁损的描写；卡通化暴力——游戏中存在卡通化环境中卡通角色间的暴力内容，而卡通角色不会因暴力行为而受到伤害；游戏中展示的幻想环境中存在暴力成分，但这类包含了人类与非人类角色的科幻环境能够轻易地与真实的人类生活相区分；激烈的暴力——游戏中有生动、真实的身体对抗场面描绘，可能包含真实的流血、肢体受损、武器展示，以及人类受伤、死亡的描写；轻微暴力——游戏中适度含有角色处于不安全或暴力侵害环境的场景描述；暴力——游戏中包含攻击性冲突场景。”②

3. 日本计算机娱乐分级组织（CERO）

日本计算机娱乐分级组织（CERO）是非官方的游戏分级组织，负责日本游戏分级制度的制定以及游戏所属级别的审查③。目前所有在日本发行的电视游乐器游戏和 PC 平台游戏都受到 CERO 分级制度的规范。CERO 关于暴力表现的描述为“出血描写，肢体分离或欠缺描写，尸体

---

① PEGI，“About PEEI”，http：//www，pegi，info/en/index/id/33/.

② ESRB，“ESRB Ratings Guide”，http：//www. esrb. org/ratings/ratings_ guide. Jsp#descriptors.

③ 叶慧娟：《网络游戏分级制度比较研究》，《华东理工大学学报（社会科学版）》2011 年第 2 期，第 83—90 页。

描写，杀伤、恐怖、对战格斗或打架描写”①。CERO 将游戏分为 A/B/C/D/Z 五个级别，并以鲜明的黑/绿/蓝/橘/红等 5 种底色标示在游戏封面左下角与侧边下缘：“A”适合全年龄；“B”适合 12 岁以上；“C”适合 15 岁以上；“D”适合 17 岁以上，建议不要将此类游戏出售给未成年人；“Z”只适合 18 岁以上成年人，不得将此游戏提供给未成年人视听。

二、国内网络游戏暴力分级的思路

1.《大众软件》试拟的网络游戏分级草案

我国较有影响力的《大众软件》杂志在 2002 年试拟了一份网络游戏分级草案，通过成人度、暴力恐怖度和意识导向度三个指标，将游戏按照玩家的年龄段分为 4 个等级，包括普通级、指导级、专家级和研究级②。普通级适合所有年龄段的人士，三项指标均为 0 级；指导级指任何 14 岁以下的人员不适合接触的游戏，三项指标中任意一项达到 1 级；专家级指只容许 18 岁以上人士玩的游戏，三项指标中任意一项达到 2 级；研究级指只容许 18 岁以上，专门从事游戏制作、发行、审批的人士及游戏研究者接触的游戏，三项指标中任意一项达到 3 级。游戏中关于暴力恐怖度的描述为：无任何表现血腥、暴力及非人性内容；有暴力倾向方面的暗示，有少量表现血腥或其他非人性行为的内容；明显表现出暴力倾向；有一定数量的表现血腥或其他非人性行为的内容；详细表现肢体分裂的过程或状态，有明显的施暴过程，以及详细表现其他非人性的行为。

2. 中青网协的网络游戏分级思路

2004 年，中青网协提出了《中国网络游戏分级制度（草案）》，将

① CERO，“What is the ‘Age-appropriateness Rating System’?”，http：//www. cero，gr，jp/c/rating，html#03.

② 寿步、陈跃华：《网络游戏法律政策研究》，上海：上海交通大学出版社 2005 年版，第 118—119 页。

网络游戏分级指标分为静态指标和动态指标。其中，静态指标包括暴力度、色情度、恐怖度、社会道德度、文化内涵度；动态指标包括 PK 行为、非法程序（外挂）、聊天系统的文明度、游戏内部社会体系的秩序、游戏形象宣传、游戏时间限制、社会责任感。游戏中的暴力度描述为：0 级为游戏内有严重的暴力现象，能对玩家产生暴力意识方面的影响；1 级指轻度暴力，暴力成分在可被接受范围内；2 级是游戏内容健康，无明显暴力场景或过分暴力的战斗设计。此外，在游戏中出现这些场面时，审查员要考虑“是否直接”“是否肯定”和“是否必须”三种情况①。

3. 大学版本的网络游戏分级标准

华中师范大学与北京大学在 2009 年分别进行了中国网络游戏分级标准的研制。华中师范大学按照青少年身心发展的阶段特点和网络游戏的五个功能要素系统提出了《网络游戏分级运营管理办法》②，将网络游戏分级为三个年龄级别：12 岁以下年龄段、12 岁至 18 岁年龄段、18 岁以上年龄段。在考虑暴力要素与网络游戏具体功能相结合的前提下，将网络游戏的功能划分为：虚拟社会建构系统，即游戏中角色之间的关系；场景系统，主要指网络游戏中的背景；任务系统，涉及游戏提供给玩家的主要活动内容；奖励升级系统，涉及游戏活动的结果；公共交流系统，主要涉及玩家在游戏中与其他玩家或官方的交流。网络游戏的五个要素通过具体的功能系统得以体现，这些功能系统对于游戏者的身心发展具有一定程度的影响。因此，游戏的每个功能必须完全符合分级标准要求，如有一项不符合，则驳回申请。

北京大学提出的分级标准将网络游戏分为适合全年龄段、12 岁以上、18 岁以上三个级别③。网络游戏等级评定采用了 5 个评价指标：文

---

① 寿步、陈跃华：《网络游戏法律政策研究》，上海：上海交通大学出版社 2005 年版，第 119—225 页。

② 参见华中师范大学 2009 年 6 月提交文化部的研究报告《我国网络游戏分级管理研究》（征求意见稿）。

③ 王斌：《实行网游分级还需配套制度》，《互联网天地》2010 年第 3 期，第 15 页。

化价值导向性、虚拟社会健康度、游戏时间限制性、游戏对抗性、感官接受度。这些指标中包括了视觉特效、文字互动、副本功能、对战功能、团体行为、任务系统等涉及暴力程度评定的模块。通过 5 个指标所包括的 20 个游戏模块对游戏产品进行综合评价，评价结果采用“允许、鼓励、限制”加以区分。

三、国内外网络游戏暴力分级的特点及不足

由于各国或地区负责网络游戏暴力分级的组织机构以及国情、文化上的差异，定级流程、实施过程、实施效果各有不同，分级制度的影响也不尽相同。但是，国内外已有的网络游戏暴力分级的探索及思路，也呈现出一些共同特点。

第一，以内容为主线进行分级。如除了 2009 年《中国网络游戏分级标准》是按功能来分级外，纵观美国娱乐软件分级委员会（ESRB），泛欧洲游戏信息组织（PEGI），日本计算机娱乐分级组织（CERO），《大众软件》试拟的网络游戏分级草案，中青网协推出的《中国网络游戏分级制度（草案）》等，均是按照内容来对暴力进行分级。

第二，以保护消费者为目的。负责分级的机构多是民间的非营利组织或机构，网络游戏暴力分级的宗旨是比较一致的，强调完善网络游戏的管理规范，保障消费者权益，特别是保护青少年的健康成长。

第三，以年龄为分级标识。各国游戏分级的共同做法是对年龄作若干分段，依据年龄分级来进行内容描述和标识，对适合不同年龄段的游戏用不同颜色的文字或图标标示。

当前国内外网络游戏暴力分级尚存在以下不足之处：（1）关于网络游戏中暴力的界定和表现形式有些模糊。网络游戏中的暴力究竟是什么，不同的人有不同的理解，如专家认为是暴力的，玩家可能觉得不是暴力，这种暴力与竞技以及攻击行为有什么区别，以及暴力在网络游戏中具体有怎样的表现形式，这些在已有的分级标准中尚显得不够清晰。在对暴力进行分级之前，有必要进行科学的界定和解读。（2）对网络游戏中暴

力进行分级的可操作性不够。从以上对暴力的分级标准的描述中可以看出，对暴力的程度进行了由轻度到重度的划分，而对具体的暴力程度的判断缺乏明确的边界，并且一款游戏在具体分级操作过程中也缺乏实际的可行性。(3) 网络游戏设计中的"规则"在现有的分级中尚未体现。在对一款网络游戏进行策划时，主要包括了界面设定、系统设定、游戏规则、美工设定和音响设定等。在对网络游戏公司的策划人员进行访谈时，也发现规则是网络游戏暴力分级中非常重要的元素，而现有的网络游戏分级标准中没有涉及。(4) 网络游戏暴力分级中尚没有对游戏主题是否含有暴力以及所体现的价值导向进行直接划分。

第四节　网络游戏暴力指数的构建

依据国内外对网络游戏中暴力问题的研究和相关分级标准，我们认为任何一款网络游戏，都可以从其主题内容的价值导向、玩家可采用的游戏规则、游戏呈现的潜在伤害三个方面进行评估与测定，进而整合为该网络游戏的暴力指数。这三个方面分别对应三个问题：(1) 该网络游戏对暴力抱有什么样的态度？(2) 该游戏的规则对暴力行为开放或者限制在什么程度？(3) 该游戏的暴力呈现对玩家的潜在伤害在什么程度？

网络游戏企业是网络游戏的制作者和传播者，也应该是防止网络游戏暴力的主要力量。为了充分了解国内网络游戏企业对于网络游戏暴力问题的认识、网络游戏制作规则和方法，以及征求他们对制定我国网络游戏中暴力的监测和评估标准的意见和建议，2012 年 5 月 9 日至 16 日，本课题组采取实地参观考察和面对面访谈的形式，分两组分别赴我国网络游戏的两大生产基地深圳、上海，以网络游戏公司的领导、技术部人员、市场部人员、策划部和公关部的有关人员作为研究对象，就上述有关问题进行了较为深入的访谈调研，初步拟定的网络游戏暴力指数结构要素如表 14-1 所示。

表 14-1 网络游戏暴力指数结构要素

<table>
<tr><th>维度</th><th colspan="2">指标</th><th>项目数</th></tr>
<tr><td rowspan="4">1.网络游戏主题内容的暴力价值倾向度(16)</td><td colspan="2">1.1 违背与不尊重人性的倾向</td><td>6</td></tr>
<tr><td colspan="2">1.2 非正义的暴力倾向</td><td>4</td></tr>
<tr><td colspan="2">1.3 与社会文化规范的冲突</td><td>4</td></tr>
<tr><td colspan="2">1.4 暴力攻击任务</td><td>2</td></tr>
<tr><td rowspan="3">2.网络游戏规则的暴力开放度(16)</td><td colspan="2">2.1 游戏任务系统</td><td>6</td></tr>
<tr><td colspan="2">2.2 奖励升级系统</td><td>6</td></tr>
<tr><td colspan="2">2.3 惩罚系统</td><td>4</td></tr>
<tr><td rowspan="6">3.网络游戏互动界面对玩家的暴力伤害度(40)</td><td rowspan="3">3.1 视觉体验</td><td>3.1.1 场景画面</td><td>10</td></tr>
<tr><td>3.1.2 视觉特效</td><td>7</td></tr>
<tr><td>3.1.3 文字互动</td><td>8</td></tr>
<tr><td rowspan="3">3.2 听觉体验</td><td>3.2.1 背景音乐</td><td>5</td></tr>
<tr><td>3.2.2 角色配音</td><td>5</td></tr>
<tr><td>3.2.3 道具配音</td><td>5</td></tr>
<tr><td colspan="3">评价项目合计</td><td>72</td></tr>
</table>

一、网络游戏主题内容的暴力价值倾向度

网络游戏是一种新的文化形态，文化的内核是价值观，因此无论任何游戏都带有价值观。从文化价值观角度来看，游戏中的暴力体现了它对暴力的态度。由此，评估网络游戏中的暴力，必须整体感知和把握游戏的暴力价值取向，即对暴力行为是持赞成还是反对的态度。可以从以下四个方面来获取网络游戏的暴力价值倾向：

1. 违背与不尊重人性的倾向。网络游戏中的系统、角色、名称、活动等等，直接或间接反映了对人的生命、人的正常状态、尊严的态度。是否可以随意杀戮？对人物角色或者动物的伤害是否很残忍？具体项目包括：游戏系统中的名称含有对人性不尊重的内容；玩家可以随意攻击

杀死拟人化的角色；使用暴力导致拟人化角色群体大规模死亡；玩家可以对动物随意进行伤害；玩家可以随意对物品、环境进行毁坏；使用暴力随意让生命消亡与复活。

2. 非正义倾向。在游戏中，竞技和攻击的理由是否正当？在游戏结果中正义是否能够战胜邪恶？是否鼓励邪恶暴力？评价项目包括：无正当合法理由玩家就可以开展攻击；正义角色难以战胜邪恶角色；对非正义的攻击给予奖赏；允许通过金钱或代币购买或增加暴力装备及程度。

3. 与我国文化价值规范的冲突度。游戏中的虚拟社会建构系统以及竞技行为规则是否和现实社会的道德法律相一致？是否和我国社会的文化观念抵触？具体项目包括：游戏中的虚拟角色关系与现实社会公认的关系不一致；出现变态的生活与行为方式；游戏方式与结果和我国文化价值观相抵触；含有对违法犯罪的肯定和鼓励。

4. 暴力行为在游戏任务中的数量比例。玩家在游戏中的行为是否全是打打杀杀？暴力性的任务在游戏系统中所占的比例有多大？具体项目包括：暴力攻击是游戏的主题任务；杀害、破坏性的攻击行为占玩家在该游戏中活动的 70% 以上。

评估网络游戏主题内容的暴力价值倾向度即是对以上 16 个项目进行“是”或“否”的回答，回答“是”则计 1 分，得分越高表明该网络游戏的暴力价值倾向越高。合计得分为 0~4 分则为轻度暴力（0 级），5~10 分为中等暴力（1 级），11~16 分为严重暴力（2 级）。

二、网络游戏规则的暴力开放度

网络游戏是有规则的，一系列规则给玩家提供了游戏行为的各种模式。暴力行为是通过不符合道德、社会规范的力量伤害他人的行为，网络游戏中的暴力度反映了游戏规则对模拟现实中暴力行为的限制程度，限制程度越低，越是允许各种不符合现实生活中道德规范的行为在游戏中发生，该游戏的暴力度越高。

根据文献研究和实际调查中获得的资料，我们发现游戏中的规则似乎是网络游戏的生命或者核心，也是评价网络游戏暴力的核心指标。与其说是玩家之间在竞技，不如说是游戏设计者在自我竞技。网络游戏的暴力程度根本上是由规则确定的。这些规则包括角色选取规则、竞技与战斗行为规则、行为反馈规则、奖励升级规则、交流互动规则等。可以从以下三个方面来获取网络游戏规则的暴力开放度：

1. 游戏任务系统。具体项目包括：玩家与玩家之间的对战是游戏的主要内容；对战开始前不用征得参与方同意；参与对战的总人数超过 40 人；通过杀害无辜者的行为来达成任务目标；部分空间或时间内允许任意 PK；含有虚拟死亡设计。

2. 奖励升级系统。具体项目包括：对战输赢会造成参与方的虚拟财产或名誉损失；通过攻击无辜人形角色提升自身声望，角色攻击力与声望提升有关；对进度靠前的相关玩家提供额外的增加攻击行为相关能力方面的奖励；无正当理由，能通过杀害他人的行为方式提升经验、属性值；无正当理由，能通过杀害他人的行为方式获取并提升技能；无正当理由，通过杀害他人的行为方式获取游戏币。

3. 惩罚系统。具体项目包括：对于攻击玩家扮演角色的行为（被攻击后自卫不算），游戏中存在特定的不给予惩罚的规则；对于杀死玩家扮演角色的行为（被攻击后自卫导致杀人不算），游戏中存在特定的不给予惩罚的规则；对于所有攻击玩家扮演角色的行为不存在任何惩罚；对于所有杀死玩家扮演角色的行为（PK）不存在任何惩罚。

评估网络游戏规则的暴力开放度即是对以上 16 个项目进行“是”或“否”的回答，回答“是”则计 1 分，得分越高表明该网络游戏规则的暴力开放度越高。合计得分为 0～4 分为轻度暴力（0 级），5～10 分为中等暴力（1 级），11～16 分为严重暴力（2 级）。通过游戏公司提交的网络游戏设计报告可以对暴力行为规则的许可程度进行客观评估，也可以在网络游戏中加以检验。

三、网络游戏互动界面对玩家的伤害度

对于玩家而言，网络游戏中的暴力行为直接呈现为游戏互动过程中

具有暴力感的视觉画面和声音效果，因此游戏互动界面对于玩家的健康伤害程度成为暴力指数的外显评价指标。可以对网络游戏视觉音效的暴力伤害度进行评定，如对网络游戏的场景画面、视觉特效和文字互动等视觉体验，以及背景音乐、角色配音和道具配音等听觉体验所涉及的暴力伤害度进行测量和评定。

1. 视觉体验。视觉体验包括场景画面、视觉特效和文字互动三部分。(1) 场景画面包括的项目有：游戏场景色彩光线过度刺激；出现仿真风格的游戏场景；含有写实风格的专用于打斗的区域场景；表现出暴力倾向，有血腥或非人性场景；含有厚重、锋利、开刃的武器以及关于对抗行为的画面；出现针对人或动物的酷刑、肢解和虐待的画面；清晰描绘对无辜人员随意杀害的画面；出现对肉体进行捆绑、切割、穿刺、撕扯、碾压、爆破等画面。(2) 视觉特效包括的项目有：采用第一人称视角；采用写实仿真风格的特效来表现对抗效果；对动作的力度大小、武器锋利与否、杀伤力大小、破坏力大小、穿透力等内容通过视觉特效进行不同程度的体现和渲染；出现表现肉体伤害程度、伤害力大小方面的视觉特效；含有惊吓效果的突变性视觉效果；含有出血或因遭到攻击而放出其他体液（眼泪除外）的效果。(3) 文字互动包括的项目有：游戏中3%以上的固有文字是对厚重、锋利、开刃的武器以及对抗行为的文字描述；游戏中3%以上的固有文字是对通过武力方式得出的胜负结果的描述；游戏中3%以上的固有文字是关于仇恨、利用武力进行报复、欺辱、压迫他人的心理描述或煽动性文字；含为将会造成生理和心理伤害的行为寻找借口，对其进行美化的描述；出现粗俗、侮辱、诋毁性文字；有各种谩骂、言语攻击、粗俗、小道消息泛滥等性质内容的出现。

评估网络游戏互动界面视觉体验对玩家的伤害度即对以上25个项目进行“是”或“否”的回答，回答“是”则计1分，得分越高表明该网络游戏互动界面中视觉体验的暴力伤害度越高。合计得分为0~6分为轻度暴力（0级），7~15分为中等暴力（1级），16~25分为严重暴力（2级）。

2. 听觉体验。听觉体验包括背景音乐、角色配音和道具配音三部分。(1) 背景音乐包括的项目有：出现节奏激奋、急促、高音较多且令人亢奋的背景音乐；含有慢节奏持续低音，营造阴森、恐怖、惊悚效果的背景音乐；含有较为逼真的打斗、撕扯、武器碰撞、喊杀声；含有如尖叫等容易令人受到惊吓的配乐；背景音乐中频繁、清楚地出现容易对暴力、虐待等方面产生联想的内容。(2) 角色配音包括的项目有：角色仿真配音；角色配音中会清晰地出现一些粗口，甚至出现崇尚暴力的话语；有较为逼真的与武力打斗相关的喊杀声、呻吟、尖叫等有生命个体发出的声音；含鼓励或刺激人做出折磨人类或切割动物等暴力行为的话语；含有影射暴力行为的话语。(3) 道具配音包括的项目有：道具配合战斗状态出现节奏急促、过度刺激的配音；对打斗武器道具进行逼真的音效配音；含有武器碰撞声、撕扯声等无生命个体发出的声响；有较为逼真的对使用厚重、锋利、开刃的武器进行对抗的配音；出现对人类或动物进行砍杀和虐待时的声音。

评估网络游戏互动界面听觉体验对玩家的伤害度即是对以上 15 个项目进行“是”或“否”的回答，回答“是”则计 1 分，得分越高表明该网络游戏互动界面听觉体验的暴力伤害度越高。合计得分为 0~4 分为轻度暴力（0 级），5~10 分为中等暴力（1 级），11~15 分为严重暴力（2 级）。

第五节　网络游戏暴力指数的评定与应用

网络游戏暴力指数，立足我国网络游戏暴力负面影响的实际分析，依据我们的网络游戏暴力观，借鉴国内外网络游戏及暴力分级标准的思路或做法，从网络游戏主题内容的暴力价值倾向度、网络游戏规则的暴力开放度和网络游戏互动界面对玩家的伤害度三个维度，构建了一个简明的评价指标体系。网络游戏暴力指数可以直接应用于我国网络游戏的审定以及游戏产品的定位宣传，也可以作为网络游戏设计与研发的依据。

一、网络游戏暴力指数的评定

网络游戏暴力指数由三个维度的等级指数构成。因为维度不同，所以要分别采用不同的评定方法。

网络游戏主题内容的暴力价值倾向度由网络游戏评审专家委员会通过阅读游戏产品的相关资料和在线体验来进行评定。

网络游戏规则的暴力开放度由网络游戏评审专家依据游戏公司上报的功能设定报告进行在线查验，逐项评定。

网络游戏互动界面对玩家的暴力伤害度由网络游戏文化管理机构委托专业技术人员对网络游戏进行相应的技术鉴定，形成技术报告。技术报告提交网络游戏评审专家委员会。

三个维度的得分相加形成总分，即网络游戏暴力指数原始分。将原始分转化为百分制中的分数值，就是某款暴力游戏的暴力指数：轻度暴力（0~30 分），中等暴力（31~60 分），严重暴力（61~100 分）。

二、网络游戏暴力指数的应用

网络游戏暴力指数（0~100 分）是管理机构、公众和玩家必须了解的信息，游戏运营商必须通过统一标识在网络游戏界面给予呈现公布。绿色标识为轻度暴力（0~30 分），橙色标识为中等暴力（31~60 分），红色标识为严重暴力（61~100 分）。

第一，文化管理部门可采用网络游戏暴力指数，对目前我国的网络游戏产品进行普查，全面了解我国网络游戏的暴力状况，可以委托相关专业机构开展网络游戏暴力指数的普查工作。并且可将网络游戏暴力指数作为评选优秀网络文化产品的重要依据，在其组织的优秀网络游戏评审与鉴定活动中，网络游戏暴力指数将作为重要的评审项目。在日常文化管理活动中，网络游戏暴力指数是常规性检查项目。

第二，网络游戏暴力指数有利于规范和促进网络游戏健康发展。网络游戏商应该严格依据网络游戏暴力指数及其分级标准，设计和营运相应的游戏产品。

第三，玩家即网络游戏消费者，应该按照自己的年龄情况合法选择相应级别的网络游戏产品。

当前，对网络游戏中的暴力给予重视并进行有效的管理成为社会公众日益强烈的一致呼声。建立并不断完善网络游戏暴力指数的科学监测和评定方法，对所有在我国运营的国内外网络游戏产品进行暴力指数评级管理，同时对网络游戏消费者进行必要的宣传、教育和引导，这些都是迫切需要解决的问题。

第十五章　公民言论与网络舆论*

据中国互联网络信息中心（CNNIC）2021年8月27日发布的第48次《中国互联网络发展状况统计报告》显示，截至2021年6月，我国网民规模达10.11亿，互联网普及率达71.6%。10亿用户接入互联网，形成了全球最为庞大、生机勃勃的数字社会。我国IPv6地址数量达62023块/32，移动电话基站总数达948万个。截至2021年4月，我国光纤宽带用户占比提升至94%，固定宽带端到端用户体验速度达到51.2Mbps，移动网络速率在全球139个国家和地区中排名第4位①。随着互联网的普及与发展，中国已经进入一个全新的网络社会。对于社会舆论而言，网络为人们提供了更自由的言论空间，通过网络媒体，人们的言论自由得到进一步的保障。网络舆论承载着互联网虚拟世界中无数网民的心理寄托和情绪表达，对社会的影响力越来越大，也日益受到广泛重视。习近平总书记指出："牢牢坚持正确舆论导向。舆论导向正确，就能凝聚人心、汇聚力量，推动事业发展；舆论导向错误，就会动摇人心、瓦解斗志，危害党和人民事业。"②这一重要论述深刻揭示了正确舆

---

* 本章原题《论公民言论的自由度与网络舆论引导的有效性》（与袁渊合作），原载《理论月刊》2021年第12期。

① 李政葳：《我国网民规模超10亿——解读第48次〈中国互联网络发展状况统计报告〉》，《光明日报》2021年8月28日。

② 习近平：《在党的新闻舆论工作座谈会上的讲话（2016年2月19日）》，中共中央文献研究室编：《习近平总书记重要讲话文章选编》，北京：中央文献出版社、党建读物出版社2016年版，第423页。

论导向的极端重要性。在坚持正确网络舆论引导中，如何正确认识公民言论的“自由度”，如何深刻理解网络舆论监管的“必要性”，如何提高网络舆论引导的“有效性”，是必须研究的重大问题。

第一节　言论自由权利受到法律保护，言论自由也受到法律限制

1948 年《世界人权宣言》第十九条规定：“人人有权享有主张和发表意见的自由；此项权利包括持有主张而不受干涉的自由，和通过任何媒介和不论国界寻求、接受和传递消息和思想的自由。”《中华人民共和国宪法》第二章“公民的基本权利和义务”中的第三十五条规定：“中华人民共和国公民有言论、出版、集会、结社、游行、示威的自由。”言论自由权就是公民有权通过各种语言形式，针对政治和社会中的各种问题表达其思想和见解的自由。由于言论是公民表达意愿、交流思想、传播信息的必要手段和基本工具，也是形成人民意志的基础，因而言论自由在公民的各项政治自由中居于首要地位。

任何自由都不是绝对的，都要受到一定的限制。公民的言论自由同样是相对的，在受法律保护的同时，也受到法律的限制。《世界人权宣言》第二十九条规定：“（一）人人对社会负有义务，因为只有在社会中他的个性才可能得到自由和充分的发展。（二）人人在行使他的权利和自由时，只受法律所确定的限制，确定此种限制的唯一目的在于保证对旁人的权利和自由给予应有的承认和尊重，并在一个民主的社会中适应道德、公共秩序和普遍福利的正当需要。（三）这些权利和自由的行使，无论在任何情形下均不得违背联合国的宗旨和原则。”《中华人民共和国宪法》第五十一条规定：“中华人民共和国公民在行使自由和权利的时候，不得损害国家的、社会的、集体的利益和其他公民的合法的自由和权利。”公民在法律上既是权利的主体，又是义务的主体；权利的实现需要义务的履行，义务的履行确保权利的实现。

公民有言论自由，言论自由是权利也是责任，在一定合理程度内限制个人的言论自由符合人类社会共同生活的需求。因此，公民在享有言论自由的同时还应遵循公民在法律面前一律平等的原则、权利与义务统一的原则和个人利益与国家利益相结合的原则。1789 年法国《人权宣言》第十一条规定："自由传达思想和意见是人类最宝贵的权利之一；因此，各个公民都有言论、著述和出版的自由，但在法律所规定的情况下，应对滥用此项目自由负担责任。"即便是在标榜"公民自由发表言论的权利神圣不可侵犯"的美国，政府对涉及行动的违法言论仍采取干涉主义。在我国，言论自由的法律限制性主要体现在以下方面：其一，公民不得利用言论自由教唆、煽动他人实施危害国家安全、破坏民族团结、破坏社会公德、扰乱社会秩序的行为。其二，不得利用言论自由损害国家的、社会的、集体的整体利益和其他公民的合法的自由和权利，当个人利益与国家整体利益产生矛盾时，公民的个人利益必须服从国家整体利益；不得用言论进行诬告、陷害其他公民的活动。其三，不得利用言论自由对他人的人格尊严进行侮辱、诽谤、诋毁。其四，不得利用言论自由泄露国家机密、披露商业秘密。

现在重视言论自由，崇尚言论自由，但不代表言论绝对自由。言论自由虽然强调公民有按照自己的意愿自由地发表言论以及听取他人陈述意见的权利，但不得滥用此项权利，必须在法律允许的范围内进行。只讲权利不讲责任和义务的绝对言论自由是不存在的。有学者指出："在言论自由这一框架内，权利与义务，自由与责任本来就是对立统一、密不可分的。只强调自由、平等而忽略约束、规范和纪律，自由就会被滥用；只强调约束、规范和纪律而忽略自由、平等，社会公共利益就会遭受威胁和破坏。我们一方面要珍惜言论自由的空间，另一方面也要合理把握言论自由的尺度，为社会的和谐稳定，夯实一份来自信仰的坚定力量。"① 法律和道德对言论的限制性也正是为了保障大多数人言论自由的权利，在不违背法律规定和社会道德前提下的言论自由才是被大多数人

① 刘彦华：《言论自由应该是什么样的自由?》，2015 年 2 月 10 日，http：//opinion. people. com. cn/n/2015/0210/c1003-26541334. html。

所认可的、最安全、最可靠的自由。

第二节 网络为言论自由提供了条件，网络舆论不存在绝对自由

言论、舆论和网络舆论是相互联系又相互区别的概念。言论一般指个体对特定对象（包括人、物和事）的言谈、谈论和看法；舆论是指群体形成的一致的公众的言论、意见和态度。言论是民众对日常社会生活的个体意见的表达；舆论是公民对公共社会事件的共同观点的表达。言论是舆论产生的基础，舆论是群体言论的表达。威廉·奥尔比格指出："我们知道意见是个人的表达。当它在一个群体中受到群体成员交互作用的影响时，就成了群体意见或者公众意见。"① 网络舆论是在互联网上传播的公众对某一焦点事件所表现出的有一定影响力的共同意见或言论。

网络传播的开放性、匿名性、交互性等特点，使网络舆论迥异于传统舆论，在传播上呈现出大众性、多主体性、快速性、公共性和互动性等特征。网络媒体的这些特征为公民言论带来了极大的自由，因为话语权掌握在自己手中，民众的参与意识大大提高，这使得社会各阶层、各利益群体均能通过网络更直接地表达自己的政治意见与利益诉求，甚至参与公共政策的制定，代表着不同利益群体的各种声音都可以找到自己的社会基础②。尽管"权利的普及并不意味着人人都愿意使用这种权利，但没有人会拒绝这样的机会，因为机会本身就给人以自由的感觉"③。由于网络媒体能最大限度地实现公民的言论自由，因而，网络舆论也成为有史以来最开放、最自由、最公正的舆论形态。一些学者甚至把网络与传统的自由主义传播理论和哈贝马斯的"公共领域"思想挂上钩，认为"意见的公开市场"在传统媒介仅仅是一种理想，而网络使理想变成了

① William Albig, *Public Opinion*. New York: McGraw-Hill Book Co., 1939: 210.

② 罗迪：《技术革命语境下的新媒体变革及应用（中）》，《中国建设报》2014年3月12日。

③ 李兢兢：《网络舆论自由表达的限制》，《新闻前哨》2004年第7期，第9—10页。

现实；借助于网络，重建“公共领域”的曙光已经重现。尽管如此，“自由”永远都是一个相对的概念，从来都没有绝对自由空间的存在，网络空间也不可能是绝对自由、平等和民主的公共舆论空间。

一、舆论主体地位不同导致了舆论作用的差异

舆论主体是由众多人构成的舆论的发出者。作为互动观念的舆论，必然来自人们的交往与社会活动。正如费尔巴哈所说：“观念只是通过传达、通过人与人的谈话而产生的。人们获得概念和一般理性并不是单独做到的，而只是靠你我相互做到的。”① 对于网络舆论来说，其主体是在网上接收并传播信息的人。任何网络舆论主体在网络上都既可能是信息的接收者，同时又有可能是信息的发布者，从逻辑上来看他们处于平等地位，但是这种逻辑上的平等掩盖的是实质上的不平等。网络舆论的主体具有多层性和复杂性的特征，既包括普通的处于社会底层、不被整个社会所知晓的传播意见的人，也包括那些具有较高社会威望、能够产生意见的意见领袖。在网络上，普通舆论人一般只是意见的传播者，而意见领袖往往是意见的发生者或舆论的引领者，由于他们在网络舆论活动中的地位完全不同，因此对舆论最终形成所起的作用也不可同日而语。言论的自由度和效度与舆论主体的地位相关，地位越高、影响越大，言论的自由度越大；反之，地位越低、影响越小，言论的自由度就越小。

二、非理性言论表达阻碍了正常自由表达

网络传播主体的复杂性、传播手段的多样性和灵活性、传播过程的交互性等特点，使得传统媒体的“把关人”理念受到挑战。尼葛洛庞帝曾说，“在网络上，每个人都可以是一个没有执照的电视台”，这个“没有执照的电视台”发布的任何一条信息都可能迅速传遍全球。“把关人”的缺失导致网络上到处都是虚假信息、垃圾信息，而真正有价值的信息却被它们所淹没。也正是因为网络的匿名性和“把关人”的缺失，在网络舆论的形成过程中，网民的感性往往大大超过了理性。比如网络上的

① 刘建明、王泰玄等：《宣传舆论学大辞典》，北京：经济日报出版社 1993 年版，第 3 页。

很多讨论，大声抨击代替了冷静的思辨，更有甚者还会出现网络暴力，如谩骂和攻击时有发生。非理性的情绪化宣泄成为网络舆论场的一大特征。有学者敏锐指出：“当前网络舆论存在的一个突出问题是偏激和非理性，表现出很强的群体盲从性。受信息来源的限制，网络舆论与真相之间存在着一定的距离，有的新闻或者是信息源受角度及空间所限，报道并传播的事件本身并不确切，有些甚至是谣言，但大多数网民面对这样的消息，却很少质疑其真实性进而辨别真假，表现出一种群体的盲从与冲动。”① 在网络舆论形成过程中，由于群体理性的缺乏，一方面，大多数舆论主体事实上并不能够完全按照自己的意愿发表意见，只是被动地盲从，成为网络舆论的“乌合之众”；另一方面，少数网民确实以一种理性的态度参与网络争论而形成的独特而有价值的意见，反而被群体极化现象所淹没，甚至是遭到围攻。无论是从众跟风，还是逆言受攻，这都说明在网络舆论场言论并不自由，信息也不一定真实。

三、表达言论的自由并不意味思想的自由

当今，许多人崇尚言论自由，向往思想自由，以为网络上可以自由发表言论，就可以实现思想自由。实际上，言论表达的自由并不必然走向思想自由。目前，网络媒体上的表达存在着一种极端化的趋势——群体极化现象。在网络上，网民集体跟风，在对待某些舆论热点问题的意见或是观点上表现出惊人一致性的现象时有发生。特别是当某一种观点通过网络快速广泛地传播，在瞬间散布到各个网络节点，被碎片化信息一叶障目的网民在这个观点的诱导下形成附和，附和的人群快速聚集，从而形成了一种极端化观点的群体认同现象。在这种群体极化现象中，表面上看，所有网民的言论是自由的，但这些貌似自由的言论并非完全代表他们的思想和观点，只是一种在舆论裹挟下的从众表达。在这样的背景下，那些有个性特征的思想表达因不从众很容易遭到围攻，网络留下的仅仅是言论自由而已。言论自由是思想自由的前提，思想自由是言

① 瞭望：《中国网络舆论问题多多，仍期待理性与深入》，2004 年 2 月 24 日，http：//www.chinanews. com/n/2004-02-24/26/405752. html。

论自由的价值，但对群体极化现象中的网络舆论来说，虽然言论自由了，但思想自由却被扼杀了。

第三节　加强网络舆论正确价值引导，保障良好的网络舆论生态

进入新时代，随着我国社会结构进一步调整，经济体制改革不断深化，人们的思想观念和利益关系不断变化，中国社会正处于明显的分化阶段，多种社会阶层导致利益的多元化冲突，将使社会矛盾转化为社会冲突成为常见的现象。尤其是随着网络媒体的高速发展，作为一种独特的社会意识形式，网络舆论对国家的政治、经济、文化、社会等各个领域产生着越来越直接、越来越重大的影响。新媒体时代，网络舆论有着可以“载舟”也可以“覆舟”的强大力量。网络舆论如果引导不好，就有可能演变为舆论冲突和社会冲突，最终给社会治理带来一些不稳定的因素。在当前社会意识形态多元、多样、多变的新形势下，我们必须坚持依法治国、依法治网，加深对完善坚持正确导向的舆论引导工作重要性的认识，不断提高网络舆论引导能力，巩固主流意识形态的引导地位，用社会主义核心价值体系引领多样化社会思潮，净化网络舆论生态环境，充分发挥网络舆论的积极正向功能，扬长避短，使之朝着健康正确的方向发展。正确的网络舆论引导主要包括三个方面：一是对正在发生的网络舆论事件的有效应对，主要是通过疏导策略对非理性的网络舆论进行理性化的引导，化解网络舆论危机；二是对有可能发生的网络舆论事件的及早防范，主要是通过价值观念对不同利益诉求的网络舆论主体进行方向性的引导，以防范网络舆论风险；三是通过建立网络舆论引导长效机制，实施依法治网、以德治网、综合治网，营造良好的网络舆论生态，建设好网络空间精神家园。

一、积极疏导非理性网络舆论，化解网络舆论危机

在新的历史时期，网民话语表达和社会参与需求强烈，言论感性化、

情绪化、群体极化效应明显。网络舆论的理性与非理性混杂，建设性与破坏性交织，这使得各种思想舆论在网络上相互叠加，网络舆论生态异常复杂，网络舆论事件呈高发和多发态势。面对正在发生的网络舆论事件，政府一定要善于把握话语权，及时采取积极而又恰当的引导策略，有效引导非理性的网络舆论向良性发展，尽快化解舆论危机。

其一，要及时弄清并公布事实真相，引导事态向理性方向发展。当一个网络舆论事件发生后，政府要掌握舆论主动权，尽快弄清事件真相，及时向广大网民提供更多真实和权威的信息，告知事件的前因后果、来龙去脉，争取做事件的第一定义者。纵观许多网络舆论事件，我们发现都有一个由理性迅速向非理性转化的过程，不同意见双方起初都是以批评和质疑开始，在对峙中迅速转为非理性的相互攻击。此刻意见双方不再是冷静地阐明道理，而是更多地用愤慨的语言猛烈地抨击对方，试图通过制造声讨和批判的声势压倒对方，甚至发展到通过谩骂、捏造事实、诬陷诽谤等手段攻击对手，以迷惑更多的人，使舆论冲突恶化。如果此刻广大网民不能得到及时、准确、权威的信息引导，在真假信息难辨的情况下，那些带有强烈情绪性和煽动性的网络言论很容易误导普通网民，从而激发更大非理性行为的产生。因此，政府必须果断地通过澄清事实、解疑释惑、引导网民正确解读相关信息等措施，将非理性的网络舆论引导到理性方向上来，使事态向良性方向发展。

其二，持续发布事件调查进展，以真诚和真相取得网民认同。当然，很多网络事件情况一般都比较复杂，政府在一时无法弄清事件真相的情况下，最好的做法是及时开展调查，持续发布调查进展，采取查清一点说一点、知道多少说多少、大家关心什么说什么的方式，不给小道消息和虚假信息留下造谣空间。千万不要因为“怕出事”“怕承担责任”而采取沉默的态度，也不要等事件完全调查清楚后再去说清楚，更不要在没有查清事件的前因后果前匆忙下结论。一定要以坦诚的态度、积极的心态，以事实为依据，做到不隐瞒、不说谎、不造假，把事件真相原原本本地公布给网民，强化网民对政府工作的认同感，力求取得网民的支持，使网络舆情化险为夷。

其三，采取积极措施解决有关问题，赢得网民的理解和支持。很多网络事件的最终顺利解决都证明，网民合理利益诉求最终得到满足和实际困难、问题得到公正妥善解决，是平息网络舆论事件的关键。这就是说网络舆论是表象，而利益诉求和要求解决问题是实质，问题妥善解决了，舆论风险也就化解了。因此，政府对于网络舆论事件中民众所表达的利益诉求、反映的实际问题，能够满足的要尽快满足，能解决的要尽快解决，以便及时平息舆论事态。千万不要回避问题、避重就轻，拖到事态严重，形成被动局面，非解决不可时，才去想法解决。对一时无法解决的，要及时与网民进行沟通，说明原因，并通过公开承诺解决问题的措施、期限，争取得他们的认可，以缓和网民的情绪，最终通过解决实际问题，使网络舆论事件得到彻底解决。对一些在现有体制和环境下确实无法解决的问题，也要尽力向网民做好解释工作，通过和谐有序的对话，不断树立政府的公信力，赢得网民的理解和支持。

二、正确引导网络主体价值观，防范网络舆论风险

网络舆论事件归根到底是现实社会的矛盾和问题在网络中的反映。民众在网络上对现实矛盾和问题带有倾向性态度和情绪化的议论构成网络舆论，进而形成一股强大的舆论压力，给社会的安全稳定带来极大的隐患。因此，我们必须努力提高网络舆论的引导水平，未雨绸缪，将引导的关口前移，通过及时分析研判有可能发生网络舆情的风险点，采取各种有效的引导策略，将网络舆情风险消灭在萌芽状态。

其一，重视不同利益群体的诉求，进行价值引导，化解矛盾冲突。网络舆论事件的本质是现实中复杂的社会矛盾冲突在网络中的反映，社会矛盾冲突的本质是价值和利益的冲突。从近些年网络舆情产生的重要原因来看，网络舆论事件主要反映出当前不同阶层经济利益和价值观念的冲突，这些冲突引发了贫富差距扩大、仇富心态、权益纠纷增多等社会矛盾。当这些社会矛盾长期无法正常解决，如果被少数利益集团操纵

或阻隔而发生意外突变，必然引发社会冲突。对于草根网民来说，只要是矛盾的对立方“官”“富”出现的一些问题，比如涉及公民权利保护、公共权力监督、公共秩序维护和公共道义伸张等问题，就很容易引起他们的共鸣，触发他们内心的对立情绪，从而形成网络舆论事件。因此，网络舆论引导的关键是要了解网民就某一问题的利益诉求和价值判断，然后采取措施满足利益诉求，引导价值判断，化解风险。比如，当网民在公共管理领域对政府出台的某些政策或执行的决策有可能存在不同的看法和价值判断时，政府要及时捕捉到相关信息，针对网民关心的问题，特别是与他们自身利益直接相关的问题，采取价值引导策略。一方面，要做好宣传解释，引导网民客观、正确地看待政府政策和决策，达到网民对政府价值理念的认同。另一方面，对于确实因政策的原因有可能给民众带来利益损失的，应及时纠正；对于已经造成的损失，应及时予以补偿，从源头消除产生社会冲突的根源。

其二，通过向上向善网络文化建设和核心价值引导，培育网络文明。在当今网络时代，网络的自由性、网民的个性化给了各种文化类型、思想意识、价值观念、生活准则、道德规范生存的空间，也为非理性“网络暴民”的产生提供了土壤。持有不同主义和三观的人，各说各话，发泄各自的不满，仇恨、怨怒、情绪化宣泄与倾诉充斥网络舆论场。“后真相”时代下，社交媒体充斥着煽情性、鼓动性的未经过滤的极化信息，网络舆论场出现了感性诉求超越客观事实，并试图推动舆论朝着非理性方向发展的噪音杂音。网民在舆论事件中容易自我代入，离开事实基点宣泄情绪，产生非理性、暴戾的泡沫言论。在这样的背景下，正确的舆论导向能够引领人们形成正确的价值观、人生观和世界观，对于建设和谐健康网络具有非常重要的意义。习近平总书记指出：“我们要本着对社会负责、对人民负责的态度，依法加强网络空间治理，加强网络内容建设，做强网上正面宣传，培育积极健康、向上向善的网络文化，用社会主义核心价值观和人类优秀文明成果滋养人心、滋养社会，做到正能量充沛、主旋律高昂，为广大网民特别是青少年营造一个风清气正的网络空间。”① 这为网络舆论引导指明了方向。“向上”和“向善”是两个积极的价值取向，向上即进取，意味着奋发向上、追求进步；向善即崇德，意味着明德惟馨、择善而从。培育积极健康、向上向善的网络文化，就是要坚持以社会主义核心价值观引领网络文化方向，使每一位网民自觉肩负起道德教化之责、导向之责，形成奋发向上、崇德向善的浓厚氛围；就是要构建以“德”为中心的网络治理体系，坚持多管齐下、综合治理，让公序良俗汇聚“向善”的力量。在互联网场域，无论平台大小，不管明星与否、都不能随心所欲、肆意妄为。要使符合向上向善的行为得到鼓励，违背向上向善的行为受到制约，促使人们趋善避恶，自觉养成向上向善的行为习惯，争做中国好网民。

三、构建依法德治网长效机制，营造良好网络生态

2016 年 4 月 19 日，习近平在网络安全和信息化工作座谈会上的重要讲话中特别指出：“互联网不是法外之地。利用网络鼓吹推翻国家政权，煽动宗教极端主义，宣传民族分裂思想，教唆暴力恐怖活动，等等，这样的行为要坚决制止和打击，决不能任其大行其道。利用网络进行欺诈活动，散布色情材料，进行人身攻击，兜售非法物品，等等，这样的言行也要坚决管控，决不能任其大行其道”，“网络空间是亿万民众共同的精神家园。网络空间天朗气清、生态良好，符合人民利益。网络空间乌烟瘴气、生态恶化，不符合人民利益”，要“建设网络良好生态”②。这为我们推进新时代网络舆论生态建设指明了正确方向，提供了根本遵循。我们要通过建立和完善网络法规制度体系、网络伦理道德体系，以及网络监控体系，形成网络舆论监管引导长效机制，营造一个和谐的网络文化生态环境。

其一，强化网民责任意识，遵守网络规范。对于每个网民来说，互

① 习近平：《在网络安全和信息化工作座谈会上的讲话（2016 年 4 月 19 日）》，《习近平谈治国理政》第二卷，北京：外交出版社 2017 年版，第 534 页。

② 习近平：《在网络安全和信息化工作座谈会上的讲话（2016 年 4 月 19 日）》，《习近平谈治国理政》第二卷，北京：外交出版社 2017 年版，第 534—535 页。

联网上言论自由的权利并非绝对和无限的，因为与之相伴的还有相关的责任与义务，只有在自由权利与责任义务之间寻找到一个平衡点，才能享有真正的言论自由的权利。在网络舆论的监管和引导中，一方面，要坚持依法治网，建立健全网络法规体系，做到有法可依，有章可循；另一方面，要强化网民言论的责任义务意识，引导他们自觉遵守网络法律规范和责任伦理，以对自己和对他人负责的态度，以理性的精神、负责任的言论，共同营造一个更加和谐清朗的网络空间。

其二，完善网络道德体系，做到文明上网。网络道德体系的建设要坚持以人为本、相互尊重、平等相处、文明交往的原则。网民在网络上发表个人观点和意见，要遵守有关法规制度、社会公德以及不同网络社区的规则。不信谣传谣、不散布虚假信息；自觉抵制黄色、暴力、邪教等信息；不任意传播他人的个人隐私或商业秘密；讨论问题要坦诚相见、心平气和、以理服人，不恶语中伤、人身攻击；强化网络文明自律，自觉抵制网络社交不道德行为。

其三，构建网络监控体系，维护网络安全。要建立政府行政管理与社会自我调节、网站管理与网民自律良性互动的网络监管联动机制，构建起中央和地方、上级部门和下级部门，全国各省市之间、各部门之间“纵横联合，上传下达，协同互动”的网络监管格局。建立监管数据信息上传下达的信息联通系统，根据不同监管级别授权相应部门或机构使用相关网络监控数据查询系统，建立政府、企业、媒体之间的网络监管信息互动联通机制。提高政府对于违法违规以及不文明网络信息的技术制约与实质监控，落实网络信息监管数据分级责任制。正确引导网络舆论严格按照互联网管理法规制度发展，维护一个安全、健康、文明的网络环境。